SCHULT · RICHTIG ANKERN

Inhalt

An einem (fast) seidenen Faden

Das Leben oder das Glück, so sagt man, hängt manchmal an einem seidenen Faden. Nun, unsere Ankertrosse ist nicht so dünn und unsere Ankerkette nicht so schwach wie ein haarfeines Fädchen, aber auf die Größe eines Bootes und auf seinen materiellen Wert bezogen (für Sportschipper gleichsam Inbegriff von Glück und Leben) nimmt sich die Ankertrosse, die vom Bug ins Wasser reicht, doch recht spinnwebfein aus, und der Anker selbst, von ebenfalls vergleichbarer winziger Größe, liegt meistens so übersehbar an oder unter Deck, daß es eigentlich unvorstellbar ist, beiden gerade dann allein unser Leben und Glück anzuvertrauen, wenn wir mit unseren seemännischen Kenntnissen (oft) am Ende oder die Naturkräfte so übermächtig sind.

Der Anker ist das Symbol der Seemannschaft, seitdem Menschen mit Booten oder Schiffen hinausfahren auf die See. Er ist es nicht ohne Grund: Denn von allen Ausrüstungsteilen an Bord ist er das wichtigste. Er wird am meisten benutzt, ist vielfältig wie kein anderes verwendbar und sichert uns in einer ganz speziellen Situation, wenn unser Boot weder fährt noch festgemacht hat. Seemännisch und rechtlich ist der Zustand „vor Anker" dem Bewegungszustand unseres Bootes „in Fahrt" sowie seinem Ruhezustand „festgemacht" (oder auf Land) ebenbürtig. Grund genug also, sich ihm wenn nicht in ähnlicher Breite, so

doch so ausschließlich zuzuwenden, wie man das Fahren mit Segel und Motor, das Verhalten auf See unter allen Bedingungen sowie die Wartung und Unterhaltung ebenfalls lernt.
Ein ganzes Buch über den Anker, ein simples Ausrüstungsteil an Bord? Nun, der Umgang mit ihm sieht einfach aus und ist es auch – wer aber mit dem geringsten Aufwand für Anker und Ankergeschirr den größten Grad der Sicherheit am Ankerplatz erreichen will, wer Anker und Ankergeschirr auch unter anderen Bedingungen so effektiv wie möglich einsetzen will, wer vor den vielen Kräften am Ankerplatz wie Wind, Seegang oder Strom auch erholsame Ruhe auf einem Ankerlieger finden will, der wird sich schon gern etwas mehr mit der Problematik des Ankerns beschäftigen.
Der Anker ist heute auch nicht durch einen Motor überflüssig geworden – im Gegenteil: Mit Windkraft hat man immer eine Chance, auch unter ungünstigen Bedingungen (wenn manchmal auch mit Umwegen) einen sicheren Hafen zu erreichen. Ein Segelboot bleibt immer irgendwie in Fahrt. Ein Motorboot jedoch ist, wenn seine einzige Antriebsquelle versagt hat, den Elementen hilflos ausgesetzt, treibend ein Spielball der Elemente.
Wer hinaussegelt oder vom Hafen hinweg motort, weiß nie, was ihn irgendwie dort draußen erwartet – aber er muß wissen, wie er sich verhalten soll: Beim fröhlichen Baden vor Anker, beim ungestörten Abendbrot am Ankerplatz, beim nächtlichen Überliegen im Schutze des Ankers an einer unbekannten Küste oder an einer ständigen Muring vor dem Heimathafen.
So sind in dieses Buch und seine erweiterten Neuauflagen zum Beispiel die besonderen Erfahrungen von zwei großen Seetörns eingearbeitet worden, die mich mit meinem Seekreuzer CORMORAN zuerst rund um den Nordatlantik, zum Amazonas und nach Neufundland und dann von Hamburg bis zum Nordkap brachten. Das waren nicht nur rund 25 000 Seemeilen in drei Jahren, sondern auch über 200 Ankermanöver unter immer unterschiedlichen Bedingungen diesseits und jenseits des Atlantiks, an der afrikanischen und amerikanischen Küste, vor Neufundland und Island.

Als wir beispielsweise in einem Rifflabyrinth der Bahamas gefangen saßen und der Anker schlierte, haben uns nur die Berechnungen unserer Gegner am Ankerplatz und die Verwirklichung mehrerer der hier genannten Tips vor der Strandung bewahrt. Vielfach machte uns der Strom am Ankerplatz zu schaffen, der uns die eingegrabenen Anker auszuspülen begann. Mein Vertrauen zu den modernen Leichtankern ist nach dieser harten Praxis felsenfest.
Die in den Tabellen und Diagrammen dieses Buches angegebenen Werte, die ohnehin schon auf den Erkenntnissen und Erfahrungen eines langen Seglerlebens beruhen, sind durch unzählige Ankermanöver und während hunderter von Stunden am Ankerplatz noch einmal in der harten Wirklichkeit geprüft und bestätigt worden. Es sind also keine theoretischen Untersuchungen, die hier erläutert werden, auch wenn Haltekräfte und Widerstände, Belastungen des Ankergeschirrs und natürlich die Ankergewichte überall in Zahlenwerten veranschaulicht sind. In unserer modernen Zeit genügt es meines Erachtens nicht mehr, nur empirische Werte von Erfahrungspraktikern zu vermitteln. Der Schipper muß heutzutage selbst und genau wissen, mit welchen Sicherheitsfaktoren er am Ankerplatz rechnen kann und wie er diese zu ermitteln in der Lage ist.
In die jüngsten verbesserten Neuauflagen wurden nicht nur neue Ankertypen, nützliche Zubehörteile des Ankergeschirrs und insbesondere praktische Ankerhaltungen aufgenommen, die es jetzt auf dem Markt gibt oder die ich unterwegs entdeckte und empfehlenswert finde. Ich habe auch nach den Erfahrungen im Mittelmeer, wo jährlich viele deutsche Charterbesatzungen in den schönen Ankerbuchten nicht immer glücklich mit dem Ankergeschirr operieren, nützliche Tips für solche Ankermanöver unter den dortigen speziellen seemännischen Bedingungen zusätzlich aufgenommen.
So hoffe ich, daß dieses handliche Buch für die seemännische Praxis weiterhin auf möglichst vielen Booten seinen Platz im Bücherschapp finden wird, damit es dort steht, wo es auch entstanden ist: an Bord!

An Bord CORMORAN, Mai 1988 — Joachim Schult

Unsere Gegner am Ankerplatz: Wind, Strom und Seegang

Bekanntlich unterscheiden wir drei Bewegungszustände, in denen sich unser Boot befinden kann:

- Es ist unterwegs oder „in Fahrt“ und wird hierbei entsprechend den seemännischen und nautischen Anforderungen von seiner Besatzung richtig geführt.
- Es liegt „festgemacht“ am Steg oder im Hafen, ist gegen alle Einflüsse von Wind und Seegang weitgehend geschützt und bedarf nur bedingt der ständigen Überwachung durch seine Besatzung.
- Es liegt „vor Anker“. Dabei ist unser Boot nur am Grund durch ein spezielles seemännisches Ausrüstungsteil „festgemacht“, das es selbst an Bord mitführt, aber es kann sich in einem begrenzten Bereich frei bewegen. Eine Ankerwache muß an Deck nur von Zeit zu Zeit nach dem Rechten sehen.

Unter dem Begriff „vor Anker“ verstehen wir also einen seemännisch und nautisch besonderen Zustand, der sich deutlich vom Ruhezustand unseres Bootes „festgemacht“ und von seiner Bewegung „in Fahrt“ unterscheidet.

Festgemacht, vor Anker und in Fahrt

Wie unsere Leinen, Fender, Poller und Klampen an Bord sowie die entsprechenden Vorrichtungen auf der Pier zu den wichtigsten Teilen beim *Festmachen* gehören oder Segel, Schoten, Ruder und Schwert bei einem Segelboot bzw. der Motor mit allem Zubehör die elementaren Ausrüstungsteile zum *Fahren* mit unserem Boot darstellen, sind Anker und Ankergeschirr die wichtigsten Teile zur seemännischen Sicherheit bei einem richtigen *Ankermanöver.* Unser Boot hat hierzu nicht nur die notwendigen Ausrüstungsteile zum „Festmachen am Anker" mit an Bord, die weitgehend identisch mit den Leinen und Pollern sind, die auch zum Festmachen des Bootes am Ufer dienen, sondern es hat auch mit dem Anker als ältestem und wichtigstem seemännischem Ausrüstungsteil eines Wasserfahrzeuges ein Gerät mit an Bord, um der Ankertrosse einen ständigen und sicheren Befestigungspunkt auf dem Meeresgrund zu geben – vergleichbar mit dem Dalben im Wasser oder dem Poller auf der Pier.

Ankern kann jederzeit und auf allen Booten notwendig sein: wenn die See zu schwer wird oder zu wenig Wind weht; wenn der Sprit für den Motor ausgegangen ist oder eine Havarie behoben werden muß; wenn man nicht mehr gegen den Strom vorankommt oder nur zum Baden festliegen will. Ein Anker gehört daher auf jedes Boot, ob es nun unter Segeln oder mit Motor schippert, Langfahrten über See oder Regatten vor dem Hafen segelt, nur eine kleine, offene Jolle oder eine schwere, seetüchtige Jacht ist. Denn die Notwendigkeit zum Ankern kann sich überall und jederzeit ergeben, wann und wo auch immer ein Boot unterwegs oder „in Fahrt" ist.

Ein Boot vor Anker ist so sicher, wie wenn es „festgemacht" im Hafen liegt oder „in Fahrt" in Sicht der Küste oder auf der freien See kreuzt – mehr noch: es gibt Situationen, in denen man aus dem Hafen schippert und sich in freiem Wasser und bei ablandigem Wind hinter einer sicheren Küste vor Anker legt, um jene Gefahren zu vermeiden, die auch ein fester Liegeplatz unter bestimmten Wetterbedingungen bieten kann.

Ein richtig verankertes Boot wird sich vor Anker wohlfühlen, und eine Besatzung, die ihr Boot nautisch richtig und seemännisch sicher vor Anker gelegt hat und dazu noch über Reserven an Anker-Haltekraft und Länge des Ankergeschirrs verfügt, kann unbesorgt auch mit dem Ärgsten rechnen. Dazu muß man jedoch nicht nur den Anker und seine Haltekraft sowie die Festigkeit seines Ankergeschirrs genau kennen, man muß auch um die Kräfte wissen, die auf den Rumpf und auf die Takelage in gutem wie in schlechtem Wetter wirken können.

Wir wollen das Problem des Ankerns zuerst technisch-physikalisch betrachten und versuchen, so weit wie möglich mit exakten Werten und vergleichbaren Zahlen zu arbeiten.
Die Kräfte, die auf den Anker und das Ankergeschirr unseres Bootes wirken, wenn es vor Anker liegt, sind von seiner Größe und seiner Bootsform im Über- und Unterwasserschiff sowie den herrschenden Wind- und See-Verhältnissen abhängig. Je genauer wir sie kennen, desto besser können wir für jede unterschiedliche Beschaffenheit des Meeresgrundes, in den sich unser Anker eingraben muß, dessen Form und Größe sowie die Haltekraft des Ankergeschirrs berechnen. Um diese Naturkräfte als Gegner am Ankerplatz exakter zu ermitteln, kann man sie in drei Hauptkräfte teilen:

- Die Windkraft, die sich aus dem unterschiedlichen Winddruck bei verschiedenen Windgeschwindigkeiten und in der Abdeckung des Ankerplatzes durch das Ufer auf den Bootsrumpf oberhalb der Wasserlinie, auf die Aufbauten und die Takelage kalkulieren läßt.
- Die Stromkraft, die durch die Geschwindigkeit der Wasserströmung, die Form des Unterwasserschiffes und die Anzahl bzw. Größe der Beschläge unterhalb der Wasserlinie ermittelt wird.
- Die Seegangsbelastung, die durch die Bewegung des Bootes in vertikaler Richtung bei seinem wechselnden Schwimmen auf dem Wellenberg oder im Wellental, die damit verbundene Veränderung des Verhältnisses Wassertiefe zu Kettenlänge, die Orbitalbewegung des Wassers in der Welle und die Kraft der Brecher gegeben ist.

Am stärksten wird unser Boot am Ankerplatz durch die Windkraft belastet. In strömungslosem Wasser, in Ufernähe und im ruhigen Wasser hinter einer geschützten Küste ist die Windkraft meistens die einzige Kraft, mit der wir rechnen müssen. Sie ist auch am leichtesten meßbar.
Beim Ankern in Tidengewässern oder auf einem Flußrevier ist auch die Stromkraft zu berücksichtigen. Sie kann (in Tidengewässern) nicht nur ihre Richtung, sondern auch ihre Geschwindigkeit in genau bekannten Zeitabständen ändern. Auch sie ist meßbar und in jedem Falle zu berücksichtigen, weil sie nicht nur (bei gleicher oder entgegengesetzter Richtung) die Windkraft deutlich vergrößern oder vermindern kann,

sondern auch (bei unterschiedlichen Richtungen und unterschiedlichen Formen des Unterwasserschiffes) heftig mit der Windkraft streiten wird. Auch die Stromkraft ist exakt meßbar und bei Kalkulationen zu beachten. Schwierig zu ermitteln ist die Seegangsbelastung. Aber sie tritt meistens nur auf, wenn wir auf Leegerwall oder in freiem Wasser ankern, wenn sehr hartes Wetter herrscht oder eine lange, tote Dünung steht und das Wasser so tief ist, daß wir mit allem vorhandenen Tauwerk ein nicht mehr ausreichendes Verhältnis Wassertiefe zu Ankerleinenlänge herstellen können. Die Seegangsbelastung bleibt ohne großen Einfluß, wenn man für einen immer horizontalen Zug am Anker sorgt, d. h. genug Leine oder Kette stecken kann. (Wir werden die Seegangsbelastung der Einfachheit halber nicht in unsere Kalkulationen aufnehmen, sondern sie durch andere seemännische Maßnahmen (auch im ungünstigsten Falle) zu neutralisieren suchen.)

Der Winddruck auf dem Überwasserschiff

Je stärker der Wind weht, desto schneller ist nicht nur die Luftgeschwindigkeit, desto größer ist auch die Wind*kraft* und damit der Wind*druck* an allen Teilen unseres Überwasserschiffes. Beim Segeln nutzen wir die Windenergie zur Fortbewegung unseres Bootes aus – dann ist sie nützlich. Vor Anker jedoch wird sie schädlich.

Die Besatzung hört die zunehmende Windgeschwindigkeit, wenn sie nachts vor Anker in den Kojen ihres Bootes liegt: Der Wind pfeift in den Wanten, er heult in der Takelage. Er greift in das stehende und laufende Gut wie in die Saiten einer großen Zither. Je mehr sich der Wind an Mast und Aufbauten bricht, desto lauter werden die Geräusche – ein Zeichen für den wachsenden Windwiderstand, den das Boot über Wasser bietet, und ein gutes akustisches Alarmsignal für die Crew, gegebenenfalls mehr Leine oder Kette zu stecken bzw. wenigstens auf dem Vorschiff nachzusehen, ob die Ankerleine nicht in der Lippe schamfilen kann, wie die Kette in das Wasser zeigt und ob die Trosse noch richtig am Poller belegt ist.

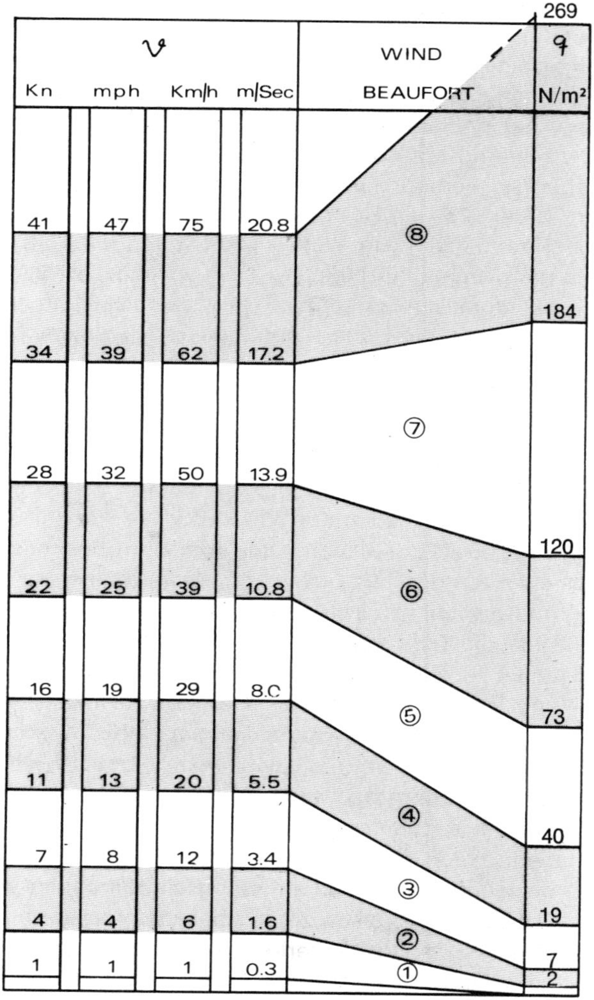
v
Kn
mph
Km/h
m/Sec
WIND
BEAUFORT
q
N/m²
269
41
47
75
20.8
⑧
184
34
39
62
17.2
⑦
28
32
50
13.9
120
22
25
39
10.8
⑥
16
19
29
8.0
⑤
73
11
13
20
5.5
④
40
7
8
12
3.4
③
19
4
4
6
1.6
②
7
1
1
1
0.3
①
2

Abb. 1

Bei jedem Aufbrisen müssen wir wissen, daß die Kraft des Windes mit dem Quadrat der Windgeschwindigkeit wächst (Abb. 1):
Die Abbildung zeigt uns auf der linken Seite die Luftgeschwindigkeit in den verschiedenen Maßeinheiten wie Knoten oder m/sec, die das geübte Ohr eines Schippers nach dem Lärm, den der Wind in der Takelage verursacht, annähernd schätzen lernen kann, und auf der rechten Seite die dazugehörige Beaufort-Skala, die man etwas mißverständlich „Wind*stärke*" nennt. Für die Besatzung, die sich auf einem verankerten Boot auch bei auffrischendem Wind sicher fühlen will, ist jedoch die kleine Spalte ganz rechts in Abbildung 1 am wichtigsten: Sie zeigt uns, wie die Kraft des Windes auf unserem Überwasserschiff und allen Bootsteilen, die über Deck in die Höhe ragen, tatsächlich zunimmt. Wenn wir z. B. bei beginnender Windstärke 4 mit einer Windgeschwindigkeit von 11 kn vor Anker gegangen sind, dann betrug der Druck des Windes (auf eine senkrecht angeströmte Fläche) zu diesem Zeitpunkt 19 N/m². Beim Übergang der Windgeschwindigkeit von Bft. 4 auf Bft. 5 und einer Luftgeschwindigkeit von 16 kn, d. h. einer Zunahme der Windgeschwindigkeit um 50%, hat sich jedoch der Winddruck auf 40 N/m² vergrößert. Dabei hat sich die Kraft des Windes, der über die Überwasserteile unseres Bootes am Ankergeschirr zerrt, mehr als verdoppelt.
Frischt der Wind um nur ca. 1 Windstärke auf Bft. 5 bis 6 weiter auf, dann erhöht sich die Luftgeschwindigkeit wiederum nur um ca. 50% oder von 16 auf 24 kn. Der Winddruck aber verdoppelt sich noch einmal auf ca. 90 N/m². Da der Entschluß zum Ankern ja meistens eine Entscheidung für die Sicherheit des Bootes ist, um im Küstenschutz am Ankerplatz einen Sturm abzuwettern, dem unser Boot in Fahrt und auf freiem Wasser nicht mehr gewachsen ist, müssen wir dieses Anwachsen des Winddrucks bei zunehmender Windgeschwindigkeit immer genau vor Augen haben.
Diese Werte beziehen sich jedoch auf eine freie Windbahn und auf die volle Windgeschwindigkeit ab ca. 12 m über der Wasseroberfläche. In der sogenannten „Grenzschicht" über Land und Wasser (Abb. 2) verlangsamt sich die Windgeschwindigkeit durch die Reibungswiderstände, die der Wind in Bodennähe überwinden muß. Bei leichtem Wind und

Abb. 2

bedecktem Himmel reicht die Grenzschicht höher als bei starkem Wind und klarem Himmel, und die Bremswirkung der Luftgeschwindigkeit ist natürlich auch von der Rauhigkeit der Erdoberfläche (von Büschen, Bäumen, Hügeln) bzw. dem Seegang abhängig. Gemäß den unterschiedlichen Takelungshöhen von Segelyachten und dem nicht überall gleichen Windfang, den der Rumpf eines Segel- oder Motorbootes der Luftströmung bieten, muß also glücklicherweise eine verminderte Luftgeschwindigkeit und nur ein Teil des in Abbildung 1 genannten Winddrucks zur Kalkulation eines sicheren Ankergeschirrs berücksichtigt werden.

Auch der Einfluß der Küste selbst, hinter der wir unseren Ankerplatz wählen, kann die Windgeschwindigkeit und damit den gefährlichen Winddruck vermindern: Wir sind also gut beraten, wenn wir unseren Ankerplatz nach der Abdeckung auswählen, den die Küstenformation in Luv dem Wind bietet. Dabei muß ein hohes und steiles Ufer (Abb. 3) nicht immer den Vorzug vor einem flacheren Ufer mit dichtem Baumbestand (Abb. 4) erhalten: Ein Vergleich der beiden Kurven zeigt uns sogar, daß hier das Hochufer keinen Vorteil gegenüber einem Schutzstreifen aus Wald an einem flachen Ufer bietet. Die größtmögliche Abdeckung von ca. 75% erhalten wir z. B. bei einem 20 m hohen Ufer und

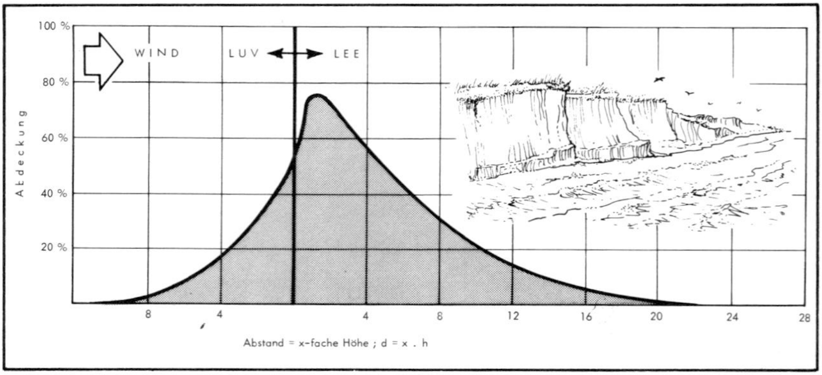

Abb. 3

einem Abstand von 2facher Höhe, mithin also 40 m, genau so wie bei einem vierfachen Abstand von einem 10 m hohen Waldstreifen von ebenfalls 40 m Uferdistanz. Da es im allgemeinen ungefährlicher ist, dichter an ein flaches Ufer heranzulaufen als vor einem Hochufer zu ankern (siehe Abb. 3), sollte man der Uferformation der Abb. 4 möglichst den Vorzug geben, wenn man wählen kann.

Abb. 4

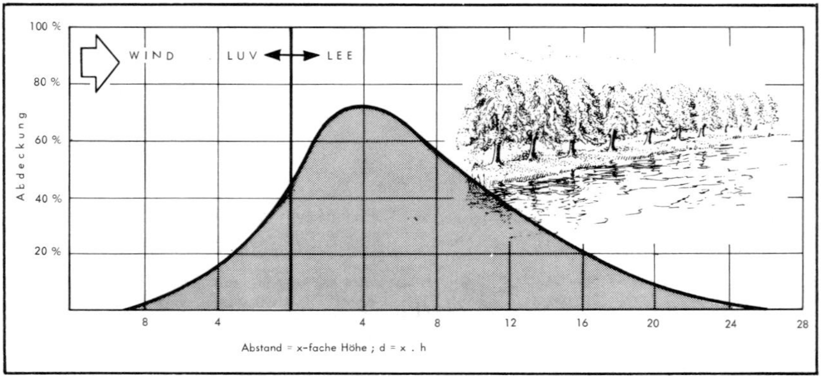

Die Windkraft vor Anker

Die Kraft, mit der der Wind auf unser verankertes Boot einwirken kann, ist der gesamte Winddruck auf die ihm dargebotene Angriffsfläche. Während der Wind*druck* als Kraft, die der Wind auf eine senkrecht angeströmte Fläche von 1m² ausübt, für alle Boote unter denselben Wetterbedingungen gleich ist, ist die Wind*kraft* für jedes Boot – abhängig von Breite und Seitenhöhe, Formgebung des Überwasserschiffes und Art der Aufbauten – unterschiedlich.
Wir wollen diese Windkraft für unser Boot grob kalkulieren; denn wir müssen nicht nur wissen, welche Haltekraft unser Anker und unser Ankergeschirr benötigen, wenn wir es auswählen und einkaufen, sondern wir müssen auch das Anwachsen der Windkraft bei zunehmender Windgeschwindigkeit kennen, um die Haltekraft unseres Ankergeschirrs durch verschiedene Hilfsmittel (z. B. Kettenvorlauf oder Ankergewicht, über die wir noch sprechen werden) im Notfall verstärken zu können. Es kommt bei dieser Kalkulation nicht auf supergenaue Werte an; aber wenn wir später mit Faustformeln und Erfahrungswerten arbeiten, müssen wir doch wissen, auf welchem Wege wir diese erworben haben und bis zu welchem Grade wir sie exakt beachten müssen.
Betrachten wir einen üblichen Motorkreuzer von ca. 7 m Länge über alles (Abb. 5), der eine Breite über alles (B) von 2,50 m und eine Höhe des Kajütdaches über der Wasseroberfläche (H) von ca. 2,40 m hat. Als Angriffsfläche des Windes nehmen wir ein Rechteck aus dieser Breite B und der Höhe H und ermitteln eine Fläche

$$F = B \times H$$
$$F = 2{,}50\,m \times 2{,}40\,m$$
$$F = 6{,}00\,m^2$$

Unser Standard-Motorkreuzer bietet dem Wind vor Anker also eine Fläche von 6,00 m². Bei dieser Grob-Kalkulation haben wir die Widerstände der über das Kajüdach hinausragenden Teile und der Beschläge an Deck nicht addiert und den Wert auch nicht durch die fehlenden Seitenflächen neben dem Kajütaufbau vermindert; wir gehen davon aus, daß sie sich aufheben. Unberücksichtigt gelassen haben wir ebenfalls die Tatsache, daß unser schraffiertes Rechteck B $\times$ H ja keine senkrechte Fläche darstellt, die dem Wind als Hindernis angeboten wird, sondern zum Teil aus strömungsgünstigeren Wänden des Überwasserschiffes besteht, an denen der Wind ungehinderter entlangstreichen kann. Aber auch diese Tatsache können wir vernachlässigen:

Schön wäre es, wenn unser Boot immer so ruhig vor Anker läge, daß seine Kielrichtung genau in der Windachse liegt. Das ist aber selten der Fall. Jedes Boot schwojt vor Anker, d. h. es pendelt am Ankerplatz von einer Seite der Windachse auf die andere, und je nach den übrigen Kräften, die ebenfalls noch Einfluß am Ankerplatz ausüben können (z. B. Strom), bietet es hierbei selten seine gemessene Breite über alles (B_1, Abb. 6) dem Wind dar. Viel häufiger kann die Luftströmung breitseits auf unser Boot wirken (B_2, Abb. 7), so daß die unserer Kalkulation zugrunde gelegte Breite B nur ein Erfahrungs-Mittelwert zwischen der günstigsten Lage am Ankerplatz mit der Breite B_1 und der ungünstigsten Position beim Schwojen mit der Breite B_2 ist. Um die ungefähre Windkraft an unserem Boot kalkulieren und die Fläche B$\times$ H nach Abbildung 5 hierzu kalkulieren zu können, genügt es also, die größere Breite beim Schwojen gegen die im Winkel angestellte strömungsgünstigere Fläche aufzuheben.

Bei Segelbooten, die mit ihrer Takelage sehr hoch in die Bereiche höherer Windgeschwindigkeit reichen, deren Gitterwerk jedoch nicht als eine senkrecht angeströmte undurchlässige Platte angesehen werden kann, habe ich nach zahlreichen Einzelberechnungen der Widerstände an Mast, Wanten, Stagen, Fallen usw. einen Erfahrungswert gefunden, der die Berechnung des zusätzlichen Rechteckes für die Windkraft an der Takelage aus der Breite über alles und (je nach Bootstyp) 10 bis 20% der Takelungshöhe über Deck erlaubt (Abb. 8). Hier ist also der Höhe des Überwasserschiffes H_1 ein weiterer Wert H_2 zu addieren, der in unserem Beispiel 15% der Takelungshöhe betragen soll. Wir kalkulieren wieder für einen Seekreuzer von ca. 8,00 m Länge mit einer Breite über alles (B) von 2,50 m und einer Höhe des Kajütdecks über der Wasserlinie (H_1) von ca. 1,80 m sowie einer Masthöhe über Deck von ca. 9,30 m, aus der wir H_2 ermitteln:

Abb. 5

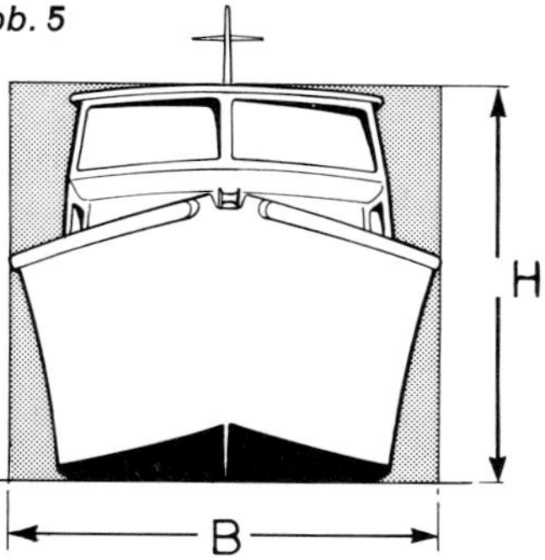

Abb. 6

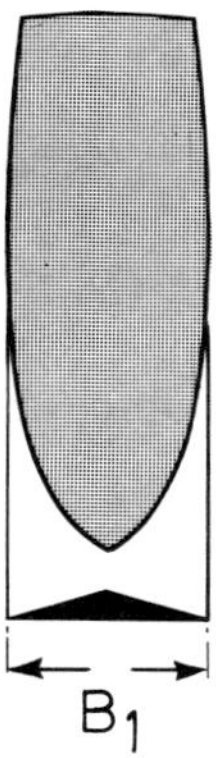

Abb. 7

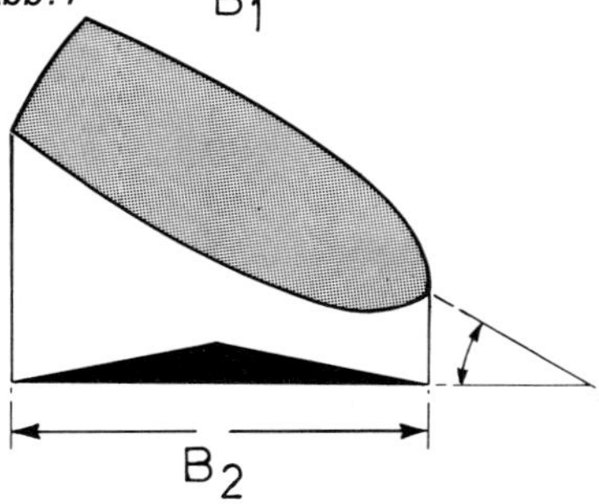

Abb. 8

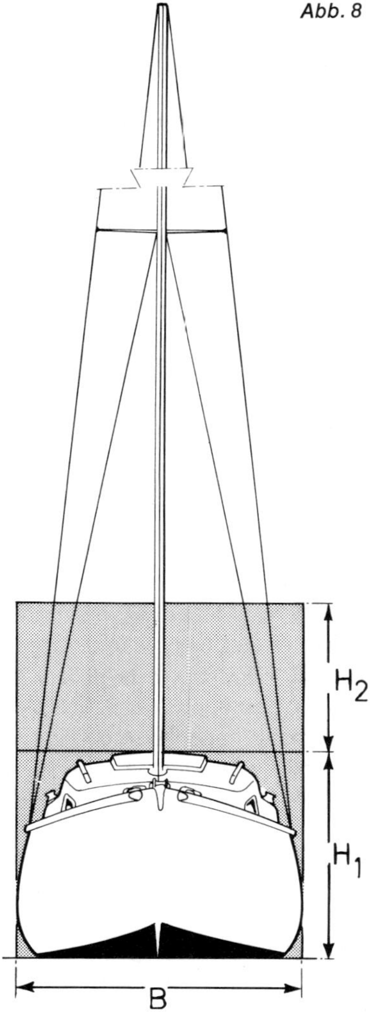

$$F = B \times (H_1 + H_2)$$
$$F = 2{,}50\ m \times (1{,}80\ m + 0{,}15 \times 9{,}30\ m)$$
$$F = 2{,}50\ m \times (1{,}80\ m + 1{,}40\ m)$$
$$F = 2{,}50\ m \times 3{,}20\ m$$
$$F = 8{,}00\ m^2$$

Unser Standard-Seekreuzer bietet dem Wind vor Anker also eine Fläche von 8,00 m^2, die wir bei unseren weiteren Kalkulationen analog zu den unterschiedlichen Positionen des Bootes beim Schwojen am Ankerplatz (vgl. Abb. 6 und 7) als senkrecht vom Wind angeströmte Fläche betrachten werden.

Von Ankerplatz und Wetter abhängige Windkräfte

Segel- und Motorkreuzer annähernd gleicher Größe bieten dem Winddruck aber nicht nur unterschiedliche Angriffsflächen, die Windkraft ist auch mit unterschiedlichen Windgeschwindigkeiten zu kalkulieren. Durch die geringere Höhe über der Wasseroberfläche wirkt auf den Motorkreuzer (vgl. Abb. 5) ohne Takelage nur ein Winddruck von ca. 70% der vollen atmosphärischen Windgeschwindigkeit (Abb. 9), weil kein Teil des Überwasserschiffes höher als ca. 3,00 m über das Wasser aufragt. Auch bei diesem Erfahrungswert gehen wir von mittlerem bis starkem Wind bei bewölktem bis klarem Himmel aus. An einem Seekreuzer hingegen, dessen Masttopp eine Höhe von ca. 10 m über der Wasseroberfläche erreicht, wird in den oberen Bereichen der Takelage schon die volle, ungehinderte Windgeschwindigkeit wirksam, während auch in den mittleren Bereichen bei starkem Wind und klarem Himmel in freiem Wasser die Windgeschwindigkeit nur wenig nachläßt. Wir müssen daher bei jedem Segelboot mit ca. 90% der gemeldeten Windgeschwindigkeit kalkulieren, wenn wir die Windkraft am Ankerplatz ermitteln wollen.
Die in den Abbildungen 3 und 4 genannte Abdeckung durch das Luv-Ufer lassen wir hierbei unberücksichtigt. Unser Ankergeschirr wird beträchtlich entlastet, wenn wir einen durch Uferformationen geschützten

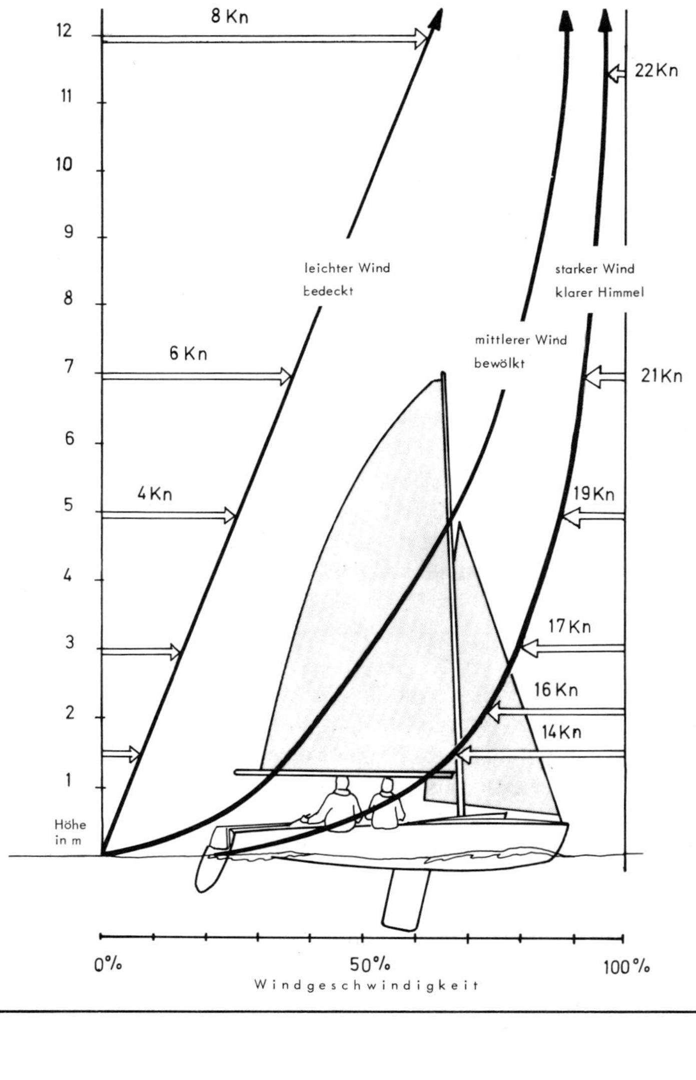
8 Kn
22 Kn
leichter Wind
bedeckt
starker Wind
klarer Himmel
mittlerer Wind
bewölkt
6 Kn
21 Kn
4 Kn
19 Kn
17 Kn
16 Kn
14 Kn
12
11
10
9
8
7
6
5
4
3
2
1
Höhe
in m
0%
50%
100%
Windgeschwindigkeit

Abb. 9

Ankerplatz finden – aber wir werden nicht immer das Glück haben, dicht unter einer Luvküste zu ankern und dann noch ein geschütztes Ufer vor uns zu haben. Diese mögliche Erleichterung müssen wir also bei der Kalkulation des Ankergeschirrs bzw. bei der Bewertung des Gegners am Ankerplatz vernachlässigen. Abbildung 9 zeigt die Abnahme der Windgeschwindigkeit, je kleiner das Boot ist und je niedriger seine Aufbauten über die Wasseroberfläche reichen.
Wollen wir als Schipper eines Seekreuzers oder eines Motorbootes die effektive Windkraft an unserem Boot an einem Ankerplatz hinter einem freien Strand oder in offenem Wasser kalkulieren, dann setzen wir also nur diese Ermäßigung durch die Bodennähe ein und erhalten für einen Seekreuzer eine Luftgeschwindigkeit (Tabelle 10):

bei Bft. 4:	90% von 14 kn	= 12,6 kn	oder 6,3 m/sec
bei Bft. 5:	90% von 19 kn	= 17,1 kn	oder 8,6 m/sec
bei Bft. 6:	90% von 25 kn	= 22,5 kn	oder 11,3 m/sec
bei Bft. 7:	90% von 31 kn	= 27,9 kn	oder 14,0 m/sec
bei Bft. 8:	90% von 37 kn	= 33,3 kn	oder 16,7 m/sec
bei Bft. 9:	90% von 45 kn	= 41,5 kn	oder 20,7 m/sec
bei Bft. 10:	90% von 52 kn	= 46,8 kn	oder 23,4 m/sec

Abb. 10

Diese tatsächliche Windgeschwindigkeit, die wir auf unserem Boot am Ankerplatz spüren, wenn wir an Deck stehen, sagt aber noch nichts über die Kraft des Windes aus, der hier unser Gegner ist. Bekanntlich wächst der Winddruck mit dem Quadrat der Windgeschwindigkeit, und wir müssen dann noch die Fläche von ca. $8m^2$ berücksichtigen, die unser Boot dem Winddruck darbietet, um die tatsächliche Belastung unseres Ankergeschirrs durch Windkraft am Ankerplatz zu erhalten. Beide Werte haben wir bei der folgenden Tabelle zusammengefaßt. Hierbei haben wir den Winddruck berechnet. Aber man kann ihn auch grob aus der Abbildung 1 entnehmen, in deren rechter Spalte er zu der jeweiligen Windstärke gesetzt ist. Die Belastung durch den Wind beträgt also (Tabelle 11):

Windstärke nach Beaufort	Winddruck in N/m²	Windkraft in N für 8 m² Fläche
Bft. 4	25	200
Bft. 5	47	380
Bft. 6	80	640
Bft. 7	123	980
Bft. 8	176	1410
Bft. 9	284	2280
Bft. 10	356	2840

Abb. 11

Für die Auswahl des Ankergeschirrs unseres Standard-Seekreuzers hilft uns die rechte Spalte, die uns die Kraft unseres Windgegners am Ankerplatz zeigt: Mit einer Kraft von 640 N ist er bei Beaufort 6 noch recht harmlos – aber dann verdoppelt er (fast) seine Kraft mit jeder weiteren Windstärke, um bei Beaufort 10 mit ca. 2840 N den Sicherheits-Meßwert zu erreichen, mit dem wir (als möglicher Höchstbelastung in einem Sommerorkan) bei der Auswahl unseres Ankergeschirrs und der Verankerung unseres Bootes rechnen müssen, wenn wir in einem rauhen Seerevier und offenem Wasser segeln. In Küstenrevieren oder auf Binnengewässern genügt sicher, eine maximale Belastung von Beaufort 8 oder 1410 N anzunehmen.

Bei einem Motorboot muß das Ankergeschirr nicht so schwer und kräftig sein, denn die geringere Höhe des Bootsrumpfes über dem Wasserspiegel und die kleinere Fläche, die es dem Winddruck darbietet, wirken sich gleichermaßen auf die Reduzierung der Windkraft aus. Beginnen wir wiederum mit der Ermittlung unserer Windgeschwindigkeit, die wir mit 70% der tatsächlich gemeldeten Luftgeschwindigkeit in freier Höhe über Land und Meer angenommen hatten (Tabelle 12).

Im Vergleich mit der Tabelle 10 sehen wir, daß an Deck eines Motorkreuzers immer ca. 1 Windstärke weniger weht als am Bezugspunkt unseres Seekreuzers über dem Großbaum, und da die Windkraft mit

bei Bft. 4:	70% von 14 kn =	9,8 kn oder 4,9 m/sec
bei Bft. 5:	70% von 19 kn =	13,3 kn oder 6,7 m/sec
bei Bft. 6:	70% von 25 kn =	17,5 kn oder 8,8 m/sec
bei Bft. 7:	70% von 31 kn =	21,7 kn oder 10,9 m/sec
bei Bft. 8:	70% von 37 kn =	25,9 kn oder 13,0 m/sec
bei Bft. 9:	70% von 45 kn =	31,5 kn oder 15,8 m/sec
bei Bft. 10:	70% von 52 kn =	30,4 kn oder 18,2 m/sec

Abb. 12

dem Quadrat der Windgeschwindigkeit wächst, bleiben auch die folgenden Werte für den Winddruck pro Quadratmeter und die gesamte Windkraft, die der Windgegner eines Motorbootes am Ankerplatz hat, weit unter den Seekreuzerwerten (Tabelle 13):

Windstärke nach Beaufort	Winddruck in N/m²	Windkraft in N für 6 m² Fläche
Bft. 4	15	90
Bft. 5	28	170
Bft. 6	49	290
Bft. 7	75	450
Bft. 8	106	640
Bft. 9	157	940
Bft. 10	204	1250

Abb. 13

Unser Standard-Motorkreuzer, der annähernd die gleiche Größe wie unser Seekreuzer hat, kommt also mit einem Ankergeschirr von ca. halber Haltekraft eines Seekreuzers aus, d. h. wenn der Seekreuzer an der Küste für Beaufort 10 mit einer Haltekraft von 2840 N (nur für die Windkraft) ausgelegt sein muß, genügt für den Motorkreuzer ein Ankergeschirr mit einer Haltekraft von 1250 N. Oder anders: Mit einer Haltekraft von 640 N ist ein Motorkreuzer noch bei Beaufort 8 sicher, während ein Seekreuzer gleicher Größe dieser Belastung durch die Windkraft bereits bei Beaufort 6 ausgesetzt ist.

Die Stromkraft vor Anker

Wer nur gelegentlich vor Anker geht und sich seinen Ankerplatz nahe am Ufer oder in einer geschützten Bucht aussuchen kann, muß die Wasserströmung nicht berücksichtigen. Wer hingegen häufig ankert, in Revieren mit Gezeitenstrom oder starker Wasserströmung durch Wind (z. B. im Belt und im Sund der dänischen Inseln) oder in Flußrevieren (an Rhein, Oberelbe und Oberweser) ankert, muß auch die Stromkraft mit in seine Berechnungen bei der Kalkulation des erforderlichen Ankergeschirrs aufnehmen.
Auch hier ist der Einfluß bei einem Seekreuzer mit seinem tiefen Kiel und dem oft langen Lateralplan seines Unterwasserschiffes groß (vgl. sinngemäß Abb. 7), während sich der Strom bei einem flachen Motorkreuzer nur wenig auswirkt. Die Stromgeschwindigkeit macht uns auch nicht so sehr zu schaffen, wenn Wind und Strom aus gleicher Richtung kommen (weil dann nur die Hauptspantfläche beiden Kräften dargeboten wird), aber die gegeneinanderwirkenden Wind- und Wasserkräfte können sehr unsympathisch werden, wenn sie aus unterschiedlichen Richtungen (und damit beide weitgehend breitseits) wirken. Hierbei folgt ein Motorboot weitgehend der Windrichtung (vgl. Abb. 136), weil sein Tiefgang und sein Unterwasserschiff nur klein ist, während ein Seekreuzer sich weitgehend in Stromrichtung legt, ohne daß der Einfluß der Windkraft dabei geringer wird (vgl. Abb. 135).
Auch hier wollen wir mit Erfahrungswerten arbeiten und die Stromkraft wie folgt aus

$$\text{Hauptspantfläche} \times 40\,\% \text{ des Staudrucks}$$

kalkulieren.
Das ist eine im Boots- und Schiffbau übliche Faustformel, mit der sich sowohl der Widerstand eines Bootes bei seiner Fahrt durchs Wasser

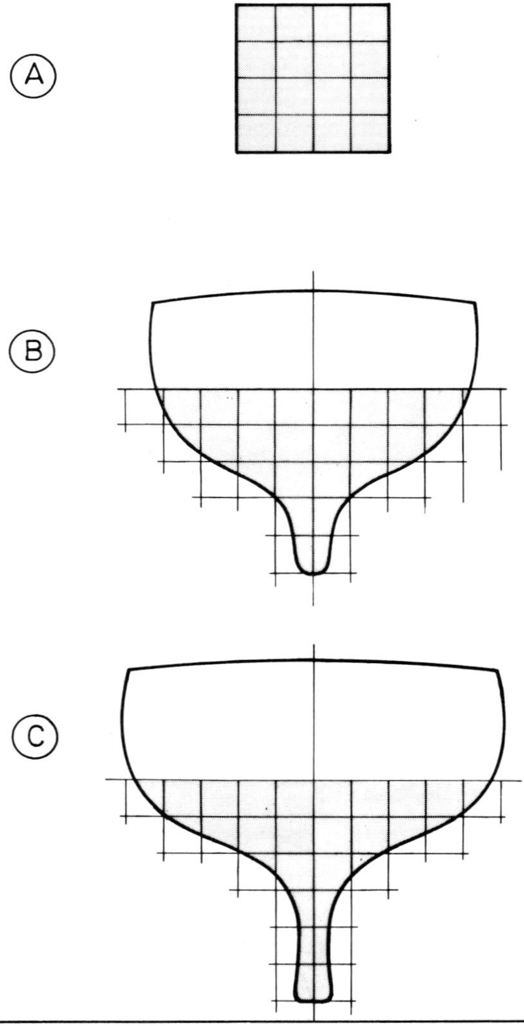

Abb. 14

wie die entgegengesetzte Kraft der Wasserströmung berechnen läßt. Es ist ganz wertvoll, wenn wir diese Kalkulation auch für unser vor Anker liegendes Boot lernen, um die Stromkraft als verständliche Größe zu ermitteln.

Hierzu zeichnen wir uns auf einem Blatt Millimeter-Papier den Spantenriß unseres Bootes bzw. den Hauptspant auf (Abb. 14). Wir bevorzugen Millimeter-Papier, weil wir dann die Fläche durch einfaches Auszählen der quadratischen Felder ohne komplizierte Rechnungen feststellen können. In unserem Beispiel ist die Seitenlänge eines Millimeterquadrates von 1 cm in der Praxis 25 cm lang (die Bootsbreite von 2,50 m schrumpft auf unserem Zeichenpapier auf 10 cm ein), so daß eine Fläche von 1m² praktisch von 16 Feldern dargestellt wird (Abb. 14 A). Wir zählen jetzt einfach die Felder zusammen, die die Hauptspantfläche unseres Seekreuzers bedeckt (Abb. 14 B) und erhalten 20 Felder = 1,25 m². Auch ein breiterer, tieferer, aber schnellerer, schlankerer Seekreuzer (Abb. 14 C) bringt es auf die gleiche Hauptspantfläche.

Abb. 15

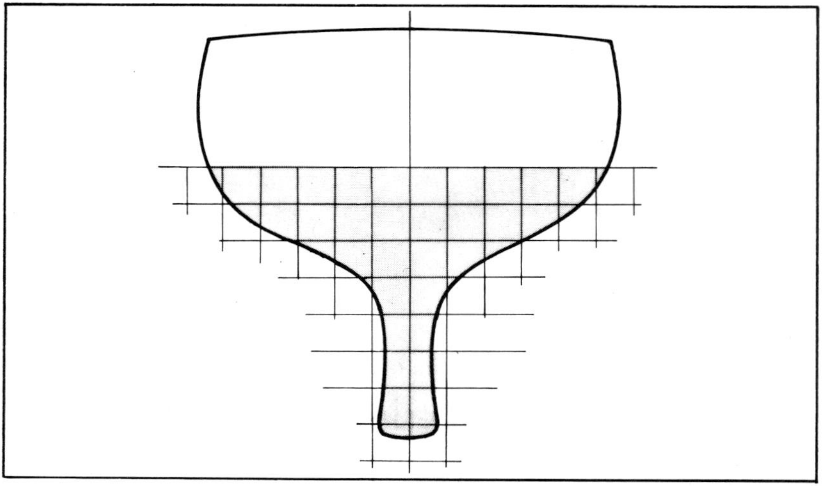

Ein breiterer, tieferer und völligerer Seekreuzer erhält 1,50 m² Hauptspantfläche (Abb. 15), ein größerer Motorkreuzer mit geringerem Tiefgang, aber mehr prahmförmiger Hauptspantfläche hat ungefähr die gleiche Hauptspantfläche von 1,25 m² (Abb. 16) wie ein leichter Seekreuzer.

Den Staudruck berechnen wir nach der Formel

$$q = \frac{1}{2} \times \frac{\gamma}{g} \times v^2$$

Darin sind:
- γ die Wichte des Seewassers = 1025 kg/m³
- g die Erdbeschleunigung = 9,81 m/sec²
- v die Strömungsgeschwindigkeit des Wassers in m/sec

So erhalten wir $q = 52{,}3 \times v^2$

Mit dieser Konstanten des Staudrucks q = 52,3 können wir jetzt für jede Geschwindigkeit der Wasserströmung die Stromkraft in N/m² bzw. (der Einfachheit halber hier) gleich für einen leichten Seekreuzer bzw. einen Motorkreuzer mit einer Hauptspantfläche von 1,25 m² bzw. einen größeren bzw. schwereren Seekreuzer mit einer Hauptspantfläche von 1,5 m² ausrechnen. So erhalten wir die Stromkraft (für den Bordgebrauch) für folgende Gezeitenströmungen bzw. Geschwindigkeiten eines fließenden Flußwassers (Tabelle 17):

Abb. 16

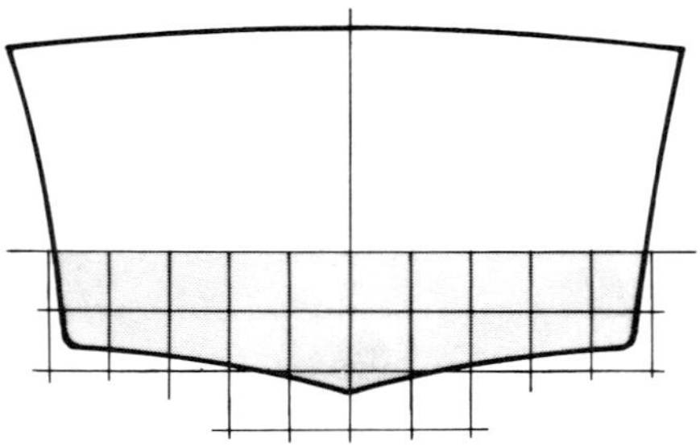

Stromgeschwindigkeit kn	Stromgeschwindigkeit m/sec	Staudruck N/m² (= Pa) 100%	Staudruck N/m² (= Pa) 40%	Stromkraft N (= ca. 0,1 kp) 1 m²	Stromkraft N (= ca. 0,1 kp) 1,25 m²	Stromkraft N (= ca. 0,1 kp) 1,50 m²
1	0,5	130	50	50	70	80
2	1	520	210	210	260	320
3	1,5	1170	470	470	590	700
4	2	2100	840	840	1050	1260
5	2,5	3270	1320	1320	1650	1980

Abb. 17

Vergleichen wir diese Werte mit der Windkraft, dann sehen wir, daß z. B. an einem kleinen Seekreuzer (mit 8 m² Wind-Widerstandsfläche, siehe Tabelle 11) ein Strom von 3 kn die gleiche Kraft wie ein Wind von Beaufort 6 hat. Das bedeutet: Wer in Stromgebieten segelt, darf die Stromkraft nicht unterschätzen und muß bei der Bemessung seines Ankergeschirrs beide Kräfte gleichermaßen berücksichtigen. Die Strömungsgeschwindigkeit des Wassers ist zwar geringer, seine Wichte aber ca. 835 mal so groß wie die der Luft, so daß sich ganz beträchtliche dynamische Kräfte ergeben.

Wind und Strom als Doppelgegner am Ankerplatz

Wenn wir in Flußrevieren oder in Gezeitengebieten ankern, dann wirken die beiden Kräfte in der Luft und im Wasser relativ friedlich, und sie sind auch leicht zu kalkulieren, wenn sie aus gleicher bzw. entgegengesetzter Richtung kommen. Prüfen wir dies an einem Beispiel. Bei Beaufort 7 muß unser Ankergeschirr für einen Standard-Seekreuzer eine Windkraft von ca. 1000 N (vgl. Tabelle 11) aushalten. Im Strom muß bei einer Stromgeschwindigkeit von 3 kn noch ca. 600 N Stromkraft bei einem kleinen Seekreuzer oder einem Motorboot beachtet werden.
Liegen wir bei Wind und Strom aus entgegengesetzten Richtungen vor

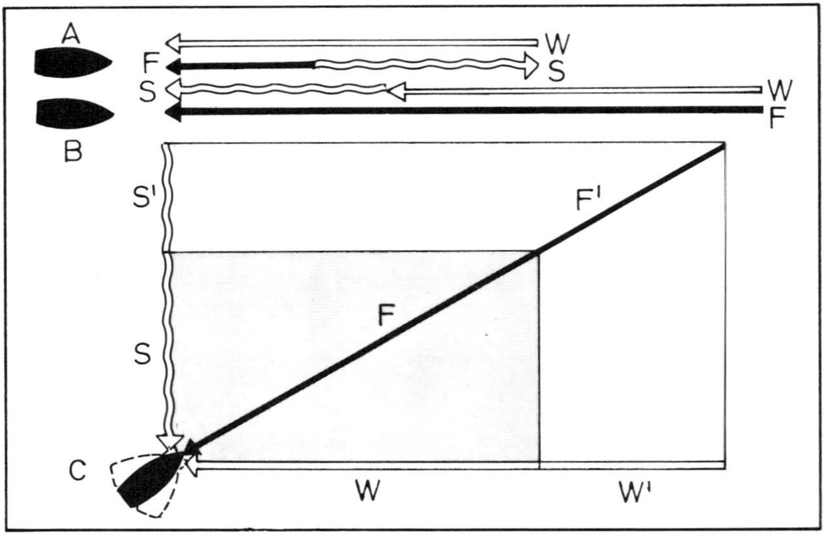

Abb. 18

Anker (Abb. 18, Pos. A), dann hebt die Stromkraft von S = 600 N einen Teil der Windkraft von W = 1000 N auf, und unser Ankergeschirr ist mit F = 400 N nur wenig belastet. In der Praxis ist unsere Ankerleine bzw. Ankerkette kaum straff gespannt – im Gegenteil, sie wird lang auf dem Grund liegen bzw. in weiter Bucht durchhängen.
Wirken Wind und Strom aus gleicher Richtung (Abb. 18, Pos. B), dann summieren sich hingegen beide Kräfte S und W, und unser Ankergeschirr ist mit F = 1600 N sehr hoch belastet. Bei leichtem Geschirr wird die Ankertrosse schon in einem kleinen Winkel zwischen Ankerschaft und Meeresboden direkt vom Anker bis zum Bug führen – abhängig von der Wassertiefe und von der Kettenlänge.
Schwierig wird es, wenn Wind und Strom senkrecht gegeneinander wirken (Abb. 18, Pos. C): Dies ist eine Situation, wie man sie natürlich in der Nordsee vielfach, aber auch in der Ostsee z. B. bei West- oder Ostwinden im Belt oder Sund mit ein- oder auslaufendem Wasser erlebt.

Man kann das Parallelogramm der Kräfte S und W zeichnen und erhält eine fast in der Winkelhalbierenden wirkende Kraft F von theoretisch 1150 N. Aber wenn sich unser Boot in diese Richtung legt, dann ändert sich sowohl die vom Wind angeströmte Fläche des Überwasserschiffes als auch die dem Strom dargebotene Fläche des Unterwasserschiffes, und da der Wind gegen die volle Breitseite (W) natürlich kräftiger drükken und der Strom gegen den gesamten Lateralplan stärker schieben kann (S), summiert sich die Gesamtkraft beider Gegner zu einer Größe, die mindestens der Addition beider Kräfte zu F' wie in Abb. 18, Pos. C mit ca. 1600 N entspricht.

Aber unser Ankergeschirr ist in einer solchen Situation noch weit höher belastet; denn diese Schräganströmung des Lateralplanes durch die Wasserströmung und des Überwasserschiffes durch den Wind sorgt dafür, daß unser Seekreuzer (je nach Art dieser „Profile" im Unter- und Überwasserschiff) zu „segeln" d. h. sich nach vorn zu bewegen beginnt, daß er krängt, sich zu beiden Seiten überlegt und hart in sein Ankergeschirr einruckst, wenn er auf seiner begrenzten Irrfahrt von der irgendwo wieder steifkommenden Ankerkette hart gebremst wird.

Das sind dann nicht nur unsympathische Bewegungen, sondern auch schlecht kalkulierbare Kräfte, und da in solchen Revieren die Stromgeschwindigkeit mit der Windgeschwindigkeit wächst und man nur ankert, wenn man weder gegenankreuzen noch ablaufen kann oder kein Schutzhafen in der Nähe ist, fühlt man sich sehr glücklich, wenn man sich nicht nur einem schweren Ankergeschirr anvertrauen, sondern gegebenenfalls durch einen zweiten Anker dieses Schwojen am Ankerplatz vermeiden kann.

Das Ankergeschirr muß natürlich immer für die ungünstigste Konstellation aller in einer schwierigen Situation zu erwartenden Kräfte ausgelegt sein. Die Erfahrungen eines Weltumseglers, der in offenen Ozeanbuchten mit kräftigen Gezeiten- und Meeresströmungen geankert hat, sind für den Küstensegler an Ost- und Nordsee jedoch nur von bedingtem Wert. Sein Ankergeschirr ist zu schwer und aufwendig, wenn er es nach den Maßstäben einer Weltumseglung wählt — andererseits ist das Ankergeschirr eines Weltumseglers nicht sicher genug, wenn er es nach den Bedingungen einer ortsnahen Küstenfahrt in unseren Sommermonaten zusammengestellt hat.

Die Seegangsbelastung am Ankerplatz

Der letzte, mit seiner schädlichen Kraft noch schwerer zu kalkulierende Gegner am Ankerplatz ist der Seegang. Genau genommen sind es mindestens drei Teilkräfte, die uns bei verstärkten Stampfbewegungen am Ankerplatz unsympathisch sind:

- Der Brechereffekt in den Wellenkämmen, hauptsächlich eine Schubkraft,
- die Orbitalbewegung, d. h. die kreisförmige Eigenbewegung der Wasserteilchen in den Wasserwellen, und
- die im Seegang wechselnde Wassertiefe; weniger eine Hubkraft als ein Einfluß auf den Zugwinkel am Ankerschaft.

Die Kräfte des überbrechenden Wassers auf einem Wellenkamm können uns im allgemeinen nicht gefährlich werden, weil unser Boot ja meistens über das Vorschiff ankert und der Bug zum Zerteilen der Brecher entsprechend scharf geschnitten und strömungsgünstig geformt ist. Nur wenn unser Boot in Stromgewässern ankert, Wind und Strom aus unterschiedlichen Richtungen wirken und der Brecher weitgehend breitseits gegen die Bordwand rollen kann, darf die den Wassermassen beim Überbrechen innewohnende Kraft nicht unterschätzt werden. Da man im allgemeinen im Schutz einer Luvküste jedoch so dicht unter Land ankert, um diesen Brechereffekt zu vermeiden, können wir ihn auch bei unserer Betrachtung (zumindest als Einzelkraft der Seegangsbelastung) vernachlässigen – außer wenn wir auf Leegerwall und in der Brandung ankern.
Die Orbitalbewegung des Wassers in einer Welle ist im Wellental günstig in Richtung auf den Anker gerichtet und entlastet dann das Ankergeschirr. Auf dem Wellenkamm hingegen vergrößert sie noch den Brechereffekt, weil die Wasserteilchen sich dann in Zugrichtung unseres Bootes am Ankerplatz bewegen. Auch diese Teilkraft wollen wir ver-

nachlässigen, weil sie nur gering und für den Bordgebrauch auf Sportbooten kaum meßbar ist.
In der wechselnden Wassertiefe am Ankerplatz liegt im Seegang die größte Gefahr, aber ihr können wir am leichtesten begegnen und hierbei gleichzeitig die Teilbelastungen des Brechereffektes und der Orbitalbewegung so einfach wie wirkungsvoll ausgleichen. Wie wir später sehen werden, hängt die Haltekraft unseres Ankergeschirrs von zahlreichen Faktoren ab. Einer von ihnen ist das Verhältnis Wassertiefe : Ketten- bzw. Trossenlänge. Der Seegang wird unserem Boot nur dann gefährlich, wenn wir dieses Verhältnis nach der Position unseres Bootes im Wellental bemessen (vgl. Abb. 144). Auf dem Wellenberg nimmt unser Boot dann eine Position ein, wo es praktisch auf einer viel größeren Wassertiefe liegt, und das Verhältnis Wassertiefe : Kettenlänge wird dann ungünstiger, die Haltekraft des Ankergeschirrs geringer. Gehen wir hingegen bei der Bemessung dieses Verhältnisses von der Wellenberg-Position aus, dann haben wir die richtige Haltekraft auch für die Seegangsbelastung erreicht, und im Wellental erhalten wir durch die jetzt übermäßig große Kettenlänge einen zusätzlichen Sicherheitsbonus.
Der Sportschipper steht ja nicht mit einem Dynamometer auf dem Vorschiff, um bei auffrischendem Wind, wachsendem Strom oder zunehmendem Seegang die immer höhere Belastung seines Ankergeschirrs zu messen. Er begegnet diesen zusätzlichen oder wachsenden Kräften durch andere seemännische Maßnahmen, z. B. Ausbringen eines weiteren Ankers, Stecken von mehr Kette oder Leine, Wegfieren eines Ankergewichtes usw. Diese Maßnahmen leitet er nach eigenen Erfahrungen ein, und für den erfahrenen Schipper genügt bereits, seine Hand eine Zeitlang auf die durch die Lippe oder über die Stevenrolle auslaufende Leine oder Kette zu legen, um den Grad der Belastung seines Geschirrs zu prüfen. Die Gegner selbst und ihre Trabanten muß er jedoch namentlich kennen, um ihre Kräfte und deren Teilkräfte besonders dann richtig kalkulieren zu können, wenn sie sich in ungünstiger Weise summieren.

Den richtigen Ankertyp für jeden möglichen Ankergrund

Wir kennen nun unsere Gegner am Ankerplatz und die Belastungen, denen unser Boot vor Anker ausgesetzt sein wird. Jetzt wollen wir die Vorrichtungen betrachten, die ersonnen und entwickelt wurden, um den Abtrift-Kräften am Ankerplatz die entsprechenden Haltekräfte unseres Ankergeschirrs entgegenzusetzen. Der Anfangs- und Endpunkt ist hierbei der richtige Ankertyp, sein Partner der unterschiedlich beschaffene Meeresgrund.
Wer nur in seinem heimischen Revier segelt, kennt nicht nur die besten Ankerplätze für jedes Wetter, sondern auch die dortige Grundbeschaffenheit. In unbekannten Revieren genügt meistens ein Blick in das Wasser, um den Meeresboden und seine Beschaffenheit zu erkennen. Nicht immer ist das Wasser jedoch klar genug, um den Grund erkennen zu können, und meistens steuern wir auch den Ankerplatz aus einer größeren Entfernung an und müssen uns daher vorher informieren, wo wir den besten Ankergrund finden. Hierzu genügt ein Blick in die Seekarte: Abb. 19 zeigt uns eine reich gegliederte Bucht. Neben den Tiefenangaben gibt sie uns auch die Grundbeschaffenheit an.

Unterschiedlicher Grund an jedem Ankerplatz

Ankerplatz A liegt über „weichem Schlick". Schlickgründe sind keine idealen Ankerplätze, aber sie bieten einem Anker doch ausreichenden Haftgrund. Sie sind sehr weich, und ein schwerer Anker würde sehr tief

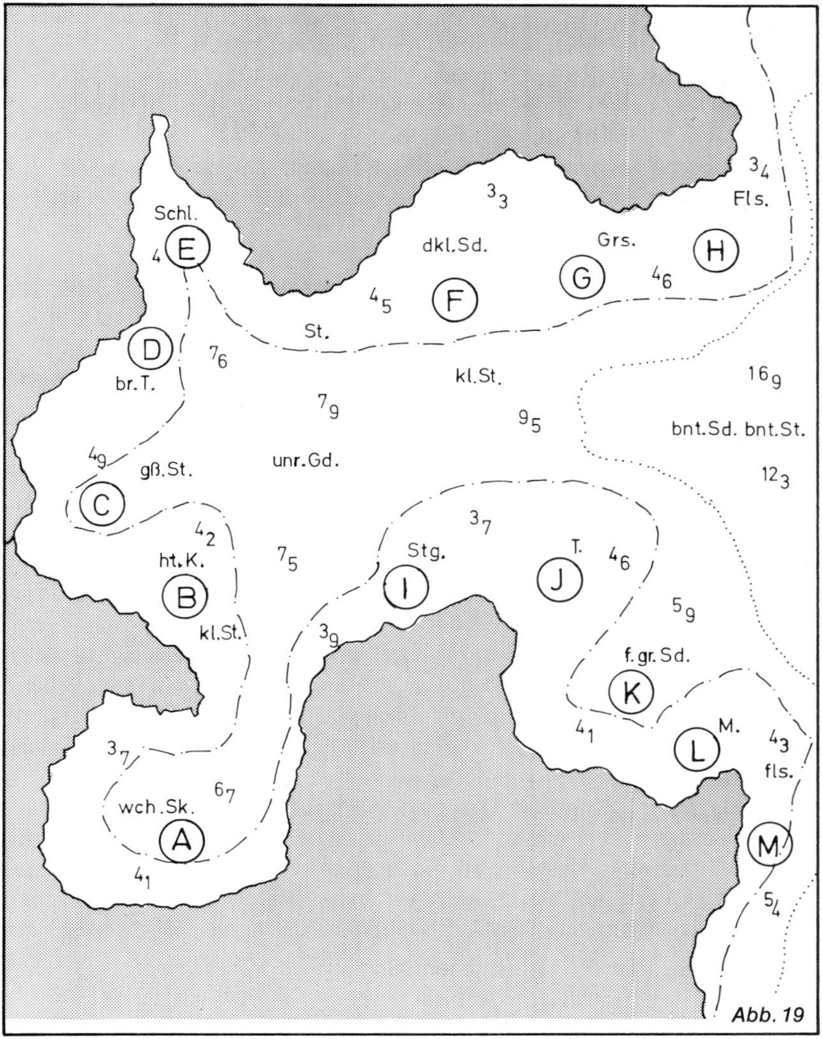

Schl.
E
4
dkl.Sd.
Grs.
Fls.
H
G
F
D
br.T.
St.
kl.St.
bnt.Sd. bnt.St.
unr.Gd.
gß.St.
C
ht.K.
B
kl.St.
Stg.
I
T.
J
f.gr.Sd.
K
M.
L
fls.
M.
wch.Sk.
A

Abb. 19

einsinken. Liegt man längere Zeit an der gleichen Stelle, dann hat sich der Anker so im breiigen Untergrund festgesaugt, daß man ihn nur schwer wieder ausbrechen kann.
Auf dem Ankerplatz B finden wir „kleine Steine" und „harten Kies". Auch dieser Ankergrund ist ausreichend, aber der sehr harte Boden erfordert nicht nur schmale, schlanke Flunken, die wie eine Spitzhacke in den Grund dringen können, sondern die Anker müssen auch schwer genug sein, um sich in den harten Kiesgrund zu bohren oder zwischen die kleinen Steine zu dringen und diese notfalls beiseite zu schieben. Im Gegensatz zum Sand ist Kies sehr grobkörnig, und die „kleinen Steine" sind meistens Kiesel, die in dicker Schicht über dem Kiesgrund liegen.
Wenig empfehlenswert ist der Ankergrund C mit „großen Steinen". Zwar ist es nicht schwer, unser Eisen (wie auch immer seine Form oder sein Gewicht sein mag) auf dem Grund mit seinen vielen Hindernissen zum Halten zu bringen – aber die Gefahr ist groß, daß wir den zu gut am Grund verklemmten Anker hinterher nicht wieder lichten können. Hier kann man nur mit besonderen Sicherheitsvorrichtungen für das Ankergeschirr vor Anker gehen.
Den besten Ankergrund finden wir am Ankerplatz D mit „braunem Ton". Durch seine größere Porösität sowie die Feinheit und Gleichförmigkeit seiner Zusammensetzung ist Ton der beste Ankergrund. Auch leichte Anker können schnell in ihn eindringen, auch schmale Flunken halten sich gut fest. Das Ausbrechen des Ankers ist nicht immer leicht, aber es besteht keine Gefahr, daß sich Teile des Ankergeschirrs am Grund durchscheuern (schamfilen) können.
„Schlammgrund" unter dem Ankerplatz E ist zum Ankern nicht geeignet. Im Gegensatz zum breiigen Schlick ist er noch weicher und flüssiger, und wenn das Ankergeschirr bei wachsender Windgeschwindigkeit stärker belastet wird, kann sich auch ein breitflächiger Anker mit großen Flunken nicht mehr ausreichend festhalten. Oft kann jedoch – wie ein Blick auf benachbarte Gründe zeigt – der Schlamm nur als dicke Schicht über härteren Böden liegen. Die Frage ist nur: Wie dick ist sie?

Auf dem Ankerplatz F mit „dunklem Sand" finden wir nahezu die gleichen idealen Bedingungen wie bei Tongründen. Auch hier faßt der Anker sehr schnell und sehr plötzlich, aber er gräbt sich nur tief genug ein, wenn das Ankergeschirr richtig belastet ist.
Undiskutabel ist der Ankergrund bei G mit „Seegras" und „Schlingpflanzen". In ihnen verfängt sich der Anker, ohne den Grund überhaupt zu erreichen, und wenn ein besonders schwerer Anker bis zum Meeresboden gesackt ist, hindern ihn die Wasserpflanzen daran, sich richtig einzugraben.
Ähnlich verhält sich der „Felsboden" auf dem Ankerplatz H. Meistens handelt es sich bei Felsen um große, weitgehend glatte Steinplatten, die nur durch Risse unterbrochen sind. Auch ein schwerer Anker findet hier keine Stelle, um sich festzuhalten – und wenn er in eine Felsspalte gerät, wird er sich verklemmen, und das Verlassen des Ankerplatzes wird dann nur durch Kappen der Ankerleine möglich sein.
Für den Ankerplatz I mit „Seetang" gilt sinngemäß, was in G für „Seegras" gesagt wurde. Auf Platz J haben wir mit „Ton" den gleichen Grund wie auf Platz D, und der „feine graue Sand" auf Platz K ist der gleiche erstrebenswerte Ankerplatz wie auf Ankerplatz F. Die „Muscheln" auf Platz L entsprechen weitgehend den „kleinen Steinen" auf Platz B; sie sind kein guter Ankergrund – aber immer noch besser als der „felsige Grund" auf Platz M, auf dem der Anker wohl hält, aber nicht ohne Risiko gelichtet werden kann.
Die folgenden Querschnitte durch den Ankergrund mit einem Ankertyp von großer Haltekraft sollen noch bessere Gedächtnisstützen sein, wenn wir diese Bezeichnungen auf dem Ankerplatz lesen: Harter Sandgrund (Abb. 20) ist ein guter Ankerboden – aber der Anker selbst darf nicht zu leicht sein, wenn er sich fest und sicher eingraben soll. Auf Felsenboden (Abb. 21) ist die Haltekraft des Ankers immer geringer als sein Gewicht. Ein leichter Anker hält praktisch gar nicht, weil er über den Boden gezogen wird, und wenn er sich in einer Felsspalte festklemmen kann, muß er beim fruchtlosen Versuch des Ankerlichtens meistens aufgegeben werden.
Schlamm liegt meistens über festem Sandgrund (Abb. 22), und je nach

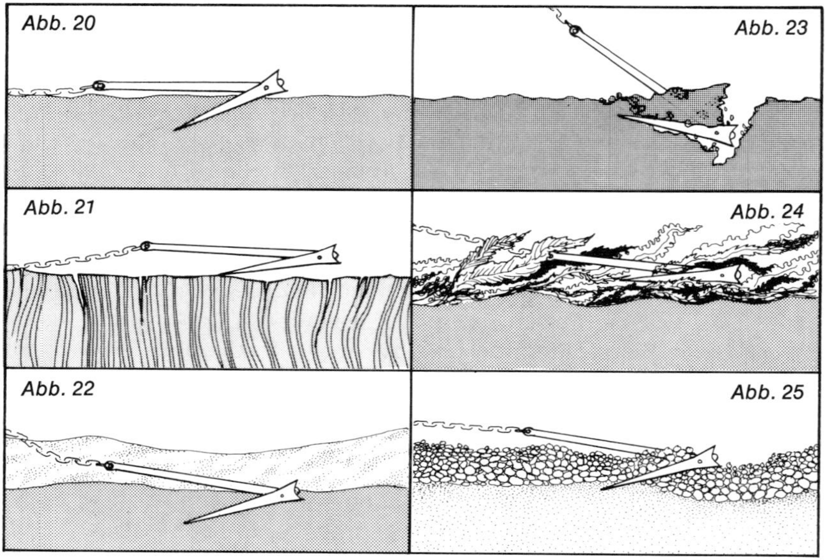

der Dicke der Schlammschicht muß der Anker eine längere Strecke über den Boden rutschen, ehe er durch die Schlammschicht hindurch in feste Bodengründe gelangt ist und sich hier festhalten kann. Schlammgründe sind keine, verschlickte Unterwasserflächen nicht empfehlenswerte Ankerplätze – aber in Häfen, in Flußmündungen oder in Haffgebieten mit Brackwasser überlagern Schlamm und Schlick nur feste Böden, und wenn wir die benachbarten Gründe betrachten, können wir oft schätzen, wie dick die Schlammschicht sein könnte und wie lange unser Anker braucht, um doch noch den darunterliegenden festen Boden zum Eingraben zu erreichen. Aber die Gefahr bleibt, daß auch hier das Ankerlichten durch diese Schlammschicht hindurch – zumindest mit Muskelkraft allein und ohne Winde – sehr schwierig ist.

Das gilt auch für den sonst idealen Ankergrund aus Ton oder Lehm (Abb. 23), in dem insbesondere die leichten Anker mit großflächigen Flunken

sehr gut halten – so gut, daß man ebenfalls Mühe hat, sie mit der Hand wieder auszubrechen. Abbildung 24 zeigt, wie Seegras oder Seetang einen Anker daran hindern, überhaupt den Boden zu erreichen. Der Anker schliert, auch wenn wir vielleicht während des Ankermanövers den Eindruck haben, er hätte nun endlich gefaßt, und Ankergründe mit dieser Bodenstruktur sollten daher niemals für längere Zeit aufgesucht werden.
Auch kleine Steine oder Kiesel (Abb. 25) liegen meistens als Schicht unterschiedlicher Dicke über einem gröberen Kiesgrund. Auch hier muß der Anker entsprechendes Gewicht haben, um mit seinen Flunken in die Kieselsteine einzudringen oder sie zur Seite zu schieben und dann den verdeckten Kiesgrund zu erreichen.

Die wichtigsten gebräuchlichen Ankerarten

Ein Anker muß für alle diese unterschiedlichen Meeresböden gleich gut geeignet sein: Er soll leichtes Gewicht mit größter Haltekraft verbinden, aber auch für harte Böden schwer genug sein. Betrachten wir die marktgängigen Typen nacheinander, bei denen diese Ziele auf unterschiedliche Arten und Weisen zu erreichen versucht wurden:
Der Stockanker ist der älteste noch gebräuchliche Ankertyp (Abb. 26), der jedermann als Begriff für den Anker überhaupt dient. Es ist ein starrer Anker mit zwei Flunken, die an den Enden seiner beiden Seitenarme liegen, und einem beiklappbaren Stock auf der entgegengesetzten Seite des Schaftes, an dessen Ende ein Ring zum Anstecken von Ankerleine oder Ankertrosse eingelassen ist. Die Flunken haben unterschiedliche Formen; im Gegensatz zu den früher üblichen plumpen, breiten „Händen" (B) zum Eingraben sind spezielle Yachtanker meistens mit schlankeren, schmaleren Flunken ausgestattet (A).
Wenn dieser Stockanker auf den Grund gefallen ist, kann – wie auch immer er dann liegen mag – sich ein Arm mit seiner Flunke in den Grund eingraben, während der dann waagerechte Stock den Schaft auf dem Grund hält. Auch wenn der Stockanker so auf den Grund fällt, daß

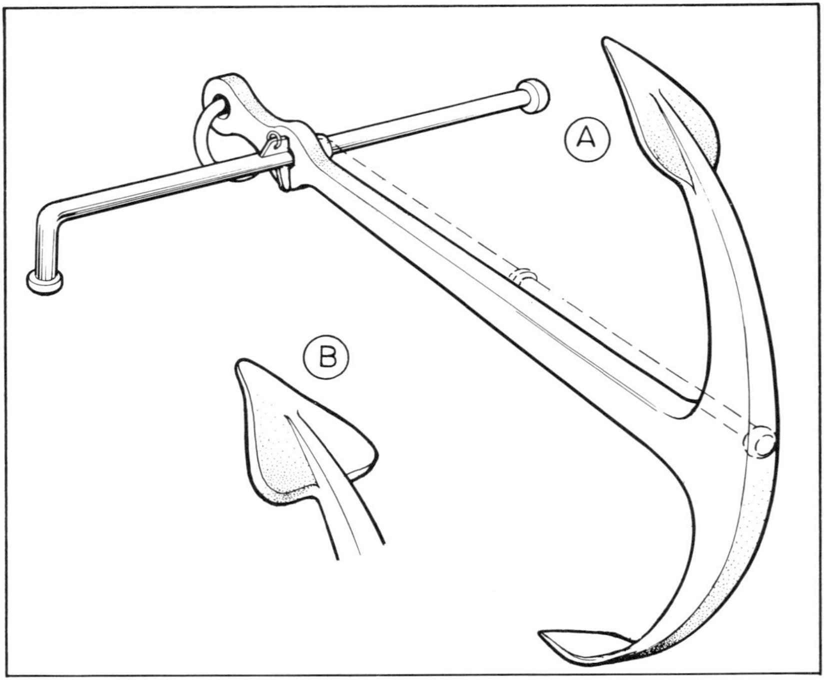

Abb. 26

der Stock aufrecht steht und beide Arme flach auf dem Boden liegen, genügt der übliche Zug beim Steifkommen der Ankerleine, um ihn umzukippen und mit einer der beiden Flunken in den Grund zu ziehen.

Der Stock ist in seiner Schaftöffnung beweglich und kann sowohl in seiner Arbeitsstellung quer zum Schaft wie beigeklappt am Schaft entlang durch einen Splint gesichert werden. So verliert er seine Sperrigkeit, wenn er nicht benutzt wird, und läßt sich auf und unter Deck auch leicht verstauen.

Die Haltekraft des Stockankers liegt sowohl in seinem Gewicht wie in seiner Form, und obwohl er einen geringeren Wirkungsgrad als die weiter unten genannten Pflugschar- oder Danforth-Ankertypen hat, ist er diesen z. B. auf steinigem Grund oder bei Schlick über hartem Sandboden (vgl. Abb. 22 und 25) überlegen. Auch an einem Ankerplatz mit Seegras (vgl. Abb. 24) sind seine Form und sein Gewicht gleichermaßen vorteilhaft.

Abb. 27

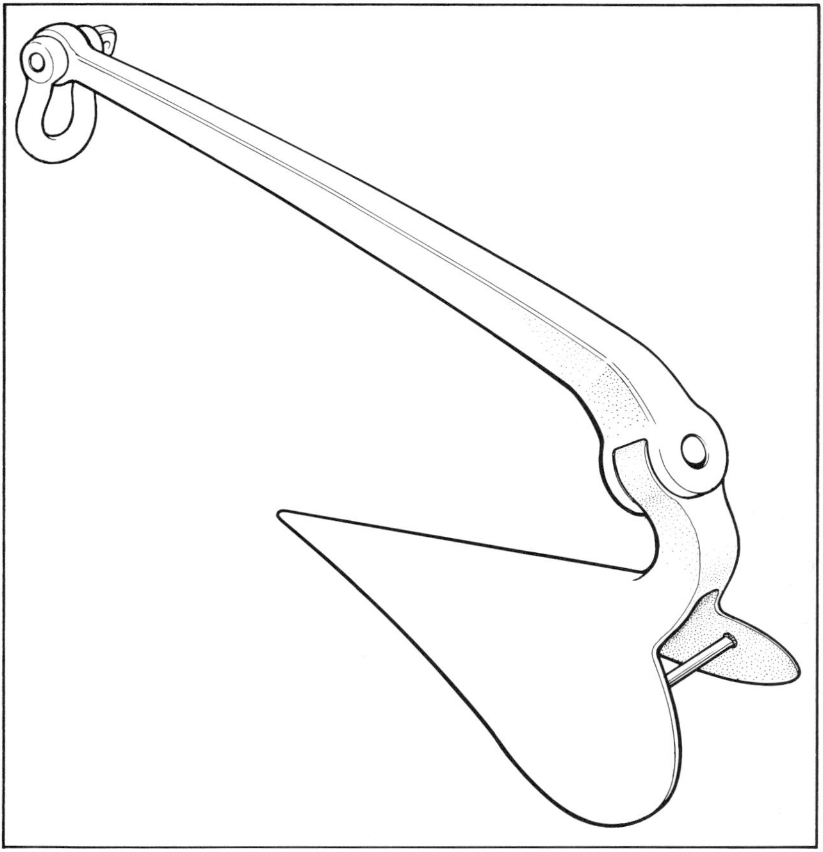

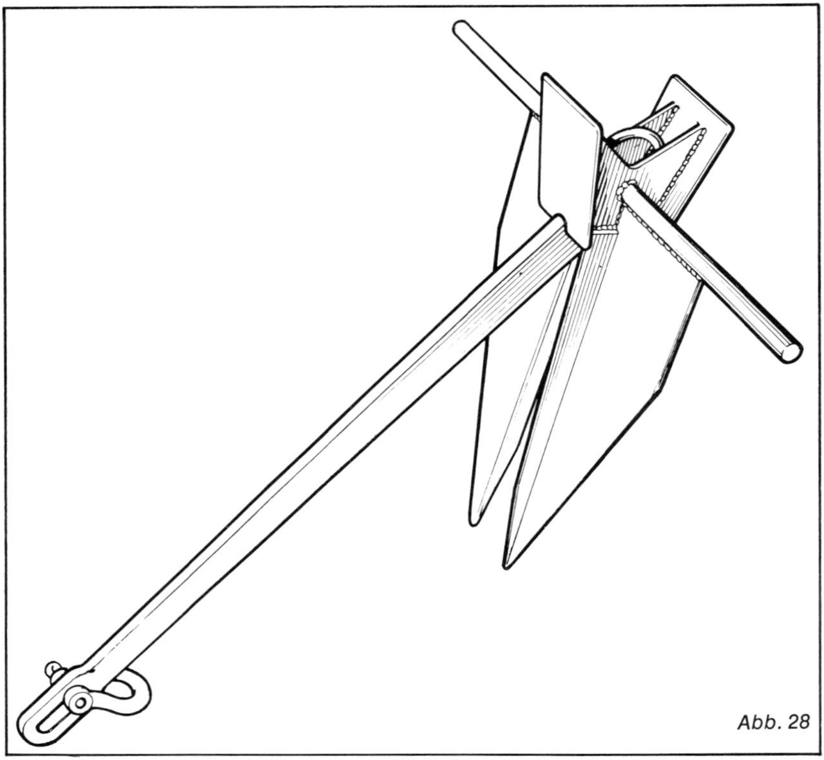

Abb. 28

Um mit einem Stockanker die gleiche Haltekraft wie mit einem Leichtbauanker zu erhalten, muß er (beträchtlich) schwerer sein. Das ist nachteilig. Auch kann sich die Ankerleine auf dem Boden um Stock oder Arme vertörnen, so daß der Anker schliert und sich nicht eingraben kann. Die größte Gefahr bietet der Stockanker jedoch in Tidengewässern, wenn das Boot an seinem Ankerplatz trockenfallen kann: Gerät hierbei der Bootsrumpf unglücklich über den Anker, dann kann der aufwärts gerichtete Arm mit seiner Flunke die Bordwand zerstören.

Der Pflug- oder Pflugschar-Anker (Abb. 27) ist ein Leichtgewichtsanker von eigenwilliger, aber effektiver Form. Seine einzige Flunke hat die Form einer doppelten Pflugschar, an der ein seitlich schwenkbarer Schaft befestigt ist. Beim Ankern fällt er meistens auf die Seite, wenn er den Grund berührt, aber wenn Zug auf die Ankerleine kommt, richtet er sich auf und pflügt sich in den Grund hinein, ehe er mit waagerecht auf dem Meeresboden liegendem Schaft seine Position der größten Haltekraft erreicht. Dabei kann sich weder die Ankertrosse irgendwo verhaken, noch kann der Anker selbst (beim Trockenfallen) dem Boot gefährlich werden, weil kein Teil des Ankers über den Grund hinaus ins Wasser reicht.

Die Haltekraft des Pflugschar-Ankers ist mehr als doppelt so groß wie die des Stockankers. Man kann also über die Hälfte des Gewichtes sparen – ein Vorteil für die Arbeit der Crew beim Ankern oder Anker-

Abb. 29

lichten auf dem Vorschiff; denn die Beherrschung dieses eigenwilligen Pfluges, dessen sperrige Form mit der gefährlichen Spitze sich (zum Verstauen) nicht verändern läßt, will gelernt sein. Das Stauproblem ist jedoch nicht so schwierig (vgl. Abb. 74), wie es auf den ersten Blick zu sein scheint.

Der Vorteil dieses Pflugankers: Er läßt sich überall leicht ausbrechen, außer in Schlamm und Schlick, wenn er meistens nur mit Hilfe einer Winde wieder gelichtet werden kann. Sowohl bei Seegras wie bei Kieseln über Sandgrund (vgl. Abb. 24 und 25) bleibt er jedoch unter harten Bedingungen weitgehend wirkungslos – aber dann fassen auch andere Ankertypen nicht.

Der hauptsächliche Nachteil der in der Berufsschiffahrt üblichen „Patentanker" ohne Stock, wenn sie in den entsprechenden Größen und Gewichten für Sportboote gefertigt wurden, war ihre unbefriedigende Haltekraft. Ohne Stock (vgl. Abb. 26), um den vor dem Eingraben über den Boden trünnelnden Anker zu stabilisieren, und mit Pflugen in weitem Abstand voneinander braucht ein (leichter) Patentanker eine lange Strecke, um auf unterschiedlichen Böden (wenn überhaupt) zu fassen.

Der Danforth- oder Meon-Anker (Abb. 28) ist die oft kopierte, aber nie in ihrer Wirksamkeit erreichte Neuentwicklung eines kleinen Patentankers von geringem Gewicht und größtmöglichem Wirkungsgrad. Bei ihm liegt der „Stock" am unteren Ende des Schaftes bei den Flunken, und die beiden Flunken selbst sind nicht nur großflächiger und schärfer, ihre Spitzen liegen auch so dicht beieinander, daß sie wie ein einziger breiter Spieß in den Boden eindringen können.

Weil Ankerstock und Ankerpflugen praktisch in derselben Ebene liegen, dringt der Anker schnell und auch bei leichtem Zug an der Ankerleine in den Boden ein – aber er versinkt nie tiefer als gewünscht in Schlamm und Schlick. Seine überlegene Haltekraft erhält er letztlich durch die weitaus größere Fläche seiner Flunken unter fast allen Bedingungen.

Der Danforth-Anker wirkt am besten in hartem Sandgrund, in Ton, Kies und Schlick (vgl. Abb. 20, 22 und 23). Für befriedigende Haltekraft in kleinen Steinen, Kieseln oder Kies (vgl. Abb. 25) darf er nicht zu leicht

sein; auf Felsengrund oder im Seegras ist er genau so wirkungslos wie alle anderen Anker.
Das Stauproblem ist an und unter Deck sehr leicht zu lösen (vgl. Abb. 74 bis 77), und auch das Ausrechnen bereitet im allgemeinen keine Schwierigkeiten.
Um den Danforth-Anker auch bergen zu können, wenn er mit seinen langen und großflächigen Flunken unter ein Hindernis gerutscht ist

Abb. 30

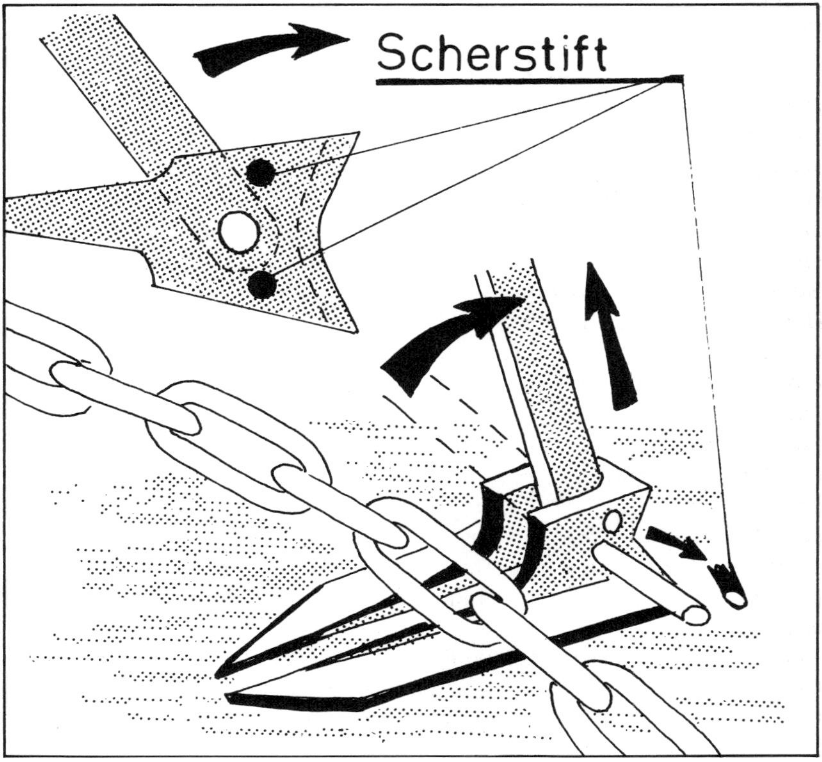

(Abb. 29), ist in der Krone ein Ring befestigt, in den man einfach mit dem Bootshaken fassen kann, um (auf flachem Wasser) den Anker entgegengesetzt zur Zugrichtung der Ankerleine herauszuziehen oder (auf tiefem Wasser) hieran eine Tripleine zu befestigen (vgl. Abb. 160), um ihn jederzeit sicher bergen zu können.
Auch ein Schernagel-Modell (Abb. 30) hat sich bewährt. Hierbei ist ein Scherstift mit einer Sollbruchstelle auf jeder Seite der Krone befestigt, der durchschlagen wird, wenn man den Schaft durch Anheißen der Ankerleine bis in die Senkrechte hebt, so daß man auch dann (auf dem gleichen Weg, wie er eingedrungen ist) den Leichtanker aus seinem Unterwasser-Hindernis befreien kann.
Bei einer der zahlreichen Weiterentwicklungen, dem Benson-Anker (Abb. 31), besteht der Schaft aus zwei parallel laufenden Stahlrohren, in denen der Ring der befestigten Ankerkette gleitet. Wenn dieser Anker unklar kommt, läuft die Kette selbst bis zur Krone, wenn die Zugrichtung der Ankertrosse wechselt. Weiterentwicklungen der jüngsten Zeit sind der d'Hone-Anker der Duisburger Kettenfabrik (Abb. 32), ein

Abb. 31

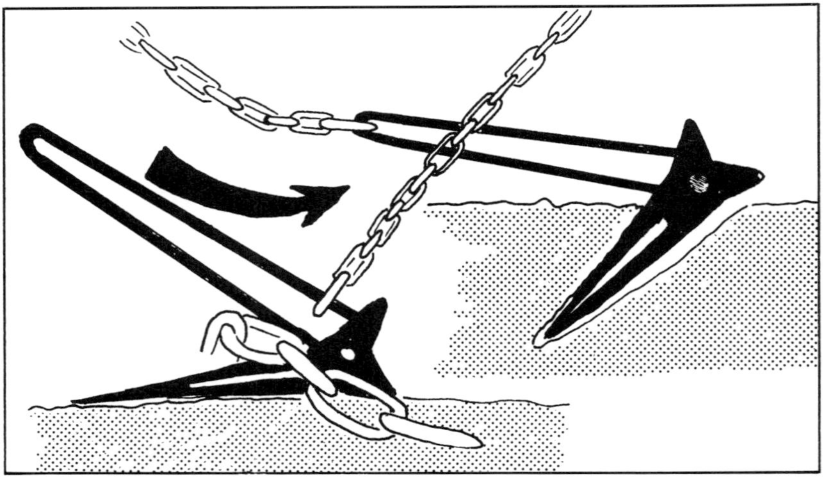

Abb. 32

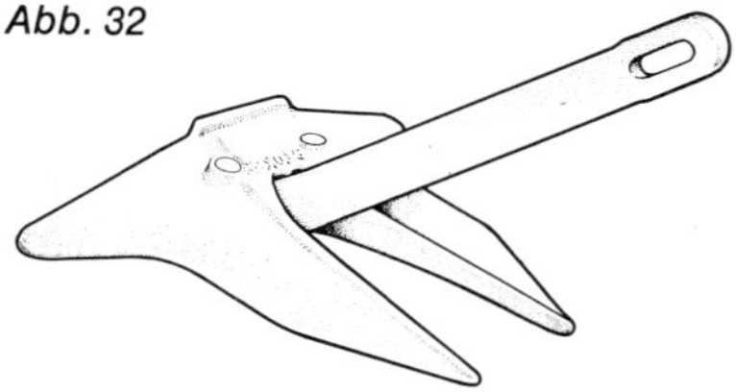

Abb. 33

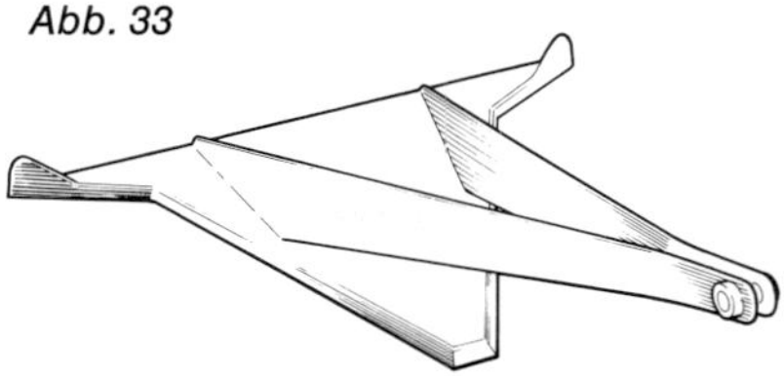

in Form eines Leichtankers gebauter schwerer Patentanker, und der gelenklose Delta-Anker (Abb. 33). Insbesondere mit dem d'Hone-Anker habe ich bei hoher Belastung des Ankergeschirrs gute Erfahrungen gemacht. Er erreicht durch sein Gewicht auch bei schlechtem Ankergrund noch eine gute Haltekraft.

Um überhaupt mit einem „Eisen" ausgerüstet zu sein, fahren Jollen meistens einen Klapp-Draggen, der jedoch aufgeklappt (Abb. 34) nur zwei der insgesamt 4 wirkungsarmen Flunken in den Boden gräbt, wenn er auch zukammengeklappt (Abb. 35) nicht viel Platz wegnimmt. Diese Klapp-Draggen sind Kombinationen ähnlich wie der Stockanker, die durch Gewicht *und* Form gleichermaßen halten sollen; aber die Haltekraft ist doch äußerst begrenzt.

Abb. 34

Abb. 35

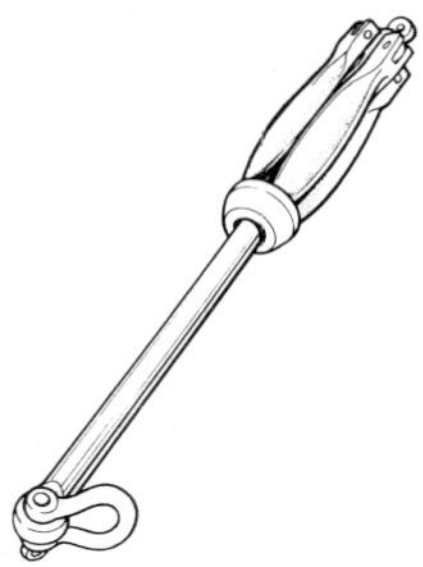

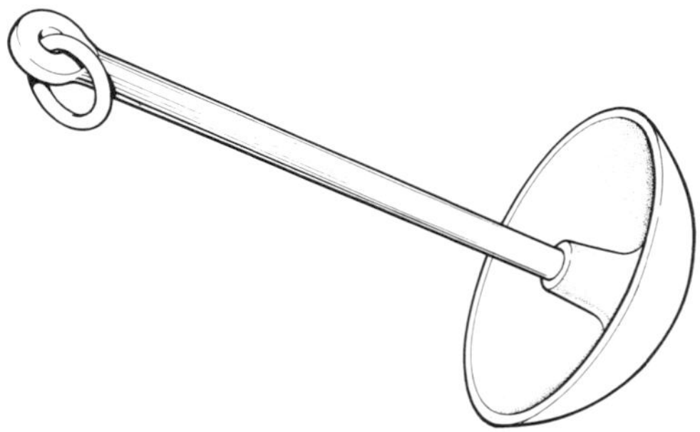

Abb. 36

Der Schirm- oder Pilzanker (Abb. 36), der früher zur Langzeit-Verankerung von Feuerschiffen und ähnlichem diente, wird höchstens noch zur Verankerung eines Mooringgeschirrs verwandt. Im Gegensatz zum Stockanker oder Draggen hat er den Vorteil, daß er in weichem Grund und bei längerer Belastung seine ganze Hohlkugel in den Boden hineinzieht und (wie die modernen stocklosen Anker) seine Haltekraft auch bei hoher Belastung in schwerem Wetter nicht nur durch seine größere Schirmfläche, sondern auch durch sein etwas größeres Gewicht erhält.

Der Bruce-Anker gehört zu den jüngsten der neu entwickelten Ankertypen. Er ist ein moderner Anker, bei dessen Gestaltung die Konstrukteure erstmals wieder andere Wege einschlugen (Abb. 37). Mit seinen drei Flunken, die zu einer breiten Schaufel geformt sind, ist er ein intressanter Kompromiß zwischen dem Danforth-Plattenanker, dessen Flunken sich schräge eingraben, und dem Pflugscharanker, der bei waagerechtem Zug in den Grund gezogen wird.

Der Bruce-Anker kann sich in hartem wie weichem Grund gleichermaßen gut eingraben, doch ist sein vergleichbar leichteres Gewicht nicht immer vorteilhaft. Durch die starre Verbindung von Schaft und Schaufel kann er preisgünstiger angeboten werden als Danforth- und Pflugschar-Anker mit ihren entsprechend beweglichen Teilen. Diese starre Einteiligkeit hat zwar Vorteile beim Verstauen des Ankers an Deck. Sie hat aber beträch-

Abb. 37

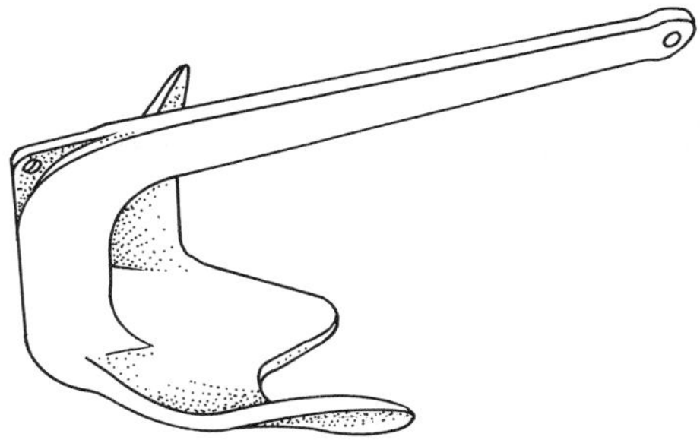

liche Nachteile, wenn das Boot am Ankerplatz schwojt oder sogar bei umspringenden Winden (von See- auf Landwind während der Nacht) seine Position um 180° ändert. Bei frischen Winden muß der Bruce-Anker dabei zwangsläufig ausbrechen, und es ist nicht immer sicher, daß er anschließend sofort neuerlich faßt.

Die Firma gibt folgende Empfehlungen für die Ankerausrüstung: Boote bis 7,0 Meter 5,0 kg; bis 9,0 Meter 7,5 kg; bis 11 Meter 10,0 kg, bis 12 Meter 15,0 kg und bis 14 Meter 20,0 kg.

Am anschaulichsten wird uns die Haltekraft dieser verschiedenen Ankertypen deutlich, wenn wir sie in einem Längs- und in einem Querschnitt nebeneinander stellen (Abb. 38): Stockanker (A) und Draggen (G) zeigen deutlich, wie schmal ihre Flunken sind und wie immer nur 50% ihrer Form tatsächlich zum Festhalten genutzt werden. Der Pflugschar-Anker (C) hat annähernd die gleiche Fläche wie ein Pilzanker (D), aber er dringt mit ihr tiefer und wirkungsvoller in den Boden ein. Der Danforth-Anker (B) hat gegenüber dem Delta-Anker (E) den Vorteil der gelenkigen Flunken. Der d'Hone-Anker (F) besitzt annähernd die gleiche Fläche wie der Danforth-Anker (B). Sein Gewicht macht ihn zwar etwas unhandlicher. Dafür gewinnt er seine Haltekraft nicht nur durch seine moderne Form, sondern auch durch seine größere Masse. Auf meinem Seekreuzer fahre ich daher die Typen B, C, und F zusammen. Damit war ich für alle

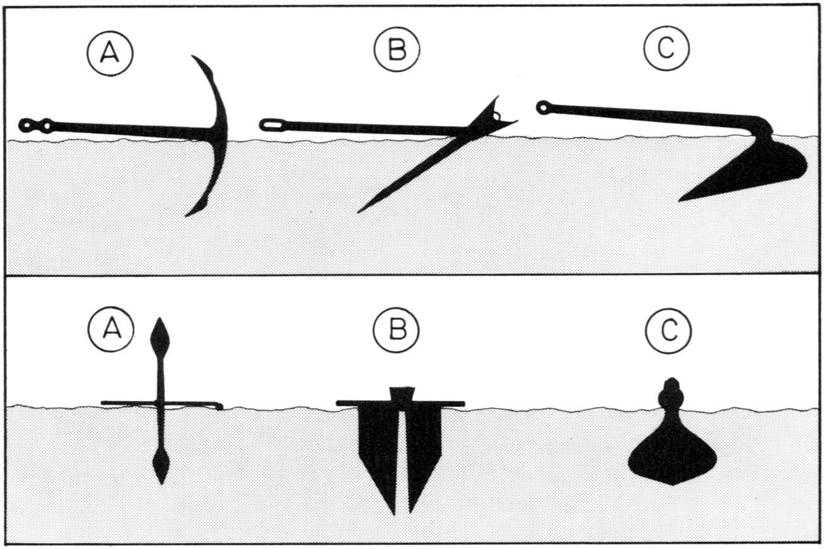

Grundarten und auch bei jeder Doppelverankerung immer gut ausgerüstet.

Die Haltekraft hängt von Form und Gewicht des Ankers ab

Die unterschiedliche Haltekraft der hier genannten Ankertypen ist wiederholt in neutralen Tests nachgewiesen worden. Eigene Angaben der Hersteller-Firmen sind immer etwas mit Vorsicht zu betrachten, da bei deren Versuchen natürlich Bedingungen gewählt werden, unter denen die eigenen Erzeugnisse immer besonders gut und die Typen der nächsten Konkurrenz immer besonders ungünstig abschneiden. Der englische Boot- und Schiffbauerverband prüfte kürzlich insbesondere die Typen Stock-Anker, Pfluganker und Danforth-Anker und untersuchte ihr Verhalten nicht nur nach dem Eingraben in trockenem Untergrund wie

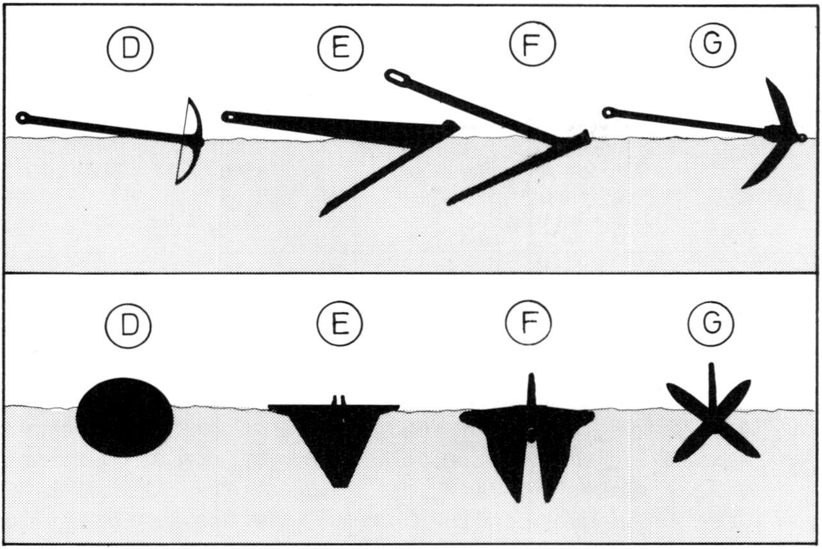

Abb. 38

Sand oder Kies, sondern auch in feuchtem Grund wie Ton oder Lehm. Insbesondere wurde geprüft, wie sich der Anker verhält, wenn stärkerer Zug längere Zeit auf den Anker wirkt, wenn er mit zunehmender Belastung durch den Grund gezogen wird und wie sich ein moderner Anker benimmt, wenn ein herkömmlicher schon lange nutzlos über den Grund trünnelt (Tabelle 39).

Test-Tabellen sind nicht gerade irreführend, aber sie zeigen doch alle Anker unter ihren optimalen Bedingungen, d. h. wenn sie von ihrer Trosse waagerecht über den Meeresgrund gezogen werden. Dies ist jedoch nicht immer der Fall, wie wir noch sehen werden, und schon bei einem geringen Winkel zwischen Meeresgrund und Ankerschaft bzw. Ankerleine oder -trosse vermindert sich die Haltekraft, die ein Anker leistet; die Ursache ist letztlich ein fahrlässiges oder notgedrungen ungünstig gewähltes Verhältnis von Wassertiefe zu Trossenlänge.

Bedingungen	Ankertyp	Katalog-Gewicht in kg	Test-gewicht in kg	Haltekraft bzw. Schlepp-widerstand in N nach 1 m	2 m	3 m	6 m
naß	Stock-Anker	7	8,5	350	350	350	350
	Pflug-Anker	7	7,5	1500	2000	1350	3750
	Danforth-Anker	7	7	1000	4650	8000	8750
trocken	Pflug-Anker	7	7,5	1250	4350	5000	4350
	Danforth-Anker	7	7	3000	5650	6250	8000

Abb. 39

Unsere Tabelle 39 zeigt auch noch einen anderen Faktor, auf den es ankommt, wenn man sich nach dem richtigen Anker für sein Boot umsieht: Der Winkel zwischen Ankerschaft und Flunken (Abb. 40) muß ausreichend groß sein; aber nur bei ca. 30° entsteht ein konkaves Abschernetz (A), wenn die Kraft am Ankertau größer wird. Jetzt bildet sich auf dem Meeresgrund eine Höhlung, je mehr Zug auf den Anker kommt, und der Anker gräbt sich tiefer ein, bis der Schaft ein weiteres Eindringen in den Boden verhindert. Der Danforth-Anker und auch (meistens) der Pflugschar-Anker arbeiten nach diesem Prinzip.

Ist hingegen der Winkel zwischen Ankerschaft und Flunken zu weit geöffnet (B) und größer als ca. 35°, dann bildet sich bei Überbelastung ein konvexes Abschernetz: Der Boden wölbt sich über dem Grund, und der Anker wird in gleichem Maße nach oben gezogen, wie er auch nach vorn

Abb. 40

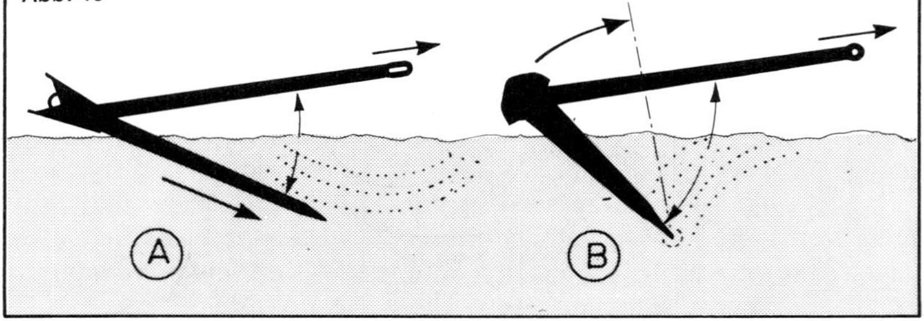

bewegt wird. So verhält sich z. B. der Stock-Anker, bei dem der Winkel zwischen Schaft und Flunken ca 90° beträgt, und ein (schlecht gebauter) Pfluganker, wie auch unsere Test-Tabelle zeigt: Er faßte zwar schnell (schneller als der Danforth-Type), aber er begann mit nachlassender Haltekraft zu schlieren, als man ihn ca. 3 m durch den Grund gezogen hatte, um jedoch nach neuerlichem tieferen Eingraben (oder Aufbau eines größeren Hügels) nach 6 m seine größte Haltekraft zu erzielen.

Die unterschiedliche Haltekraft eines Ankers im Meeresboden hängt also auch von der Gegenwirkung ab, die der Meeresgrund bietet, sobald sich der Anker mit Schaft und Kreuz auf dem Boden abstützen kann. Sie verändert sich nicht nur durch den Winkel zwischen Flunken und Boden, sondern auch mit der Bodenformation, und hierbei sind „harte" Böden nicht so gute Ankergründe wie etwas feuchtere.

Ein französischer Test zeigt uns die Haltekraft der besten Ankergründe in unterschiedlichen Gründen wie Sand und Schlamm (vgl. Abb. 22), Kieselstein und Kies (vgl. Abb. 25) und Lehm bzw. Ton (vgl. Abb. 23) noch einmal für unsere drei gebräuchlichsten Ankertypen von je 7 kg Ankergewicht (Abb. 41):

Ankertyp	Ankergewicht in kg	Distanz bis z. Eingraben in m	Haltekraft in N Sand Schlamm	Kiesel Kies	Ton Lehm
Stock-Anker	8,6	1,05	1300	600	1750
Pflug-Anker	7,4	1,05	4500	3500	5200
Danforth-Anker	7,4	0,50	3700	2600	4450

Abb. 41

Ein Vergleich beider Tabellen zeigt, wie unterschiedliche Ergebnisse die Prüfungen desselben Ankertyps bei verschiedenen Anlässen und in unterschiedlichen Verantwortungen ergeben. Die Haltekraft eines Ankers, die im allgemeinen nach der Formel

$$\frac{\text{Haltekraft (in N)}}{\text{Ankergewicht (in kg)}}$$

ermittelt wird, läßt sich doch aus beiden wie folgt erkennen (unter den günstigsten Bedingungen des Eingrabens, mit optimaler Trossenlänge und in einem Winkel von 0° zwischen Meeresgrund und Ankerschaft):

- Der Stock-Anker hält mindestens das 40fache, höchstens das 150fache seines Gewichts. Ein Durchschnittsfaktor von 100 ist angemessen.
- Der Pflug-Anker hält mindestens das 200fache, höchstens das 700fache seines Gewichtes. Ein Durchschnittsfaktor von 500 ist angemessen.
- Der Danforth-Anker hält mindestens das 200fache, höchstens das 900fache seines Ankergewichtes. Ein Durchschnitts-Faktor von 600 ist angemessen.

Wer einen Pflug-Anker von gleicher Haltekraft wie der eines Danforth-Ankers wünscht, muß einen entsprechend schwereren (hier: um 20%) Anker wählen; wer sich lieber für einen Stock-Anker ähnlicher Haltekraft entscheiden will, muß dessen Gewicht sogar um ein Mehrfaches erhöhen. Da der Widerstand nicht linear wächst, schneiden die schlechteren und schwereren Anker bei wachsender Ankergröße nicht ganz so schlecht ab, wie es hier in ihrem Faktor für einen sehr kleinen Anker zum Ausdruck kommt.

Ein Blick auf die Tabellen 39 und 41 zeigt uns, daß ein Danforth-Anker mit einer Haltekraft von rund 4000 N die harten Bedingungen von Beaufort 10, gegebenenfalls sogar in Verbindung mit einem Strom von 4 kn sicher abwettern kann. Im Falle des zweiten Testes in Tabelle 41 ergibt sich – bezogen auf das Gewicht eines kleinen Seekreuzers – ein Verhältnis von Haltekraft des Ankers (in N) zu Bootsgewicht (in kg) = 1 : 1. Dies ist ein guter Erfahrungswert, wenn man die Haltekraft des Ankers nach der Bootsgröße auswählt und nur die nicht extrem harten Bedingungen von Sommermonaten an den deutschen Küsten zugrunde legt. Eine höhere Belastung des Ankergeschirrs in hartem Orkanwetter wird im allgemeinen durch einen zweiten Anker (und durch andere Ausrüstungsteile) abgefangen, so daß bei Ausrüstung mit einem Hauptanker (für längeres Liegen) und einem Dienstanker (für kurzzeitiges Ankern) sowie für eine sinnvolle Kombination beider Anker in har-

tem Wetter folgende Ankergewichte für seegehende Yachten vom Germanischen Lloyd empfohlen werden (Abb. 42).
Dabei entsprechen aber nur die Klammerwerte der Spalte 4, die für

Anhang 1 *Abb. 42*

Anker, Ankerketten und Trossen von Segelyachten

Auszug aus den Vorschriften für den Bau und die Klassifikation von Yachten des GL)

Leitzahl*	Verdrängung	Gewicht für		Ketten		Schlepp- und Ankertrossen aus Polyamid	
		1. Anker	2. Anker	Länge, ges.	Durchmesser	Länge	Durchmesser
[m³]	[t]	[kg]	[kg]	[m]	[mm]	[m]	[mm]
1	2	3	4	5	6	7	8
–	0,5	5*	–	–	–		12
–	0,6	5,5*	–	–	–		
–	0,75	6,5*	–	–	–	5 L	14
–	1	7,5*	–	–	–		
–	1,5	8,7*	–	–	–		
bis 10	2	14	12-(11)	45	6		16
bei 15	3	16	13-(11)	48	6		18
bei 20	4	17	14-(12)	50	7	5 L	18
bei 25	5	18	15-(12)	52	7		18
bei 30	6	20	17-(14)	54	7		18
bei 40	8	23	20-(16)	58	8		20
bei 55	12	28	24-(19)	65	8		22
bei 70	17	33	28-(22)	72	(9)		22
bei 90	23	39	33-(26)	80	10	4,75 L	22
bei 110	29	46	39-(31)	86	10		24
bei 130	36	53	45-(36)	94	(11)		24
bei 155	44	62	53-(42)	105	13		24
bei 180	52	71	60-(48)	114	13	4,5 L	24

* Anker hoher Haltekraft

Bemerkungen zur Tafel:

Die Ausrüstung ist in Abhängigkeit von der Verdrängung der vollständig ausgerüsteten Yacht zu bestimmen. Bei leichten Yachten, deren Verdrängung kleiner ist als die in der Tafel neben der Leitzahl angegebene Verdrängung, ist die Ausrüstung als Mittelwert der nach der Leitzahl und der nach der Verdrängung ermittelten Werte zu bestimmen. In diesem Fall sind Durchmesser und Längen der Ketten und Trossen nach der nächsthöheren Stufe zu ermitteln. Ermittlung der Leitzahl: (wie in der Richtlinie aufgeführt).

Die in Spalte 4 in Klammern angegebenen Ankergewichte gelten für Anker mit hoher Haltekraft.

Die in Spalte 6 angegebenen Ketten-Durchmesser gelten für kurzgliedrige steglose Ketten nach DIN 766.

Wenn die Schlepptrosse als Ankertrosse für den 2. Anker verwendet werden kann und ein Kettenvorlauf vorgesehen ist, darf auf die vorgeschriebene Ankerkette für diesen Anker verzichtet werden. Die Länge des Kettenvorlaufes soll mind. gleich der Wasserlinienlänge sein.

Bei Yachten mit einer Verdrängung bis zu 5 t darf auch für den 1. Anker eine Trosse gemäß Spalte 7 und 8 mit Kettenvorlauf verwendet werden.

Außer Schlepp- und Ankertrossen sind Festmacher in ausreichender Länge und Festigkeit an Bord zu nehmen. Zwei Festmacher sollten gleich der Yachtlänge, zwei weitere gleich der doppelten Yachtlänge sein.

---

* Die Leitzahl für die Bestimmung der Ankerausrüstung von Yachten ist:

0,6 L B H + ½ Inhalt der Aufbauten.

In dieser Leitzahl ist L = Länge der Yacht errechnet als Mittelwert aus der Länge in der Schwimmwasserlinie L_1 (bei voller Ausrüstung der Yacht) und der Länge über Deck L_2

$$L = \frac{L_1 + L_2}{2}$$

B = Breite der Yacht auf Außenkante Außenhaut an der breitesten Stelle.

H = Seitenhöhe der Yacht gemäß nebenstehender Skizze.

Spantquerschnitt auf halber Yachtlänge.

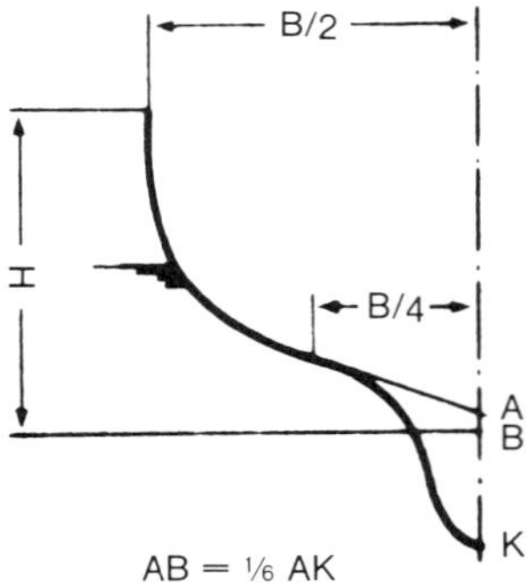

Leichtanker gelten, dieser Faustformel. Der GL geht bei den empfohlenen Werten für den 1. Anker (Spalte 3) immer noch von einem Stockanker aus, obwohl dieser auf Yachten kaum noch benutzt wird (und dann auch nur als Zweitanker zu empfehlen ist). Sieht man sich nach einem neuen Anker um, dann gilt nach meinen Erfahrungen und analog zu den vorherigen Ausführungen für Danforth-Anker etwa 50% und Pflugscharanker etwa 60% des hier empfohlenen Ankergewichtes für den 1. Anker, und auch dabei ist bereits ein höherer Sicherheitsfaktor einkalkuliert.

Ausrüstung zum Ankern: Das richtige Ankergeschirr

Das Ankergeschirr besteht aus vielen Teilen; es kann daher auch auf vielfältige Weise am Boot und einem seiner Befestigungspunkte belegt oder angeschlagen werden. Schäkel, Kausch oder Knoten am Anker, Kette und Trosse sowie ihre Verbindungen untereinander, Poller, Klampen oder Stopper auf dem Vorschiff sowie das Ankergewicht mit Gleitschäkel, die Tripleine mit Ankerboje oder die Stevenrolle gehören zu ihm – alles in vielfältigen Modellen, in verschiedenen Stärken und aus unterschiedlichsten Materialien für jede Bootsgröße und jede Haltekraft des Ankers lieferbar. Oft bieten sich bei der Auswahl des Ankergeschirrs Alternativen an, zwischen denen der Schipper nicht nur (was er gern tut) wählen kann, sondern auch (was niemals leicht ist) sich entscheiden muß:

Ankerleine oder Ankerkette?

Die Ankerleine oder Ankertrosse verbindet das Boot mit seinem Anker. Die Länge dieser Verbindung ist (für eine sichere Verankerung) durch das notwendige Verhältnis von Leinenlänge zu Wassertiefe von ca. 5 : 1 bis 7 : 1 bedingt und damit von einer anderen Revierbesonderheit, nämlich der Wassertiefe abhängig. Auch wenn man immer so dicht wie möglich unter die Küste läuft und einen Platz mit möglichst geringer Wassertiefe zum Ankern wählt, wird diese selten unter 5 m und möglichst nicht über 10 m liegen. Das bedeutet: Das Bindeglied zwischen Boot und Anker muß mindestens 35 m lang sein, um unser Boot unter den günstigsten Bedingungen sicher zu verankern, aber die Besatzung muß auch

damit rechnen, diese Verbindung auf einem ungünstigen Ankerplatz und unter härteren Wetterbedingungen bis zu 70 m zu erweitern. Natürlich muß diese Trosse oder Kette nicht aus einem durchlaufenden Teil bestehen – aber die Besatzung muß die Möglichkeit haben, bis zu dieser erforderlichen Länge gegebenenfalls mehr Leinen gleicher Haltekraft an die Ankertrosse zu stecken.
Seitdem es Kunstfaser-Tauwerk von guter Nutz- und hoher Bruchlast gibt, liegt der Gedanke nahe, die herkömmliche Ankerkette durch eine Ankertrosse zu ersetzen. Man lädt sich nicht gern einen blinden Passagier ins Vorschiff, wenn man mit einem See- oder Motorkreuzer auf Fahrt geht, auch wenn sich dieser in einen unzugänglichen Winkel in der Nähe der Wasserlinie verkriecht. Zwar faßt ein normaler Kettenkasten eine Kettenlänge von ca. 40 m, aber bei einer Kettenstärke von 8 mm wiegt sie dann auch ca. 60 kg, bei einer Gliedstärke von 10 mm sogar ca. 90 kg. Wer schnell motoren und sicher segeln will, ist immer bestrebt, das Vorschiff zu entlasten und die Ankerkette durch eine Ankertrosse zu ersetzen. Ist dies ratsam? Was spricht für die Ankerkette? Inwieweit ist eine Ankertrosse vorteilhafter?
Wir hatten die Größe unseres Ankers und den Ankertyp nach der Haltekraft ausgewählt, die erforderlich ist, um die zu erwartenden Belastungen durch Wind, Strom und Seegang sicher aufzufangen. Als Verbindung zwischen Anker und Boot wählen wir eine Kette oder Trosse, die annähernd die gleiche Nutzlast aushält. Nirgends muß man sich der Erfahrungstatsache so bewußt sein wie bei dem aus vielen unterschiedlichen Teilen zusammengesetzten Ankergeschirr, daß die Sicherheit des Ganzen immer nur so groß ist wie die Festigkeit seines schwächsten Teiles. Man verschenkt sein Geld und vergeudet seinen Platz an Bord, wenn man das lange Verbindungsstück zwischen Anker und Poller fester und schwerer wählt, als es durch den Anker selbst erforderlich ist – andererseits ist es leichtsinnig, an diesem wichtigsten Verbindungsglied am Ankerplatz zu sparen.
Ausgangspunkt für die Auswahl ist also die Haltekraft und damit die Nutzlast. (In manchen Fällen ist nur die Bruchlast angegeben, wenn man die Daten von Kette oder Tauwerk beim Kauf prüft; dann kann man

sich durch die Faustformel behelfen, daß die Bruchlast der Ankerleine bzw. Ankerkette ungefähr so groß wie das Bootsgewicht sein sollte.) Die Tabellen 43 und 44 geben uns die erforderlichen Ausgangswerte:

Ankerketten, Rundstahl, kurzgliedrig, nach DIN 766					
Boot Verdrängung in t	Kettenglieder Durchmesser in mm	Nutzlast in N	Prüflast in N	Bruchlast in N	Gewicht in kg/m
1	2	3	4	5	6
unter 1	4	1 500	3 000	6 000	0,32
1– 2	5	2 500	5 000	10 000	0,50
2– 3	6	3 500	7 000	14 000	0,75
4– 6	7	4 500	9 000	18 000	1,00
7–14	8	6 300	12 600	25 000	1,35
15–20	9	8 000	16 000	32 000	1,80
20–30	10	10 000	20 000	40 000	2,25

Abb. 43

Materialeigenschaften von Fasertauwerk

Perlon (und Nylon): Sehr starke Kunstfaser mit hoher Dehnfähigkeit und hervorragender Reißfestigkeit.
Polyester: Nicht so stark wie Nylon. Etwas geringere Dehneigenschaften, aber hoch verschleißfest.
Polypropylen: Geringere Festigkeit als Perlon und Polyester, aber besonders leicht und schwimmfähig.
Die Prüflast ist die doppelte Nutzlast und die Bruchlast im allgemeinen die vierfache Nutzlast plus eines Sicherheitsfaktors von 10 bis 15%.
Die Auswahl des Tauwerks sollte nicht nur nach der Bruchlast, sondern auch nach der Leichtigkeit der Handhabung erfolgen; Tauwerk mit zu geringem Durchmesser läßt sich nur schwer von den Händen holen.

Ankertrossen (Schlepptrossen)				
Durchmesser	Gewicht	Bruchlast in N		
		Perlon dreikar-deelig	Polyest. dreikar-deelig	Polypropylen geflochten
in mm	kg/100 m			
1	2	3	4	5
8	4,20	13 500	10 200	9 600
10	6,50	20 800	15 900	14 250
12	9,40	30 000	22 700	20 300
14	12,80	41 000	31 800	27 900
16	16,60	53 000	40 600	35 000
18	21,00	67 000	50 800	44 500
20	26,00	83 000	63 500	53 700

Abb. 44

Viele Gesichtspunkte für die richtige Entscheidung

Bei einem kleinen Seekreuzer oder einem mittleren Motorkreuzer, unseren beiden „Standard-Booten", kann also ein Kettendurchmesser von 6 mm oder eine Perlontrosse mit einem Durchmesser von 8 mm gewählt werden; beide haben eine Bruchlast von ca. 14 000 N bzw. eine Nutzlast von ca. 3 500 N.

Weil das Gewicht der Ankerkette durch seine Tendenz, sich auf den Boden zu legen, die Haltekraft des Ankers noch indirekt vergrößert, das schwimmfähige Tauwerk hingegen Auftrieb erzeugt und an die Wasseroberfläche strebt, kommt man unter den gleichen Bedingungen bei Benutzung einer Ankerkette mit einem Verhältnis Wassertiefe : Kettenlänge von ca. 4–5 : 1 aus, während man für eine Ankertrosse ungefähr das sieben- bis achtfache der Wassertiefe stecken muß. (Wir werden darüber noch später ausführlicher sprechen.) Das bedeutet bei einer Verankerung unseres Bootes auf 10 m Wasser:

40 m (50 m) Ankerkette von 8 mm Gliedstärke und ca. 56 kg Gewicht oder

80 m Perlon-Trosse von 12 mm Durchmesser und ca. 10 kg Gewicht.

Auf den ersten Blick scheint alles für die Ankertrosse zu sprechen, aber dieser Eindruck täuscht:

- Wenn auch die Bruchlast einer Perlontrosse von 12 mm ⌀ für unser Boot gut ausreicht, läßt sich eine so dünne Leine doch schlecht von Hand holen. Aus Gründen besserer Griffigkeit werden wir also eine dickere Leine wählen müssen, z. B. 16 mm Durchmesser, die teurer ist und mehr Platz wegnimmt.
- Überhaupt der Platz: Die gewünschte Kettenlänge ist zwar schwerer – aber sie läßt sich bequem in drei kleinen Wassereimern unterbringen (Abb. 45). Die Ankertrosse benötigt dafür einen Raum von ca. 0,5 m^3 und damit viel mehr kostbaren Platz an Bord (Abb. 46).
- Außerdem muß eine Ankertrosse nach dem Einholen sorgfältig ver-

Abb. 45

Abb. 46

staut werden, bevor sie Kinken bilden und sich vertörnen kann. Man muß also beim Ankerlichten nach allen ca. 20 m die Trosse wieder belegen und dafür sorgen, daß die Leine aufgeschossen, gegen Seegang gesichert oder richtig verstaut wird. Hierzu sind andere, sperrige und zusätzliche Ausrüstungsteile wie Tauwerksrollen usw. (vgl. Abb. 84) nötig.

- Bei synthetischem Tauwerk ist auch die Gefahr groß, daß sich die Trosse bei längerer Verankerung durch das stundenlange Schamfilen an irgendeinem scharfen Grat am Grunde wenn nicht völlig durchscheuert, so doch an einigen Kardeelen so stark beschädigt, daß bei anschließender voller Beanspruchung die restlichen Kardeele reißen. Auch in der Lippe auf dem Vorschiff kann eine Trosse aus Fasertauwerk scheuern, wenn man nicht für gute Polsterung der scharfen Metallecken sorgt.
- Eingedenk der Erfahrungstatsache, daß jede Verbindung nur so sicher ist wie ihr schwächstes Teil, muß die Ankertrosse überall un-

beschädigt oder weitgehend neu sein. Auch wenn man beschädigte Stellen trennt und neu einspleißt, muß man mit einer Einbuße der Bruchfestigkeit von mindestens 5% rechnen (Abb. 47). Wenn man (üblicherweise) bei sehr tiefem Wasser die gesamte Verbindung aus mehreren zusammengesteckten Trossen wählt, muß man einen möglichen Verlust an Haltekraft durch die verbindenden Knoten (selbst wenn sie mit einem Pahlstek als sehr sicher angesehen wird) von ca. 50% rechnen (Abb. 48).

Demgegenüber wiegen eine Reihe von Vorteilen die zuerst offensichtlichen und durch ihr größeres Gewicht bedingten Nachteile der Ankerkette wieder auf:

- Sie nimmt nicht nur weniger Raum ein, sondern sie staut sich auch

Abb. 47

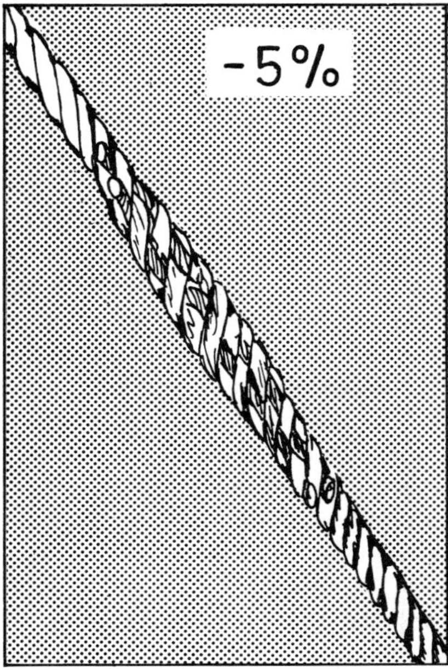

Abb. 48

allein: Wenn man die Kette einholt, läuft sie durch ihr Gewicht von selbst in den Kettenkasten hinein. Man muß sich nicht sonderlich bemühen, die mit der Hand oder der Winde geholte Kette zu verstauen, kann zügig und ohne Unterbrechung arbeiten und sich nach dem Ausbrechen des Ankers schnell dem Verstauen des Ankers bzw. der Segelführung widmen.

- Durch ihr Gewicht sorgt die Ankerkette während des Ankerns dafür, daß der Schaft immer parallel zum Grunde liegen bleibt. Sie kann in unreinem Grund durch Steine nicht beschädigt werden und wirkt durch ihr Gewicht im Seegang federnd.
- Das Gewicht kann sich jedoch auch nachteilig erweisen, wenn man eine zu lange und zu schwere Ankerkette mit der Hand einholen muß; dann gehört eine (wenn auch nur kleine) Ankerwinde zur Decksausrüstung.

Die Entscheidung Ankerkette oder Ankertrosse bestimmt auch der Raum, den ein Boot am Ankerplatz (besonders bei Verankerung in Tidengewässern mit einer mehrmals täglichen Kenterung des Stromes oder bei einer zu erwartenden Windänderung in stromlosem Wasser) benötigt, solange es vor Anker liegt. Ankert man mit einer Kettenlänge von ca. 4facher Wassertiefe (Abb. 49), dann liegt das Boot auch in der Oberflächen-Distanz viel näher an seinem Anker, als wenn es mit einer Trosse von ca. 7facher Wassertiefe geankert hat (Abb. 50): Die Kette hängt durch ihr Gewicht weiter durch, auch wenn das Ankergeschirr belastet wird, und der Radius des Drehkreises beim Schwojen verringert sich noch weiter, während ein mit einer leichten und aufschwimmenden Trosse verankertes Boot diesen Bereich beim Schwojen voll ausnutzen muß.

Wo vier Boote mit Kette vor Anker liegen können (Abb. 51), hat in der Praxis nur ein Boot mit Ankertrosse Platz, wenn es die gleichen Sicherheitsfaktoren berücksichtigt – oder anders: Wenn ein Boot, das nur mit einer Ankertrosse ausgerüstet ist, auf einem reichbesuchten Ankergrund noch einen Platz in der üblichen Größe (mit der erforderlichen Bewegungsfreiheit beim Wechseln von Wind und Strom für ein Boot mit Ankerkette) vorfindet, kann es nur zwischen zwei nicht empfehlenswer-

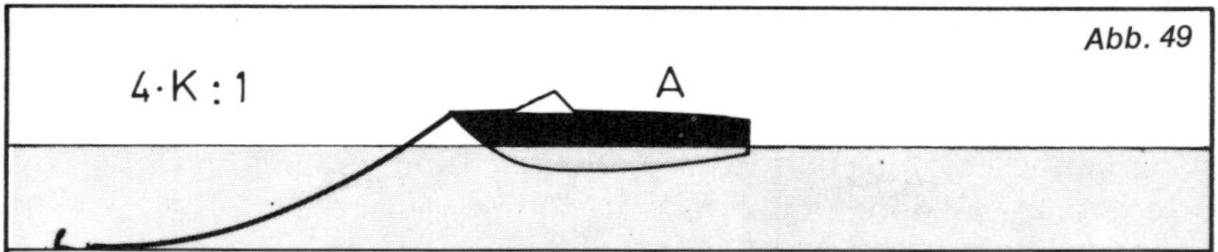

Abb. 49

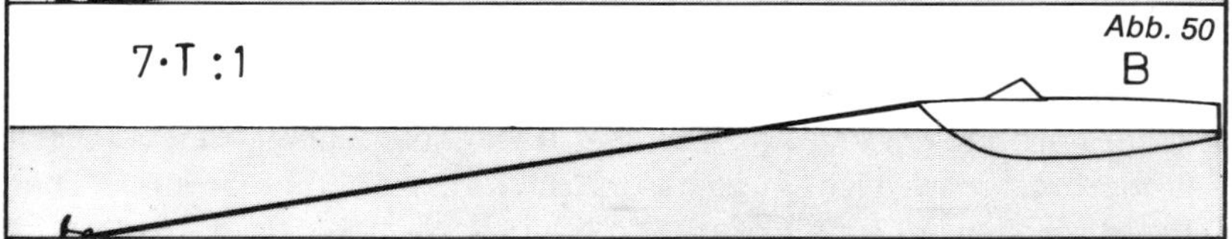

Abb. 50

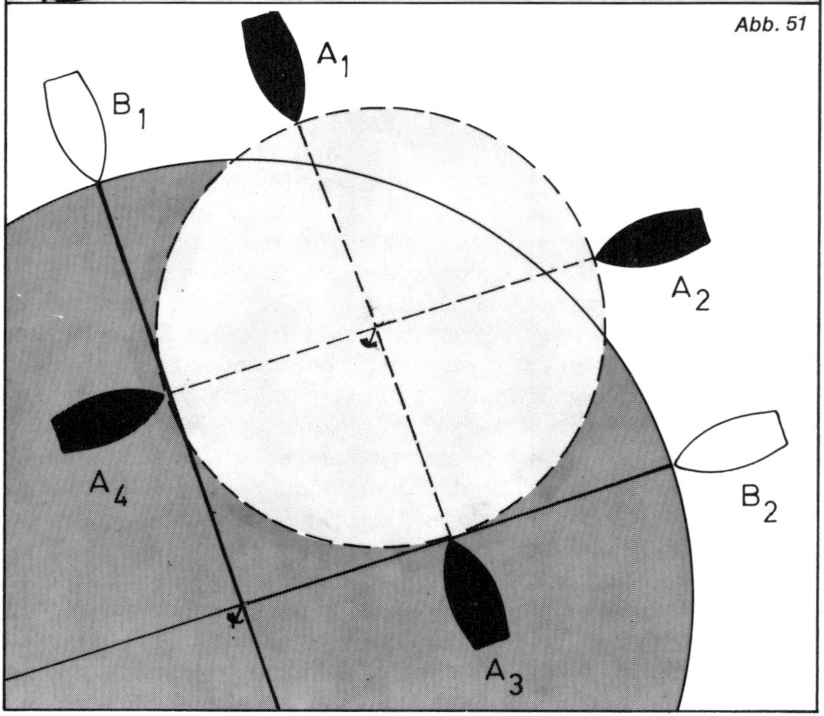

Abb. 51

ten Alternativen wählen: Entweder muß es seine Leine (mit zu kurzer Länge) an den Anker stecken – das bedeutet dann geringere Sicherheit und die Gefahr des Schlierens vor Anker mit der Folge des Hineintreibens in das Feld der übrigen Ankerlieger. Oder es muß im Notfall die erforderliche längere Leine stecken, um die gleiche Sicherheit wie die anderen Boote am Ankerplatz zu erhalten – dann kommt ihnen das Boot durch die zu lang ausgesteckte Trosse ins Gehege.
Trotz der unbestrittenen Qualitäten einer Ankertrosse wird sie daher als einzige Verbindung zum Anker in den Bau-, Ausrüstungs- und Klassifikationsvorschriften nicht zugelassen. So wird z. B. vom Germanischen Lloyd entweder *nur* eine Anker*kette* erlaubt, die bei kleinen und mittleren Seekreuzern zwischen 50 und 100 m Länge sowie bei einem Kettendurchmesser von 6–12 mm liegt, oder es wird (entgegenkommenderweise) eine Kombination von Ankerkette und Ankertrosse erlaubt, ungefähr im Verhältnis 5 : 6. Das bedeutet: Anstelle einer Ankerkette von 50 m kann zum Beispiel eine Kette von 25 m (Kettendurchmesser 7 mm) mit einer Perlontrosse von 31 m (und 12 mm Durchmesser) kombiniert werden. Bei einer etwas größeren Yacht, die 100 m Kette von 12 mm mit sich führen soll, kann sich der Eigner auch für einen kürzeren Kettenvorlauf von 50 m und eine Perlontrosse von 65 m und 20 mm Durchmesser entscheiden. Sich ausschließlich auf eine Ankertrosse (ohne Kette!) zu verlassen, ist leichtsinnig und (da es allen Vorschriften und jeder seemännischen Sicherheit zuwiderläuft) nicht nur unseemännisch, sondern auch im Hinblick auf mögliche (von der Versicherung zu deckende Unfallrisiken) nicht vertretbar.
Die richtige Wahl liegt also in einem Kompromiß: Motorboote, die mit dem nutzlosen Gewicht an Bord im Hinblick auf den teuren Brennstoffverbrauch mehr geizen müssen als Segler, die mit leichteren Gegnern am Ankerplatz fertig werden müssen (vgl. Tabelle 13) und von den Klassifikationsgesellschaften nicht so streng behandelt werden, wählen einen Kettenvorlauf von mindestens ca. 25% der zur erforderlichen Ausrüstung gehörenden Länge. Sie gewinnen dadurch mehr Sicherheit gegen das Schamfilen auf unreinem Grund und gegen das zu frühe Anheben des Ankerschaftes bei hoher Zugbelastung. Seekreuzer wer-

den nur mit 50% der erforderlichen Länge mit einer Ankerkette ausgerüstet. Sie reicht für normales Ankern auf flachem Wasser; gegebenenfalls wird unter ungünstigen Bedingungen oder im Gefahrenfalle die Ankertrosse von entsprechender Restlänge, die gleichzeitig als Schlepptrosse ohnehin gehütet und selten benutzt wird, angesteckt.

Der Poller – alle Last an einem Punkt

Viele Boote bestechen heute durch ihr „Styling", und es ist wirklich erstaunlich, wie formschön und zweckmäßig unsere Kunststoffboote auch in ihren Decksaufbauten gestaltet sind. Nur nach einem kräftigen Poller oder einer sicheren Klampe sucht man meistens vergebens, und wenn sie tatsächlich angeordnet sind, reicht ihre Verankerung im Baumaterial des Decks meistens für die zu erwartende Belastung unseres Ankergeschirrs nicht aus. Wenn wir schon Ketten oder Tauwerk mit so hoher Bruchlast benutzen, daß wir unser ganzes Boot daran aufhängen können, muß wenigstens der Punkt, an dem wir es in diesem Falle festgemacht hätten, wenn nicht der möglichen Bruchlast, so doch wenigstens der zu erwartenden Nutzlast entsprechen. Es ist jedoch gar nicht schwer, die Klampe oder den Poller an Bord genau so sicher anzuordnen, daß hier unter keinen Umständen das schwächste Glied in unserer Ankerverbindung liegt.

Abb. 52

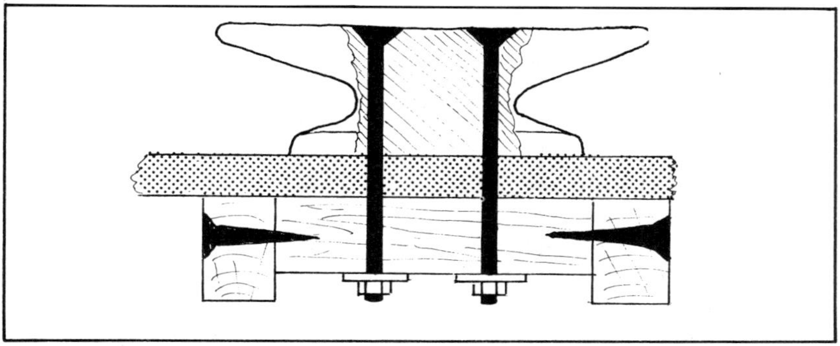

Eine Klampe ist seemännisch nicht immer sicher genug (Abb. 52). Man kann nur relativ dünnes Tauwerk daran belegen, und die beiden Bolzen, die eine einfache Klampe halten, sind meistens zu dicht nebeneinander befestigt und übertragen dann die gesamte Belastung auf einen zu kleinen Teil des Decks. Nur kleine Boote sollten sich hier mit einer solchen Klampe auf dem Vorschiff begnügen, an der die Ankertrosse belegt werden kann, und sie dann nicht nur einfach im Deck, sondern mit ausreichendem Unterbau bzw. an vorhandenen Querverbänden befestigen.
Ein Poller ist in jedem Falle besser (Abb. 53): Man kann auch dicke Trossen an ihm befestigen, und die Grundplatte kann größer und breiter sein, selbst wenn er nur auf das Deck aufgesetzt ist. Ist unser Boot bereits beim Kauf mit einem Vorschiffpoller ausgerüstet, sollten wir seine Verankerung im Deck genau prüfen. Bauen wir ihn nachträglich ein,

Abb. 53

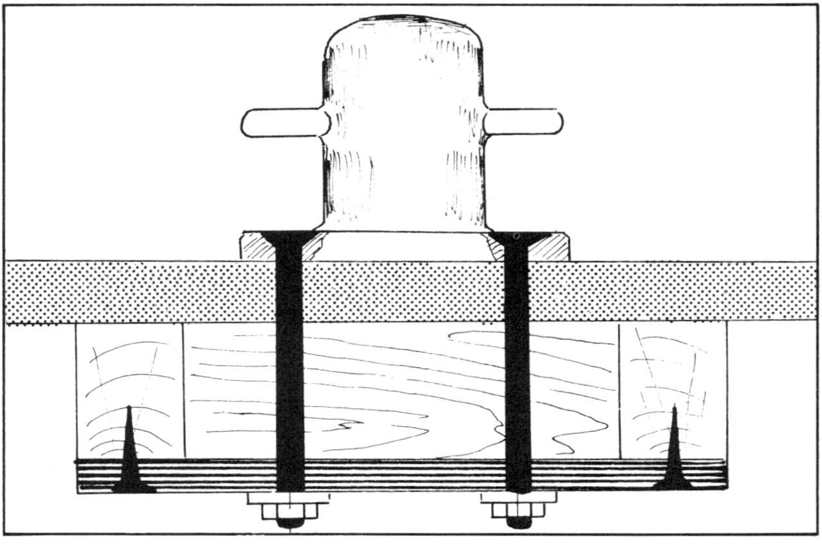

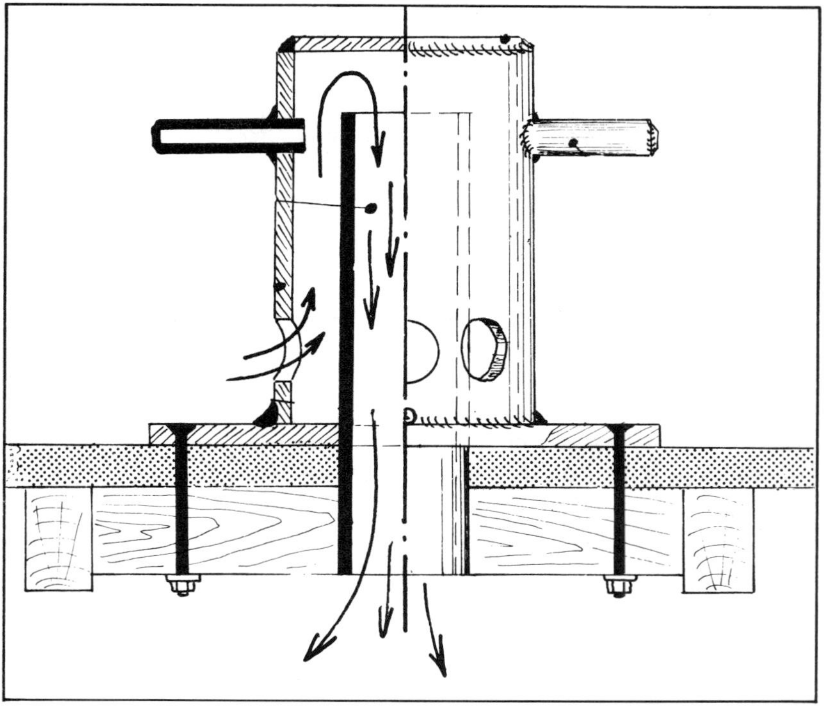

Abb. 54

dann ist auch hier ein hölzernes Futter notwendig, das entweder den Raum zwischen vorhandenen Querverbänden (Decksbalken) ausfüllt oder als Fundament (bei Kunststoffbooten) einlaminiert werden muß. Nur ein allseitig gut verankerter Poller kann sicher halten.

Wer ohnehin einen neuen Poller auf dem Vorschiff anbauen muß, kann ihn auch gleichzeitig als Lüfter ausbilden, um den Raum unter Deck im schwer zugänglichen Bootsende ständig (auch wenn das Boot nicht benutzt wird) mit Frischluft zu versorgen. Abbildung 54 zeigt einen (verzinkten) Stahlpoller, dessen Mantel aus einem Stahlrohr von 100 mm

Durchmesser handwerklich gefertigt ist. Das innere und durch das Deck geführte Belüftungsrohr hat einen Durchmesser von ca. 70 mm. Die Grundplatte besteht aus Stahlblech mit einer Fläche von 200 x 300 mm und einer Dicke von 6–10 mm, je nach Bootsgröße. Der Querstock aus einem Rohr von 25 mm Durchmesser wird außen angeschweißt, der Pollerdeckel mit einem Durchmesser von ca. 95 mm zuletzt oben aufgesetzt und angeschweißt. Für den Fahrtensegler ist diese Mehrzweck-Kombination praktisch.

Besser als eine Einzelklampe ist eine jetzt serienmäßig gefertigte Doppelklampe aus verzinktem Stahl oder Bronze, neuerdings auch aus Aluminium (Abb. 55): Sie bietet mehr Platz unter den ausladenden Armen, so daß man auch eine Kette an ihnen belegen kann, und erlaubt das Festmachen der Ankertrossen nicht nur in Achtform über einer der beiden Klampen, sondern auch in einer querschiffs gelegten Acht zwischen den beiden pollerähnlichen Pfeilern. Auch diese Grundplatte bedarf jedoch der gleichen sorgfältigen Sicherung im Deck.

Sicherer verankert ist in jedem Falle ein durchgehender Poller (Abb. 56), der nicht nur bis zum Kiel oder zum Steven führt, sondern außerdem noch durch Bolzen mit den hier einlaminierten Fundamenten verbunden

Abb. 55

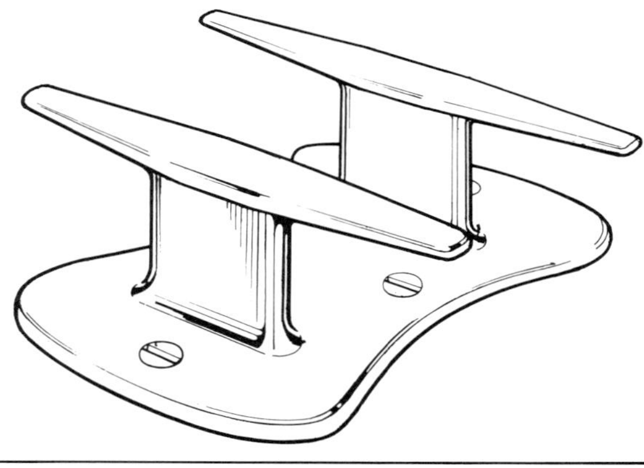

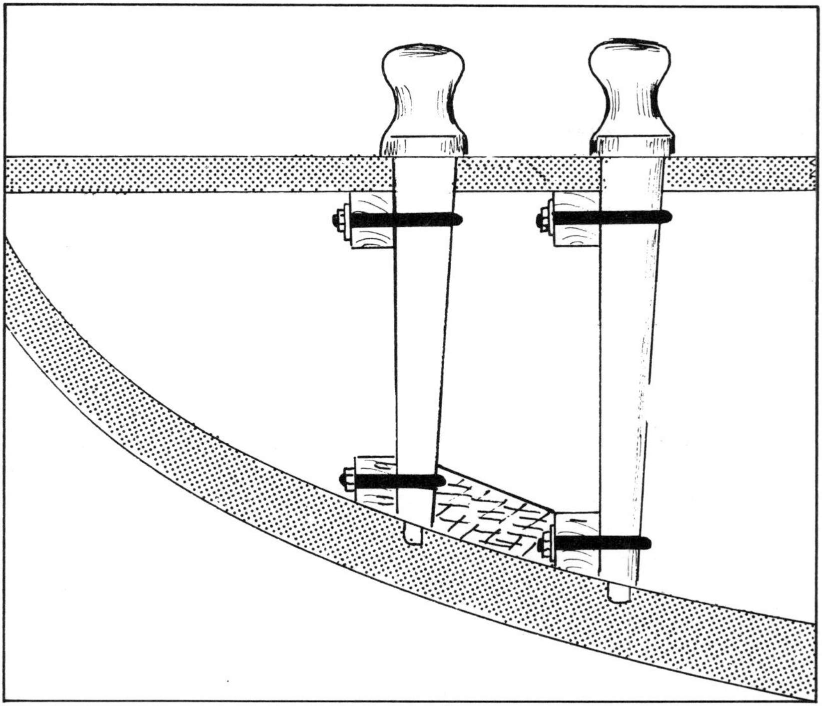

Abb. 56

ist. Wenn dann der Kopf des Pollers hinter einer Querstrebe oder einem weiteren, bei Kunststoffbooten einlaminierten Fundament durch das Deck führt, nimmt der gesamte Decksverband in Längs- und Querschiffsrichtung die Belastung auf. Wenigstens einer der beiden Poller sollte auch mit seinem Fuß gegen eine Zugrichtung nach achtern gesichert sein, um den Gegenzug am Pollerkopf nach vorn besser auszugleichen. Ein solcher Doppelpoller kann entweder längsschiffs oder querschiffs angeordnet werden. Ich habe immer Poller in Längsschiffsrichtung bevorzugt, weil sie sich unter Deck im Bereich des Vorstevens besser ver-

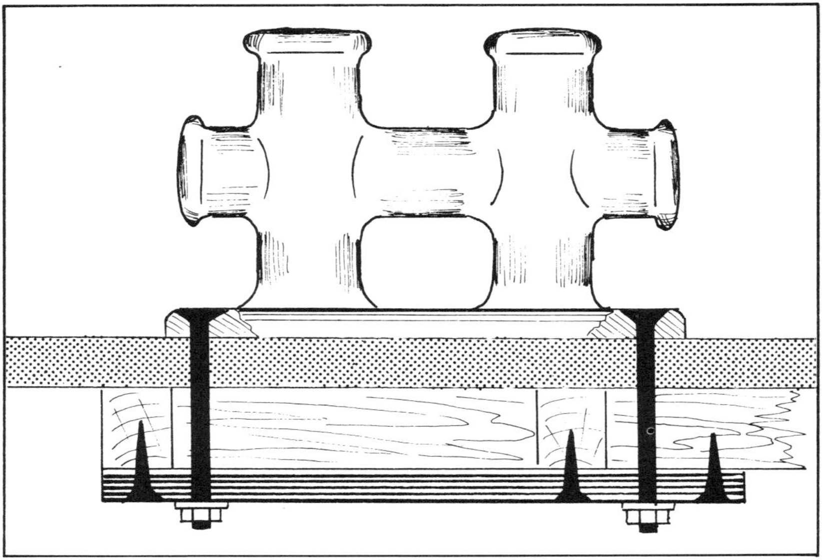

Abb. 57

ankern lassen und die Zugrichtung genau mitschiffs liegt, so daß keine Querkräfte bzw. Momente auftreten können. Ob man an Deck zwei Einzelstummel wählt oder einem Kreuzpoller (Abb. 57) den Vorzug gibt, der wiederum nur an Deck befestigt wird, ist letztlich eine Sache des persönlichen Geschmacks.

Wie man auch Rennyachten (nicht nur auf den Regattabahnen der küstennahen Kurse, wie z. B. Drachenboote oder Solings, sondern auch Viertel- oder Halbtonner, die bei ihren Seerennen genau so mit Gewicht und Windwiderstand geizen) mit sicheren Doppelpollern ausrüsten kann, zeigt Abb. 58: Die Poller sind versenkbar auf dem Vorschiff angeordnet und ragen nicht über das Deck hinaus nach oben, wenn sie unbenutzt sind. Wenn sie gebraucht werden, hebt man sie an und dreht sie so, daß die zu einer Seite überstehende Grundplatte in einen entsprechenden Schlitz des Unterdecksbeschlages hineinschwenken und

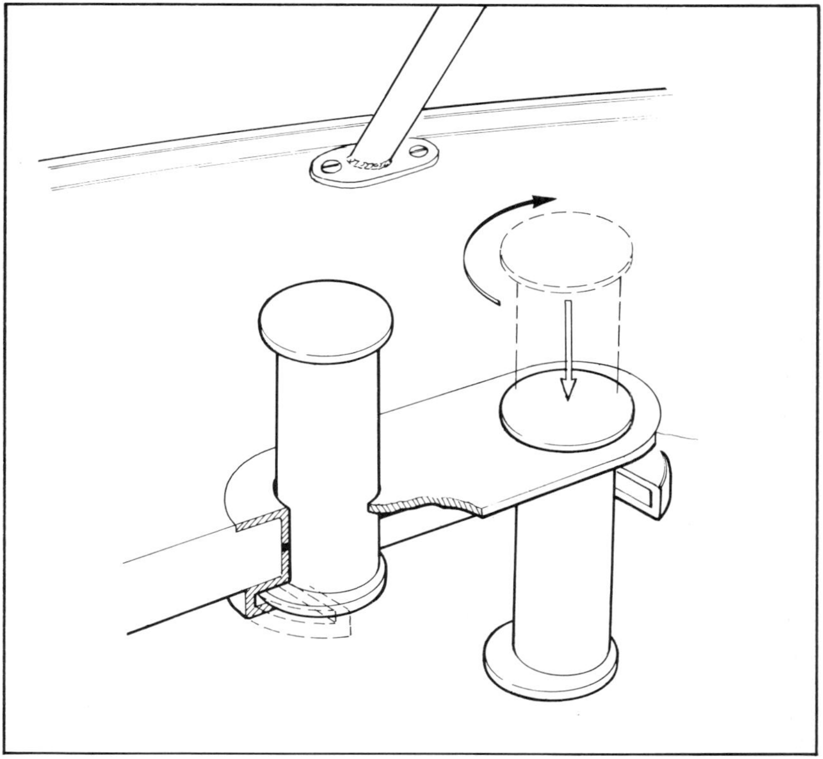

Abb. 58

den Poller in seiner oberen Position arretieren kann. Eine entsprechende Sicherung durch Splint oder Feder ist notwendig. Der gesamte Doppelpoller-Metallbeschlag einschließlich der Unterdecksicherung ist so kräftig ausgebildet und faßt mit den Grundplatten über und unter Deck so weit über das Baumaterial des Bootes in diesem Bereich, daß er alle zu erwartenden Belastungen beim Ankern, Schleppen oder Festmachen aushält. Notwendige Querverstärkungen können gegebenenfalls in der Mitte zwischen beiden Pollern und an den Enden des Beschlages ohne Schwierigkeiten im Baumaterial selbst durchgezogen und einlaminiert werden. Die Kopfplatte ragt allseitig 2 bis 3 cm über den Rand des zylindrischen Pollers hinaus, damit eine belegte Trosse nicht nach oben abrutschen kann.

Kettenhaken und Kettenklauen helfen die Last zu verteilen

Auf vielen Yachten wird der Platz des Mittelpollers auf dem Vorschiff durch eine Ankerwinsch eingenommen, die vor Anker natürlich auch die gesamte Belastung des Ankergeschirrs aufnehmen kann. Daneben gibt es jedoch Klampen, Poller oder Doppelpoller kleinerer Abmessungen an jeder Seite des Vorschiffs, an denen die Festmacher belegt werden.

Abb. 59

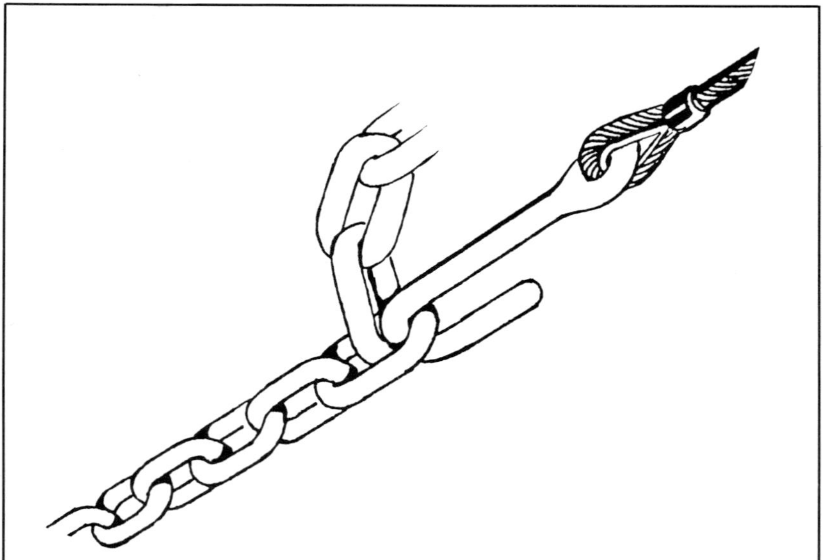

Vor Anker kommt es oft vor, daß man die Ankerwinsch entlasten will und den Zug der Ankerkette auf die seitlichen Beschläge verteilen möchte – gegebenenfalls auch auf zwei von ihnen, um eine große Zuglast bei starkem Seegang oder stürmischem Wind auf getrennte Befestigungspunkte sicherer zu verteilen.
Auch wenn Fallböen am Ankerplatz das Boot aus unterschiedlichen Richtungen treffen oder mit wechselnder Kraft in die Takelage fallen, so daß die Ankerkette in Minutenabständen hart einruckt und dabei auch seitlich gegen Kettendurchlaß oder Rollenbeschlag am Bug schlägt, werden während der Nacht nicht nur die Schläfer im Vorschiff ständig aufgeweckt. Auch die einzelnen Kettenglieder werden dabei immer gefährlich auf Bruch belastet, so daß dieser unsympathische Zustand beseitigt werden muß.

Abb. 60

Bei allen diesen Begebenheiten werden Kettenhaken oder Kettenklauen eingesetzt, mit deren Hilfe man nicht nur das harte Einrucken verhindern, sondern auch die Zuglast der Ankerkette abfangen und verteilen kann. Die Abb. 59 bis 60 zeigen einen modernen Ankerhaken aus Edelstahl, dessen zum Einpicken in die Kette bestimmtes Teil extrem lang gehalten ist. Ein zusätzliches Überwurfglied ist unverlierbar mit dem Haken verbunden. Es verschließt nach dem Einpicken in die Ankerkette nicht nur die freie Öffnung, sondern formt gleichzeitig eine Art Kettenglied, so daß auch bei extrem großer Biegezug-Belastung des Hakens ein gewaltsames Öffnen verhindert wird. Der Kettenhaken wird serienmäßig von der Firma Jachmann-Technik, Vor den Höfen 32, 3167 Burgdorf in 8 mm Edelstahl gefertigt und kostet 70,– DM. Er kann in Ankerketten von 8 bis

Abb. 61

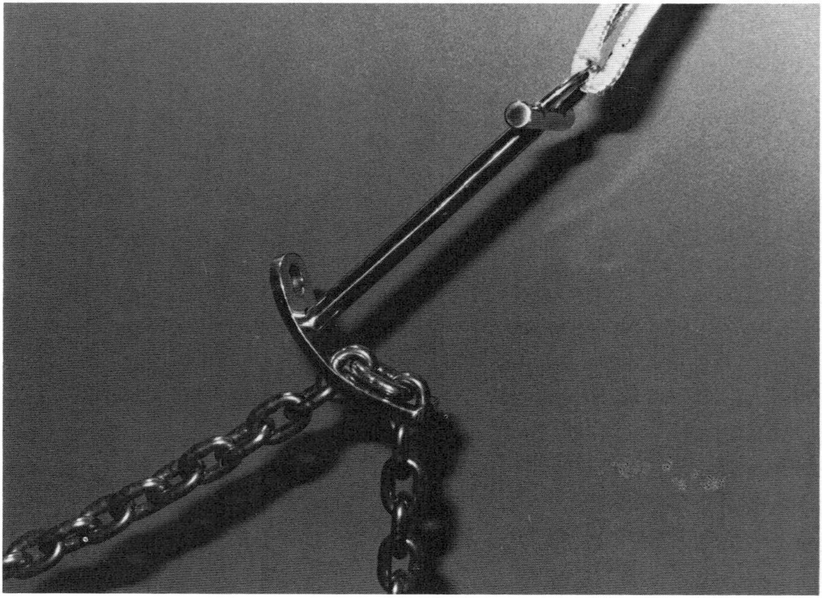

10 mm Dicke eingehakt werden und eignet sich für Yachten bis ca. 10 Tonnen Verdrängung.
Demgegenüber kann die Kettenklaue (Abb. 61), die aus 15 mm Rundedelstahl gefertigt ist, mit ihrem Klauengriff ein beliebiges Kettenglied von 6 bis 14 mm direkt umfassen. Ihre Kraft reicht für Seekreuzer bis etwa 20 Tonnen Verdrängung. Man beachte die besondere Formgebung des Klauenbeschlages, der auch in eine steif durchgesetzte Ankerkette einwandfrei einfassen kann (Abb. 62). Die Kettenklaue aus der gleichen Firma kostet DM 100,–.
Beide Geräte sind mit einem etwa 5 Meter langen Ende kräftigen Fasertauwerks verbunden, das die Verbindung zur Ankerkette vor dem Bug übernimmt und (gegebenenfalls doppelpartig) auf die Decksbeschläge überträgt. Die Klaue ist darüber hinaus mit einer Holeleine verbunden, die in das obere Auge eingepickt wird, so daß man sie auch dann von der Kette lösen kann, wenn sie von Hand nicht mehr erreichbar ist oder beim

Abb. 62

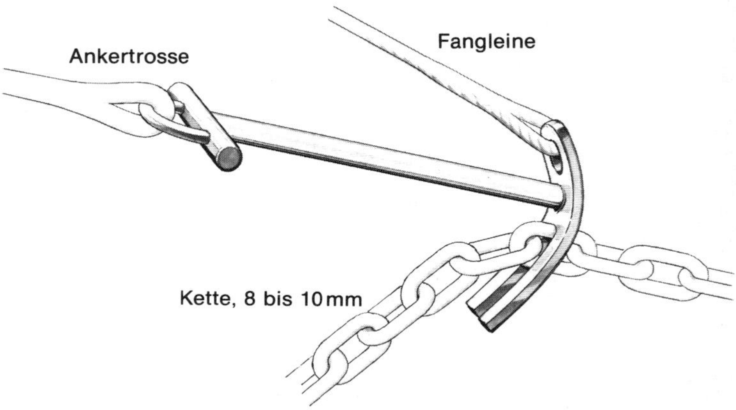

SAFEGRIP-K-Kettenklaue

Stecken von mehr Ankerkette nach zunehmendem Wind oder Seegang selbst unter den Wasserspiegel mitgefiert werden mußte.
Mit Hilfe von Kettenhaken oder Kettenklaue wird eine zwar starre, aber weichere und vor allem leisere Verbindung zwischen Bug und Kette hergestellt (Abb. 63). Der bugseitige Teil der Ankerkette wird hierbei entlastet. Alle Veränderungen in der Be- und Entlastung der Ankerkette oder der Lage des Bootes zu Wind und Strom wirken sich nur noch auf Kettenhaken oder Kettenklaue aus.
Mit Hilfe beider Ausrüstungsteile kann man auch eine unklare Kette holen, wenn man sie anstelle einer einfachen Leine mit einer Talje verbindet. (Daß diese Kettenhaken gleichzeitig gute Schleusenhaken sind, wenn man den Tampen eines Festmachers an Ringen, in Treppenstufen, Augen in Reibhölzern oder Ketten an den Spundwänden festhalten muß, sei nur der Vollständigkeit halber erwähnt.)
Natürlich kann man in den beiden erstgenannten Fällen auch einfach eine Leine durch ein Kettenglied scheren und mit ihr auch ohne Kettenhaken die gleiche Wirkung erzielen. Muß ein Seekreuzer jedoch in einem Notfall (beispielsweise bei einem umspringenden Wind, der ihn am Ankerplatz auf Legerwall oder in einem Flachwasserbereich in die Gefahr der Strandung bringen wird) die Kette schnell einholen, wird es immer

Abb. 63

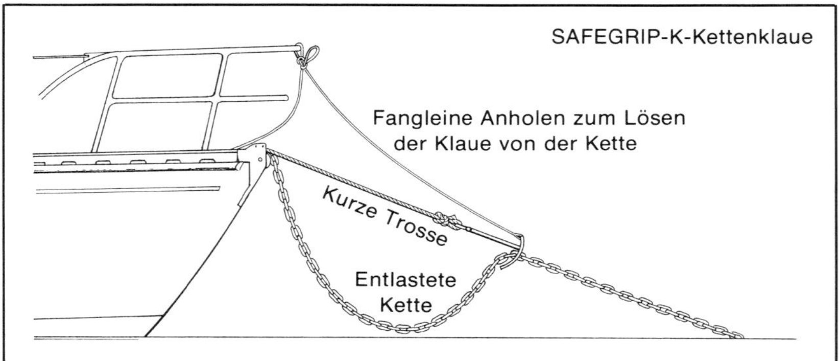

sehr viel länger dauern, die festgezogenen Knoten eines Stropps zu lösen als den Kettenhaken einfach herauszuziehen. Wenige Minuten Gewinn oder Verlust können nicht selten der Grund für eine schnelle Rettung oder die Ursache einer nicht mehr abwendbaren Strandung eines Ankerliegers sein.

Winden, Bojen, Ankergewicht und anderes

Zum Ankergeschirr (insbesondere bei größeren Yachten, die mit Ketten und Ankern größerer Haltekraft arbeiten) gehört auch eine Winsch. Sie macht sich immer bezahlt – auch beim Abbringen vom Grunde, beim Verholen oder anderen Gelegenheiten; aber bei vielen Booten ist es neben der Gewichts- auch eine Platzfrage, um sie auf dem Vorschiff unterzubringen.
Kleinere Seekreuzer können auch eine ihrer Fallwinden (Abb. 64, A) benutzen, um den Anker zu lichten; sie liegt besser in Reichweite als eine Schotwinde in Plichtnähe. Natürlich geht dies nur, wenn sie mit einer Ankertrosse arbeiten – aber es ist auch möglich, eine Teufelsklau über die Kette zu hängen und dann den Stropp der Klau über die Fallwinsch zu holen. Das Umsetzen der Klau und das wiederholte Belegen der Ankerkette muß man dann in Kauf nehmen.
Eine handbetriebene Hebelwinsch mit Tautrommel und Kettennuß auf je einer Seite (Abb. 64, B) gibt es in jeder Größe, auch mit elektrischem (Abb. 65) oder hydraulischem Betrieb. Wer ohnehin mit Motor ausgerüstet ist und Generator, kräftige E-Anlage usw. bevorzugt, wird auch seine Ankerwinde nicht mit Muskelkraft betreiben.
Die kleinen Handspills oder handbetriebenen Winden haben (im Gegensatz zu großen Spills) eine waagerechte Achse, auf denen sich Trommel und Kettenkranz befinden. Eine Übersetzung ermöglicht meistens die Einstellung von zwei Geschwindigkeiten, zum schnellen Hieven und zum kräftigen Ausbrechen. Ein entsprechend langer Hebel sorgt für das günstigste Übersetzungsverhältnis unserer Muskelkraft. Während bei kleinen Yachten die Kette beim Ausrauschen des Ankers direkt aus dem

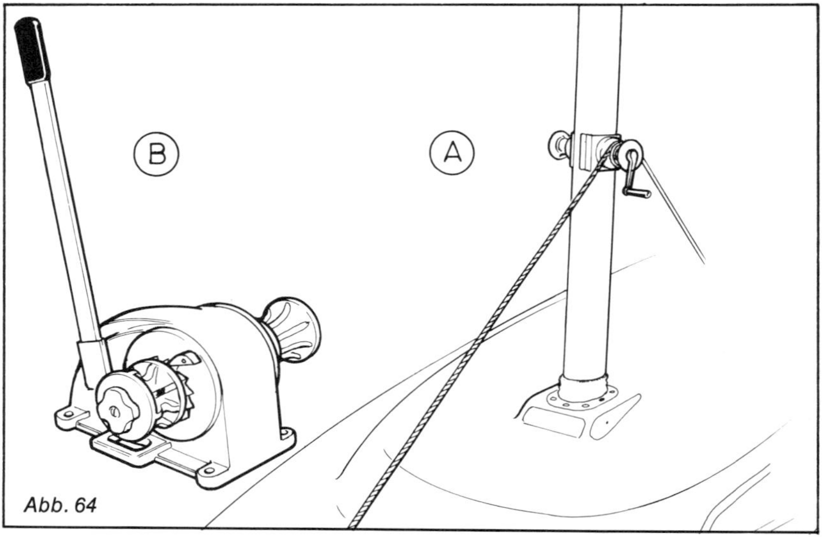

Abb. 64

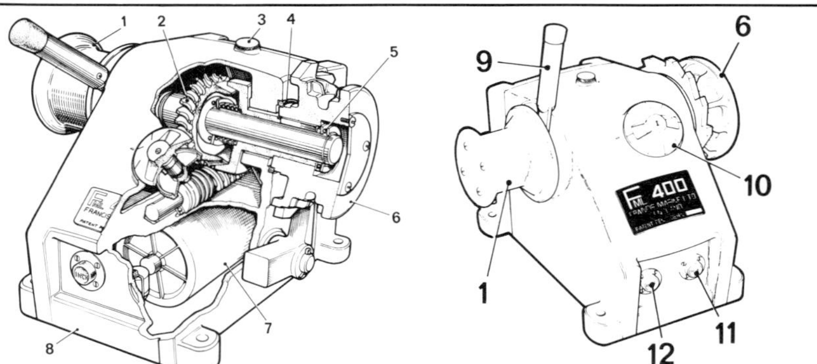

1 Tautrommel
2 Getriebe
3 Ölfüllstutzen
4 Wasserdichte Versiegelung
5 Hauptlager des Schaftes
6 Kettentrommel
7 Elektromotor
8 Gehäuse
9 Bedienungshebel für Tau- und Kettentrommel, zum Fieren und Hieven, Bremsen und Sperren
10 Anzeige für ausgerauschte Kettenlänge
11 An- und Ausschalter
12 Feinschalter für geringfügige Längen-Korrekturen

Abb. 65

Kasten und nicht über den Kettenkranz läuft, ist sie auf großen Yachten ständig über die Kettennuß geführt; dann dient das kleine Handspill gleichzeitig zum Lösen und Bremsen der Kette sowie zur Regulierung der Geschwindigkeit beim Ausrauschen.
Ein Ankergewicht ist besonders für Yachten wichtig, die keine Ankerkette fahren; es sollte immer so schwer wie möglich sein. Es wird in schwerem Wetter und bei hoher Belastung des Ankergeschirrs mit einem Gleitschäkel und einer Fangleine an der Ankertrosse entlang bis möglichst auf den Grund geführt und dient dazu, den Schaft des Ankers in jedem Falle waagerecht und den Winkel zwischen Boden und Ankertrosse möglichst klein zu halten.
Als Ankergewicht kann jedes Eisenteil benutzt werden, das kompakt und mindestens 10 kg schwer ist (Abb. 66). Man kann es sich auch selbst machen und dann gleich in seiner Form dem Stauraum anpassen, in dem es an Bord aufbewahrt werden soll. Ich benutze jetzt ein sinnvoll geformtes, sehr kompaktes und außergewöhnlich handliches Reitgewicht der Firma COMPASS-Yachtausrüstung Heinz Dehler. Es wiegt 11 kg und ist meines Wissens das einzige, serienmäßig gefertigte und preisgünstige Ankergewicht auf dem deutschen Markt.

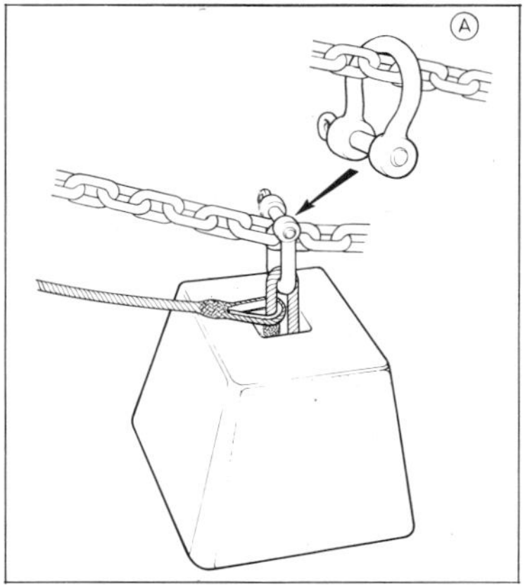

Abb. 66

Die Fangleine muß nur das ohnehin im Wasser reduzierte Gewicht des Ankergewichtes tragen und kann daher dünn sein; als Gleitschäkel kann jeder ausreichend große Schäkel dienen – allerdings muß man beachten, daß der Bügel (A) über der Kette hängt und nicht der Schäkelbolzen, weil dieser sich bei seiner Talfahrt an Anker oder Trosse entlang aufdrehen kann und das Ankergewicht dann (ohne daß die Crew dieses bemerkt) nutzlos und ohne Verbindung zur Ankertrosse unter dem Vorschiff hängt.

Ein Reitgewicht muß eine ausreichende Masse haben, damit es tatsächlich dämpfend wirken kann. Benutzt man es nur selten, mag man ein zusätzliches Gewicht von 10 oder gar mehr kg nicht gern an Bord mitführen, weil man die Verdrängung des Bootes nicht unbedenklich vergrößern möchte.

Stattdessen kann man beispielsweise auch den (erfahrungsgemäß beträchtlich leichteren) Heckanker im Sinne eines Ankergewichtes benutzen und ihn, wie in Abb. 66 gezeigt, an einem kräftigen Schäkel an Kette oder Trosse entlang bis nahe zum Grund hin absinken lassen.

Ich benutze auch den Kettenvorlauf des zweiten Bugankers als Ankergewicht für den Hauptanker, wenn dies erforderlich ist (Abb. 66a): Der Kettenvorlauf wird zu einem Kettenbündel geschnürt, der Gleitschäkel durch 2 bis 3 Kettenglieder gesteckt und das ganze Bündel mit der Fangleine, die es zusammenhält, in Richtung auf den Grund gefiert.

Besteht bei steinigem Grund die Gefahr, daß sich das Kettenbündel verhaken könnte, lege ich die Kette einfach in einen derben Werkzeugbeutel (Abb. 66b), der oben mit einer Zurring geschlossen wird.

Seit einiger Zeit packe ich hier jedoch nicht mehr den Kettenvorlauf, sondern etwa 5 starke Kettenenden von etwa 10 bis 12 mm Dicke und knapp 1 Meter Länge ein. Diese Abfallteile habe ich mir besorgt, um damit jeden meiner Langfender einzeln beschweren zu können, wenn ich bei hohem Wasserstand oder bei viel Wind und den damit verbundenen heftigen Bootsbewegungen im Hafen an einer niedrigen Pier liege, die nur etwa 30 cm oder weniger über das Wasser ragt oder sogar vom Schwall überspült wird (Abb. 66c).

In einer solchen Situation nützen die Fender wenig, weil sie vom Kabbel-

wasser ständig hochgedrückt und auf die Pier geworfen werden. Nur wenn man sie mit einem solchen Gewicht beschwert und somit ihren Auftrieb behindert, bleiben sie an Ort und Stelle und mit ihrem unteren Ende auch im Wasser hängen.
Ein solches Ankergewicht ist auch die einzige Hilfe, wenn man bei starken Fallböen vor Anker liegt, wie es an anderer Stelle beschrieben ist.

Abb. 66a

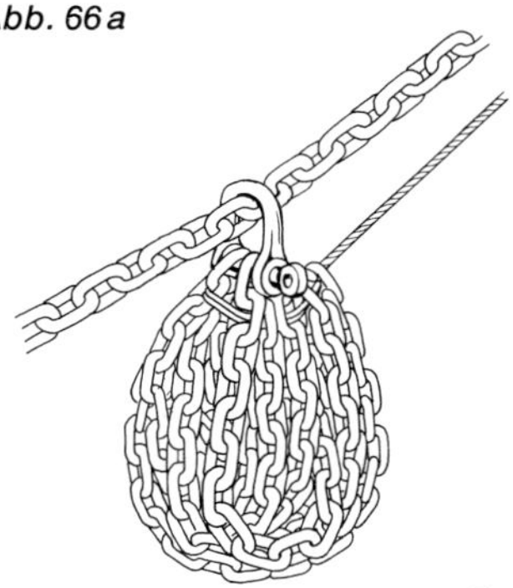

Abb. 66b

Abb. 66c

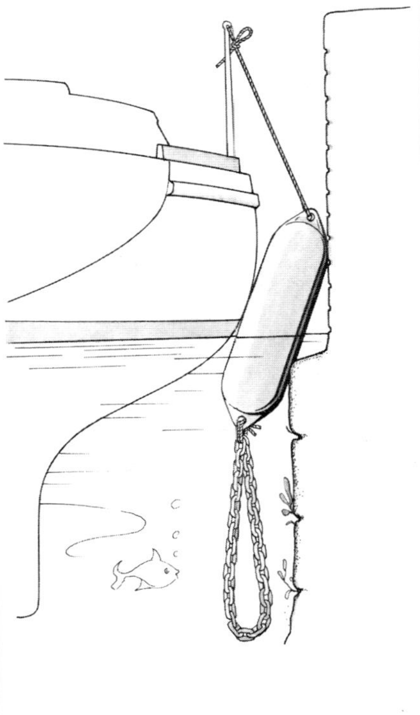

Mit Hilfe des Ankergewichtes ist es möglich, bei einem gegebenen Verhältnis Trossenlänge : Wassertiefe die Festigkeit des Ankergeschirrs beträchtlich zu vergrößern oder ein geringeres Verhältnis Leinenlänge : Wassertiefe bei gleicher Festigkeit der Verankerung auszunutzen (vgl. Abb. 143 und 146). Was man an Ankergewicht aufwendet, spart man also an Trosse ein.

Über weitere Ausrüstungsteile des Ankergeschirrs wie die Ankerboje mit Tripleine (vgl. Abb. 160 bis 164), einen kleinen Draggen, um gegebenenfalls eine fremde Ankerkette zu fischen und zu heben, wenn sich der eigene Anker in ihr vertörnt hat (Abb. 67), Stevenrollen, Kettendurchlässe und andere, sprechen wir im nächsten Kapitel bzw. bei der Beschreibung der entsprechenden Manöver. Neue Modelle der Ankerausrüstung sind auch im letzten Kapitel in Verbindung mit aktuellen Ankererfahrungen genannt.

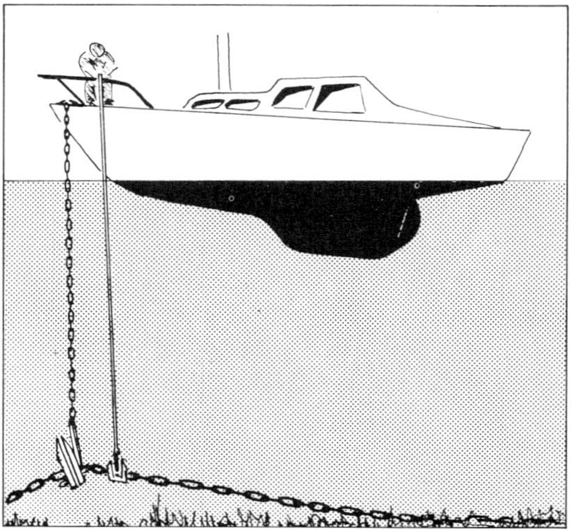

Abb. 67

Anker und Ankergeschirr an Bord: Seefest verstaut und stets griffbereit

Die Frage, welchen Anker man für sein Boot auswählt, hängt auch von der Staumöglichkeit ab. Ein Anker muß jederzeit griffbereit sein; zumindest darf es nicht zu lange dauern, bis er einsatzbereit ist. Das bedingt in den meisten Fällen einen Platz an Deck, an dem er so sicher gehaltert ist, daß er weder durch Krängung des Bootes noch durch Stampfen im Seegang oder durch überkommendes Wasser losschlagen kann. Der Anker darf in dieser Halterung auch nicht bei Arbeiten auf dem Vorschiff, beim An- und Von-Bordgehen der Crew über den Bug im Hafen oder beim Wechseln der Vorsegel unterwegs als gefährliche Stolperfalle stören.
Die immer noch anhaltende Vorliebe für den Stockanker ist letztlich auf den geringen Platz zurückzuführen, den dieser Ankertyp mit beigeklapptem Stock und seinen schmalen Armen mit schlanken Flunken an seinem Stauplatz auf dem Vordeck einnimmt. Seine so geringe Haltekraft hebt diese Vorteile jedoch wieder auf, und wie die folgenden Tips zeigen, lassen sich auch moderne Leichtanker mit hoher Haltekraft in gleicher günstiger Weise ständig einsatzbereit auf dem Vordeck seefest zurren, ohne bei anderen seemännischen Arbeiten zu stören.

Der Danforth-Anker läßt sich leicht verstauen

Der beste Stauplatz für einen Anker liegt in nächster Nachbarschaft des Stauraums für die Ankerkette oder -leine, des Pollers, an dem sie befestigt wird, und der Lippe oder Stevenrolle, über die sie zum Anker in das Wasser führt. Längs- oder querschiffs, mit dem Schaft oder Stock zum Bug oder nach achtern, läßt sich ein Danforth-Anker mit seinen serienmäßig lieferbaren Halteklötzen aus Aluminium oder Kunststoff auch auf kleinen Booten sicher auf dem Vorschiff lagern (Abb. 68). Die Halteklötze für den Stock, die den Anker in Quer- und Längsrichtung sicher festhalten, kann man sich aus Holz auch selber schnitzen; der einzige lose Teil der Halterung ist ein Gummistropp (besser zwei Gummistropps!), um den Schaft fest in seinen Halteschlitz zu drücken. Er wird – wenn man ihn nicht aus Holz und sehr eng fertigen kann – mit Schaumgummi und/oder Lederbesatz auf die erforderliche Breite gebracht.

Auch eine Halterung, die aus Hartgummi besteht und wie eine Klaue um die Krone faßt, hat sich in Verbindung mit einer Art Klampe mit schrägem Schlitz für den Schaft bewährt. Man legt dann zuerst den Schaft in den Schrägschlitz, so daß er nicht mehr herausrutschen kann, wenn der Anker gedreht werden muß, um die Krone in ihre Halterung zu legen, und benötigt dann nur einen Gummistropp über der Krone,

Abb. 68

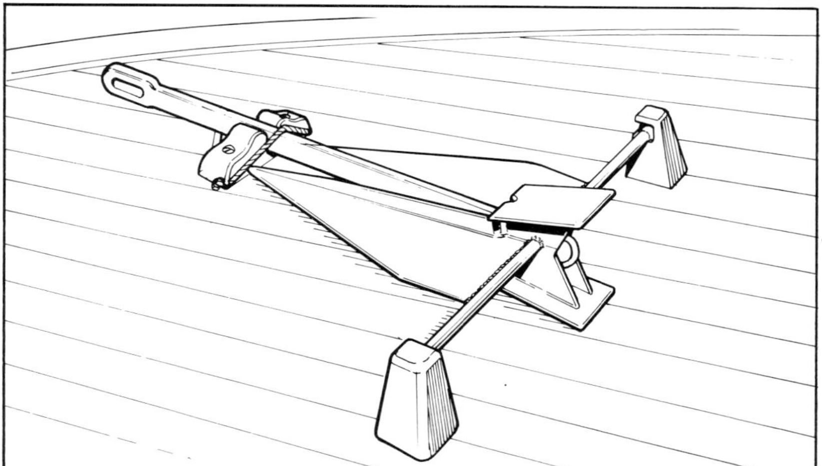

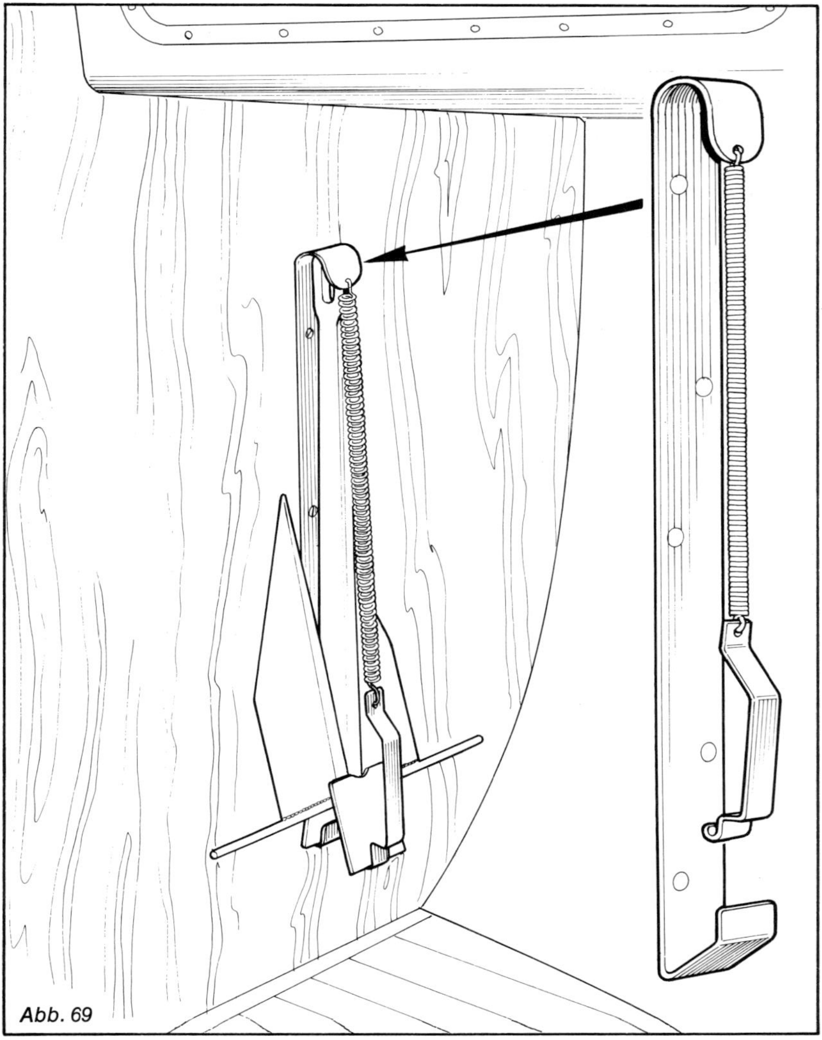

Abb. 69

um den Anker gegen Seeschlag oder Verrutschen zu sichern. Mit Hilfe von Elastikhaken kann der Leichtbauanker aber auch in jeder anderen gewünschten Position gezurrt werden.
Kleinere Leichtbauanker können auch senkrecht an der Kajütquerwand in der Plicht (Abb. 69), waagerecht auf dem Vordeck oder Kajütdach bzw. senkrecht oder waagerecht im Vorschiff gehaltert werden. Dieser Serienbeschlag besteht aus einem Stahlbügel, der an der Bootswand festgeschraubt und in den der Anker eingehängt wird sowie einer Spannfeder mit Klaue und Handgriff, die anschließend über die Kronenplatte gehakt wird. Diese praktische Halterung ist in drei Größen und aus verschiedenen Metallen lieferbar und löst das Stauproblem für den Haupt- und/oder Reserveanker auf sehr elegante Art und Weise.

Abb. 70

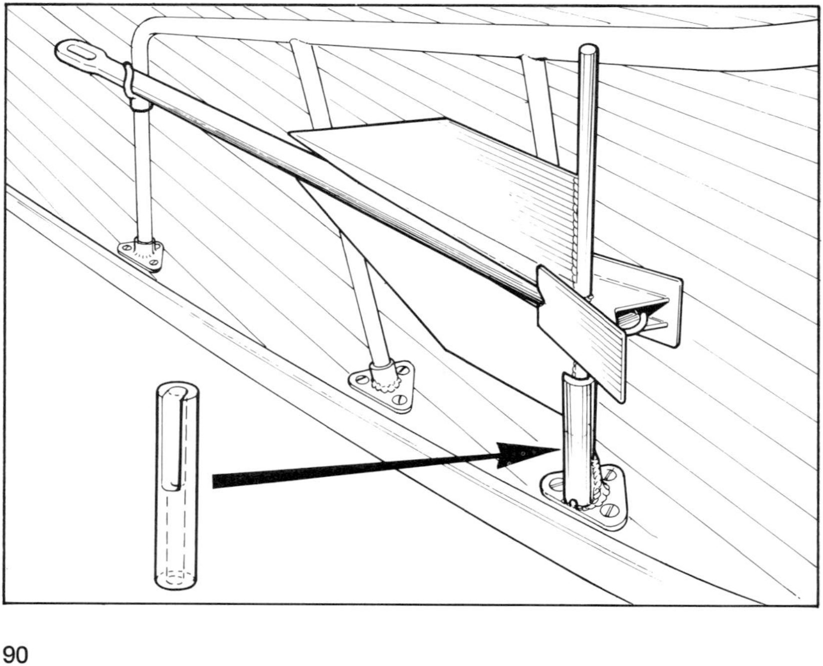

Auf Seekreuzern, die einen kräftigen Bugkorb fahren und das Vordeck freihalten wollen, ohne daß sie den größeren Windwiderstand fürchten, bietet sich als Stauplatz die Außenseite des Bugkorbes an (Abb. 70): Der einzige zusätzliche Aufwand ist eine Rohrschelle mit Haltefinger an der achteren Stütze des Bugkorbes und ein Rohrstück mit Schlitz, das am Fuße einer der vorderen Stützen angeschweißt werden muß. Der

Abb. 71

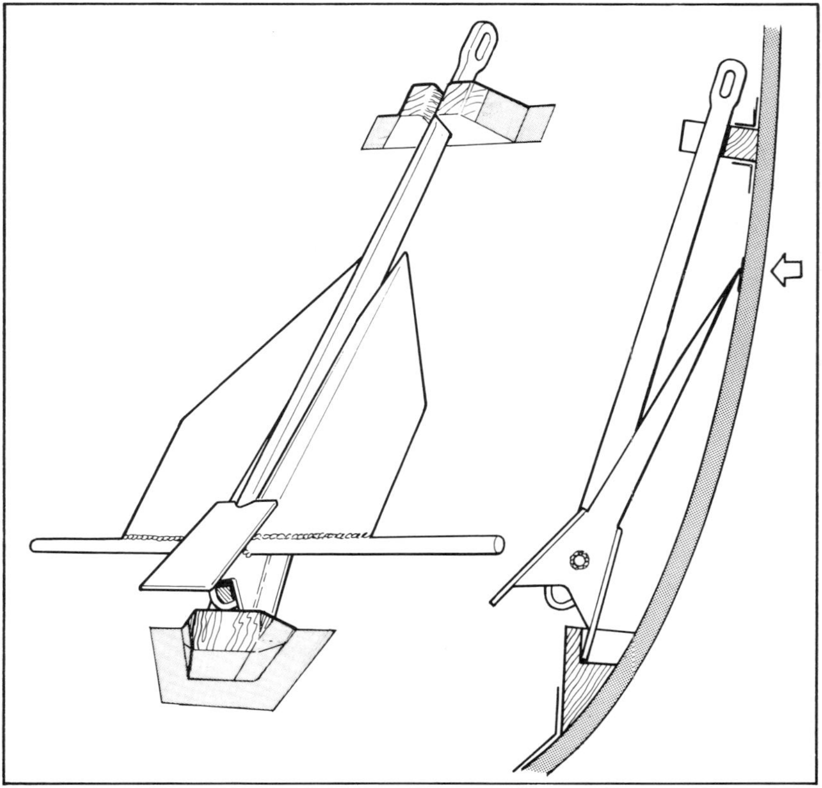

Schlitz sperrt die Flunken und hält sie dicht an den beiden Bugkorb-Stützen fest; zwei Zurrings über diesen Haltepunkten von Stock und Schaft sollten als Sicherung nicht fehlen.

Auch eine Unterdeckshalterung kann man sich auf Kunststoffbooten mit wenig Aufwand und geringen Fachkenntnissen selbst machen (Abb. 71): Man schneidet sich die entsprechenden Halteklötze, in die der Schaft gelegt und die Kronenplatte gestellt werden sollen, und laminiert sie im entsprechenden Abstand an die Rumpfschale. Ein griffbereiter Patz in der Nähe des Vorluks, der am besten auch von Deck aus zu erreichen ist, sollte bevorzugt werden. Wo die Flunkenspitzen gegen die Bordwand stoßen, klebt man eine kleine Metallplatte auf, und sowohl gegen die Querschiffs-Bewegung der Flunken wie ein Herausrutschen des Schaftes beim Überliegen des Bootes zur anderen Seite ordnet man Gummistropps mit ihren entsprechenden Haltepunkten an.

Man kann diesen praktischen Ankertyp auch als Steckanker fahren und damit nicht nur das Stauproblem optimal lösen, sondern auch den Anker mit Kette bzw. Trosse ständig einsatzklar fahren (Abb. 72): Hierbei muß man nur auf ein wichtiges Element des Danforth-Ankers verzichten, seinen Stock. Gegenüber den (amputierten) Leichtankern, die unter einer Klappe (die beim Ankern geöffnet arretiert wird) senkrecht hängen, ist hier die Klappe (mit einem Griff zum Anheben und Einstecken) fest mit dem Anker verbunden. Die Krone ist zu einer Haube modifiziert worden; ihre über beide Flunken reichende größere Länge hebt die Nachteile des fehlenden Querstocks wieder auf.

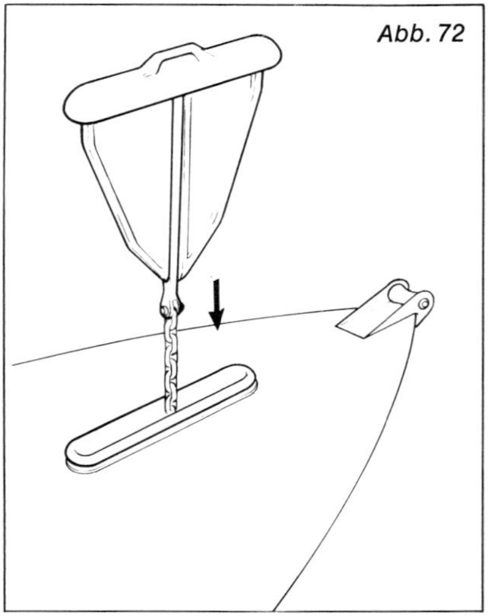

Abb. 72

Der nach unten konisch zulaufende Schlitz geht in einen Durchlaß zum Kettenkasten über, und das Kettenende ist unter Deck mit einer Tautrommel verbunden, auf der die Ankertrosse aufgewickelt ist (vgl. Abb. 84). Der Einsteckschlitz kann bei längerem Ankern oder auf Bojenliegern durch eine zusätzliche Kappe verschlossen werden; man kann den Steckkasten auch mit einem Speigatt versehen, so daß er das Regenwasser selbsttätig wieder nach außenbord lenzt. Das kleine Süll des Einsteckkastens hat eine umlaufende Wassernase, so daß keine Feuchtigkeit vom Deck in die Öffnung hineinlaufen kann. Wenn der Anker nicht im Einsatz ist, faßt die Haube über das Süll und deckt die Öffnung (und ihren Gummirand) durch ihr Gewicht bzw. durch eine Unterdeck-Sperre des eingesteckten Ankers wasserdicht ab.
Eine praktische Klappvorrichtung für einen Leichtanker in Verbindung

Abb. 73

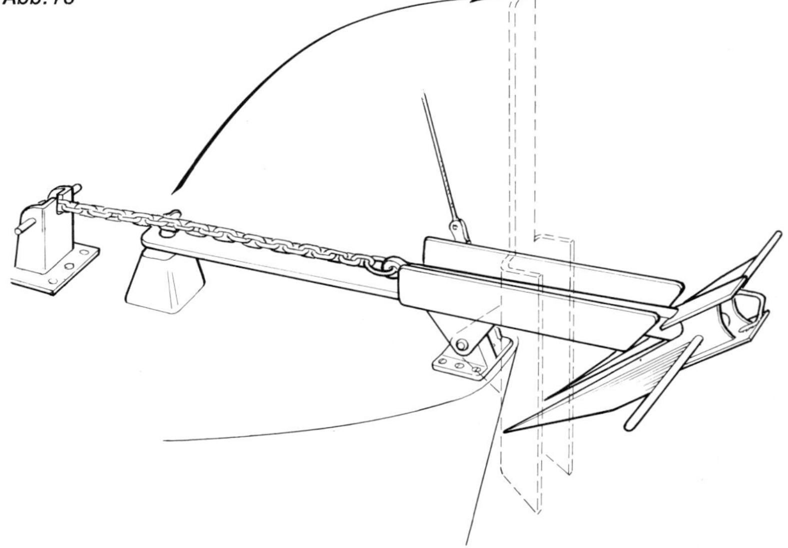

mit unserem Kettenstopper-Poller zeigt Abb. 73: Der Anker liegt stets einsatzbereit in einer hinten offenen U-Eisen-Rinne, die vorn etwas über den Bug ragt. So hat der Anker selbst keine Berührung mit Deck oder Rumpf. Zum Ankern löst man die Kette; der Anker kippt das U-Eisen nach vorn und rauscht aus dieser offenen Klüse ins Wasser. Wenn die Kette nach dem Festmachen am Poller schräg nach vorn zeigt, liegt das

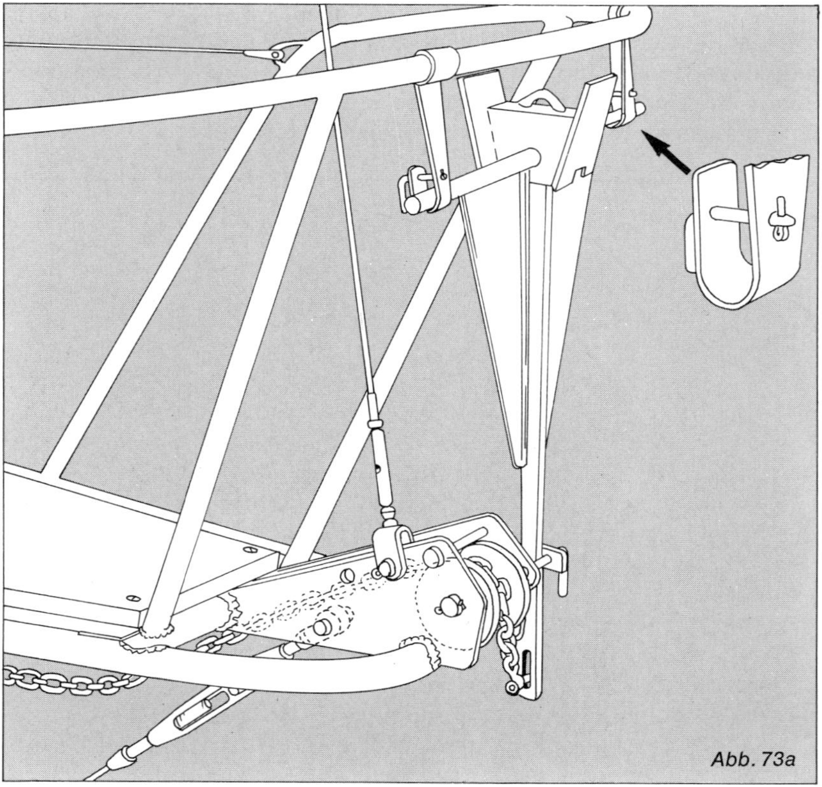

Abb. 73a

U-Eisen als ihre Vorschiffs-Führung wieder waagerecht. Kommt die Kette beim Ankerlichten kurzstag, senkt sich auch die Kettenrutsche wieder in die Senkrechte, und wenn der Anker in Deckshöhe ist und in das U-Eisen hineingleitet, kippt sie wieder nach achtern, um ihre Ausgangsstellung wieder einzunehmen.
Auf Seekreuzern jeder Größe hängt der Danforth-Anker einsatzklar und ohne Platzbedarf an Deck am besten am Bugkorb (Abb. 73a). Man beachte jedoch, daß nicht nur der Stock seine seefesten Halterungen hat, sondern auch der Schaft neben der Stevenrolle sicher befestigt ist. Auch am Ende eines kurzen Bugspriets bietet sich dieser Platz für den Anker an. Den etwas beschwerlichen Übergang vom Boot zum Steg über den Bug wird man dabei in Kauf nehmen können.

Der Pfluganker muß mit mehr Fantasie gehaltert werden

Beim Fahrtensegeln ist es unpraktisch, den Anker nach jedem Ankermanöver zu verstauen und zu neuer Verankerung immer wieder klar zu machen. Der Anker soll auch zwischen den Manövern immer einsatzbereit liegen, aber doch weder Platz an Deck wegnehmen noch durch Krängung und Seeschlag aus seiner Halterung rutschen. Hierfür läßt sich ein Pflugscharanker besser verwenden als ein Leichtanker vom Danforth- oder Meon-Typ, und wenn es auch (für deutsche Begriffe) nicht schön aussieht, die Pflugschar auf einem Boot vor und über dem Bug hängen zu haben, so nimmt der Pfluganker hier doch weder Platz weg, noch stört er bei Segelmanövern auf dem ohnehin begrenzten Vorschiffsplatz.
Abbildung 74 zeigt, daß man den Ankerkasten vor dem Steven auch für die Form des Pflugankers formen und das Ankergeschirr dort ebenfalls mit unterbringen kann. Die seitlich geöffnete Klappe lehnt sich gegen den Bugkorb; Entwässerung durch Speigatt nach außenbords.
Die erste Voraussetzung, um einen Pflugscharanker jederzeit einsatzklar am Bug zu haltern, ist eigentlich nur eine Stevenrolle (Abb. 75). Sie

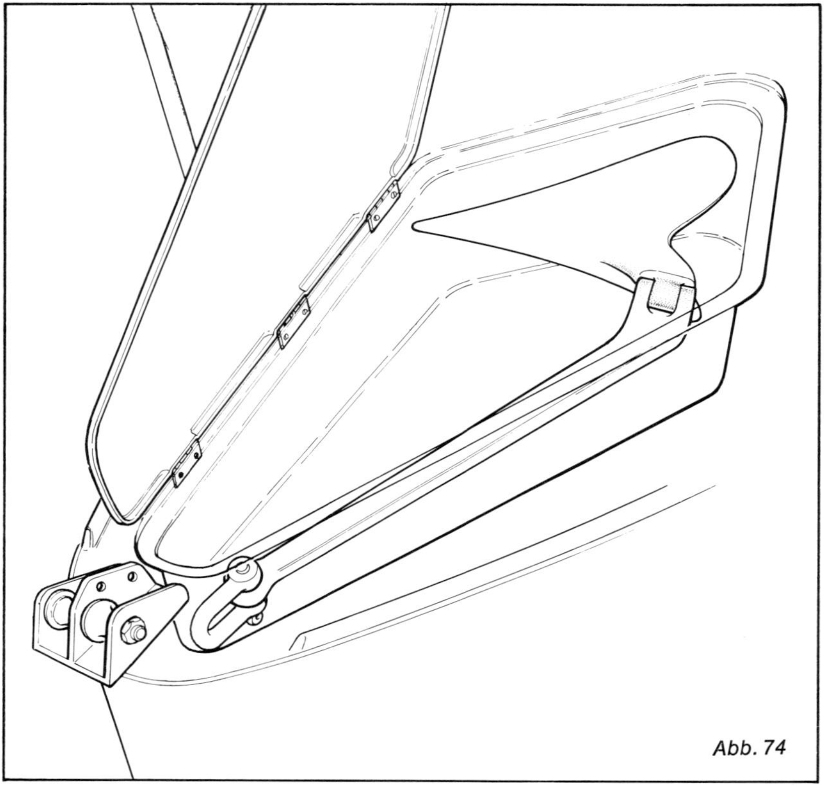

Abb. 74

muß eine dem Schaft angepaßte Breite haben und läßt sich auch auf Serienbooten ohne Schwierigkeiten zusätzlich anbringen, falls diese nicht damit ausgestattet sind. Eine zweite, dünnere Führungsrolle über dem Schaft und ihre seitlichen Halterungen fesseln den Ankerschaft allseitig. Sollte er in normaler Ruhelage den Pflug bei den Seegangsbewegungen des Bootes zu sehr seitlich schwingen, zurrt man ihn einfach mit zwei kurzen Enden fest.

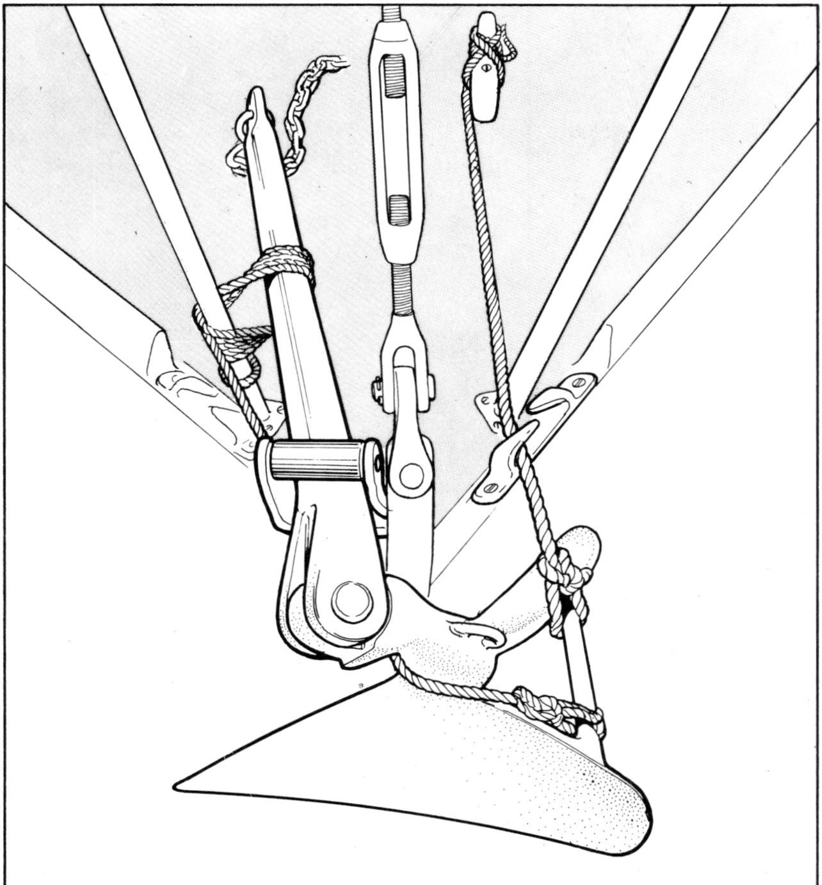

Abb. 75

Eine solche Stevenrolle in Verbindung mit einer etwa 1 m langen, trittfesten Holzplanke (Abb. 76) hat den Vorteil, daß man über diese Ankerhalterung gleichzeitig bequemer an und von Bord gehen kann. Auf grö-

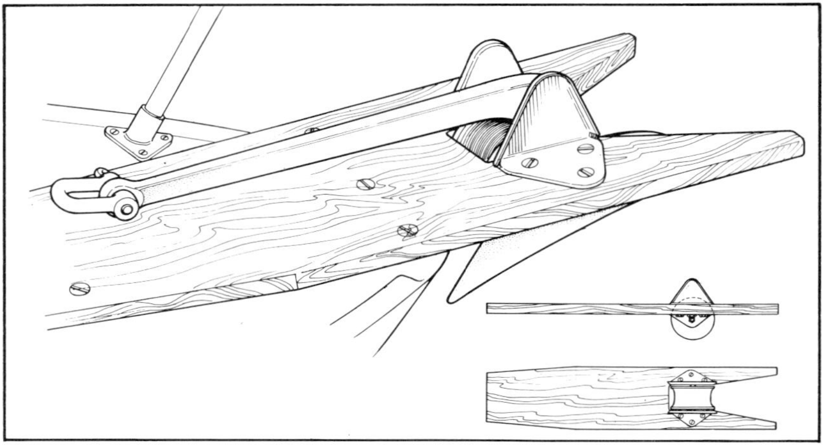

Abb. 76

ßeren Yachten bietet sich ganz logisch eine Weiterentwicklung zu einem Mini-Bugspriet an (Abb. 77a). Hier lassen sich gleich zwei einsatzklare Pflugscharanker auf ihren Stevenrollen nebeneinander unterbringen, und der ohnehin für den Bugbeschlag des Vorstags verbleibende Raum wird zu einer breiten Trittfläche. In Verbindung mit dem Bugkorb auch eine kleine, aber sichere Vorschiffskanzel für ein Anlegemanöver und für den Landgang. Wie man zwei „Pflüge" auch ohne eine solche Trittplatte nebeneinander am Bug unterbringen kann, zeigt Abb. 77b: Die Stevenrollen sind hier vorn verschlossen. Die beiden Klappbügel haben eng anliegende Nylon-Futter, damit die Anker bei Seegangsbewegungen lautlos und unbeweglich liegen.

In Verbindung mit diesen notwendigen Ankerhalterungen ist der Bugspriet wieder modern geworden. Man kann ihn in vielerlei Variationen erleben, wenn man (insbesondere in ausländischen Häfen) mit wachen Augen über die Stege geht. Abb. 77c zeigt Pflugschar- und Danforth-Anker friedlich nebeneinander an Bugkorb und Laufplanke. Bei der sehr

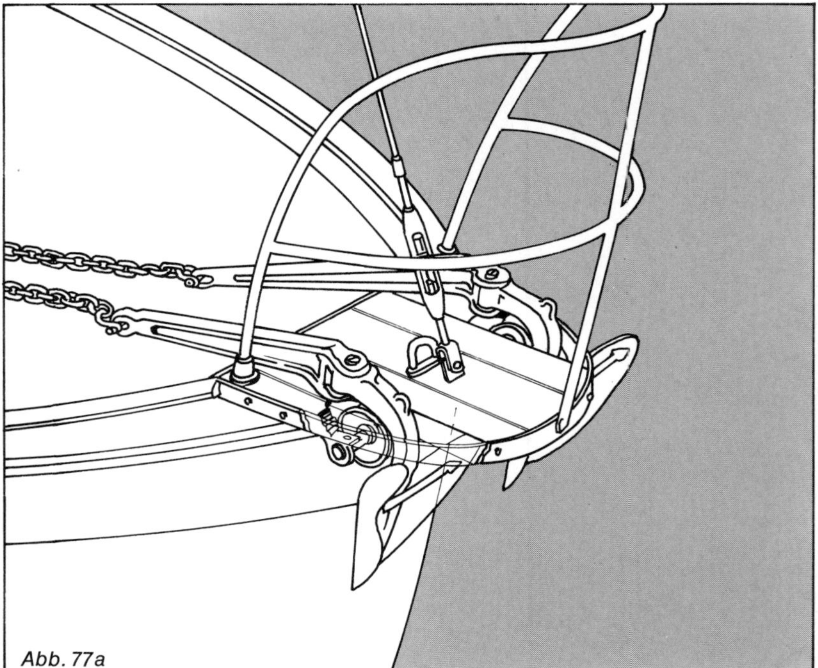

Abb. 77a

schweren Anlage in Abb. 77d (für größere Fahrtenyachten) ragt der Pflug nicht über den Bugspriet nach vorn hinaus, kann also (beispielsweise bei einem verkorksten Anlegemanöver) weder Schaden nehmen noch anrichten. Bevor man den Anker aus dem Ruhehaken nehmen kann, muß man aber die Kette etwas fieren.

Der Vorteil aller dieser Halterungen: Weder beim Ankern noch beim Ankerlichten muß der Pflugscharanker in die Hand genommen werden. Er nimmt diese Stauposition beim Holen der Leine selbst ein, und er fällt sofort, wenn man den Schaft nur einige Zentimeter anschiebt und die Kette ausrauschen läßt.

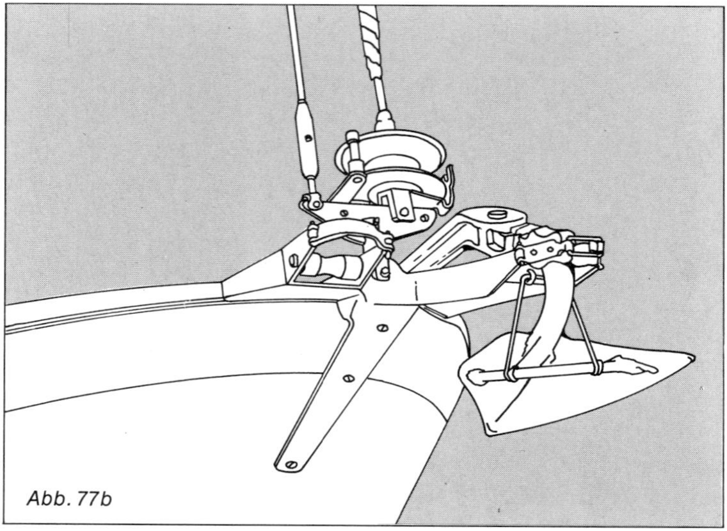

Abb. 77b

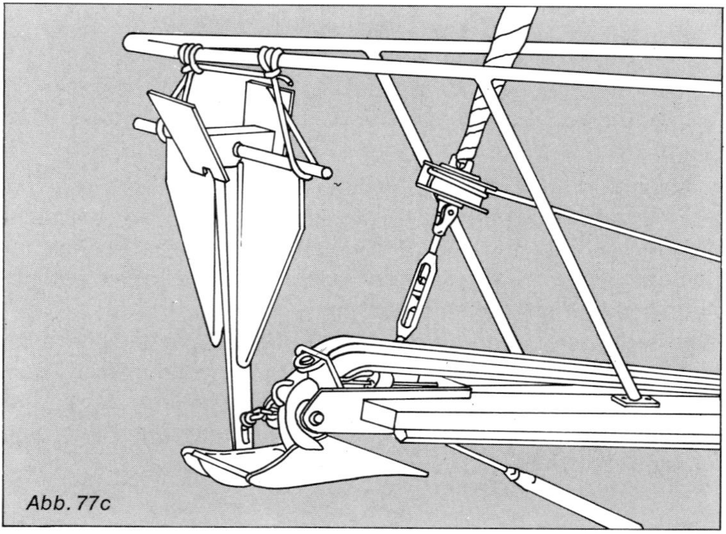

Abb. 77c

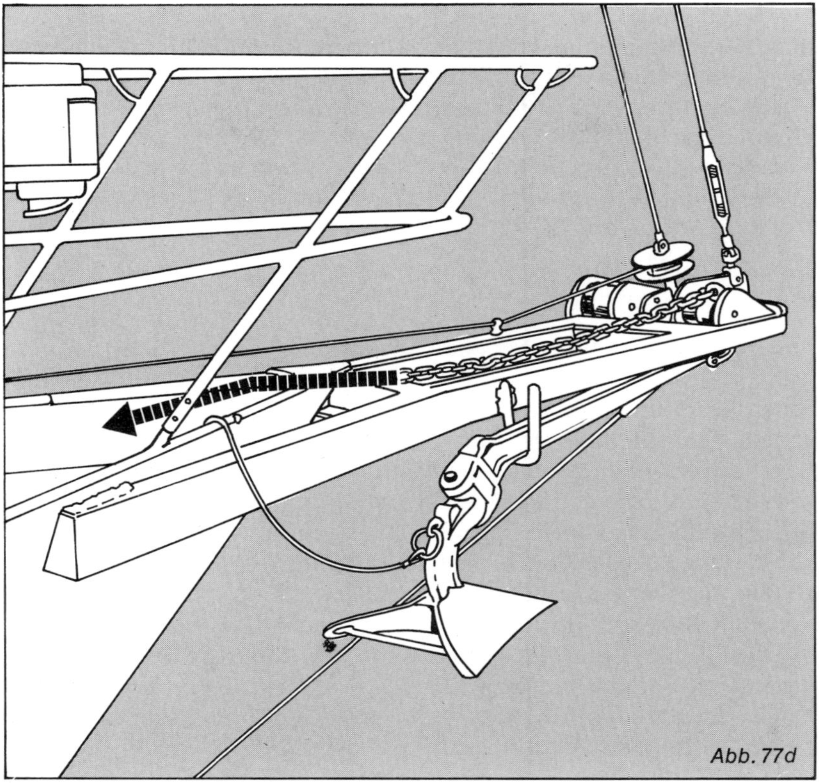

Abb. 77d

Seriengefertigte Bugankerrollen

Glücklicherweise werden jetzt auch Ankerrollen in Serie gefertigt, damit ein Buganker jederzeit einsatzklar gefahren werden kann. Ein solcher Beschlag hält den Anker unterwegs und auch beim Eintauchen des Vorschiffs in die See sicher fest. Löst man die Sperrvorrichtung am Ankerplatz, dann klappt sich der vordere Teil des Rollenbeschlags beim ersten

Fieren von Kette oder Trosse nach unten. Der Anker fällt, und die Trosse oder Kette rollt über mehrere hintereinander liegende Rollen sicher ab. Beim Einholen der Kette klappt die Rolle zum Schluß wieder in ihre waagerechte Position und bringt dabei den Anker selbst in seine seefähige Ruhelage. Die Abb. 78a–c zeigt eine solche Ankerrolle für einen Pflugscharanker bis 17 kg Gewicht in Ruhelage sowie in abgeklappter Position. Ausführung in Edelstahl durch die dänische Firma Hansen und Moos, Blomstergade 32–38, 6400 Sonderburg, Dänemark. Preis 660,– DM.

Andere Stauräume für Anker und Zubehör

Jollen müssen notgedrungen mit dem wenig effektiven Klappdraggen vorlieb nehmen, weil sich nur dieser Ankertyp auf dem begrenzten Raum eines kleinen Bootes seemännisch sicher verstauen läßt. Sie müssen hierfür auch einen Platz finden, wo der relativ schwere Anker den Trimm des leichten, oft krängenden Bootes nicht verändern kann, wo er so tief wie möglich liegt und nicht nur rutschfrei aus dem Wege, sondern notfalls auch schnell griffbereit zur Hand ist.

Abbildung 78d zeigt die Halterung an der Vorderkante des Mastfußes (A) mit zwei Gummistropps oben und unten. Die Rolle für die Ankerleine ist davor oder darüber befestigt (vgl. Abb. 84), so daß das Ankergeschirr immer einsatzklar ist – notfalls auch, wenn es gilt, ein gekentertes Boot gegen Vertreiben zu sichern.

Der tote Raum im Bug, seit jeher fast nur als Tauwerks- oder Kettenkasten ausgenutzt, läßt sich auch als kombinierter Lagerraum für das Ankergeschirr bauen (Abb. 79). Er hat viele Vorteile: Alles Geschirr (einschließlich Boje und Bojenleine, die hier absichtlich nicht mit eingezeichnet wurden), liegt so dicht wie möglich an dem Platz, wo man es benutzen muß, ohne daß der Decksraum eingeengt wird oder Stolperfallen gelegt sind. Öffnet man die standfeste Klappe nach achtern, dann kann man zwar Anker und Trosse auf kürzestem Wege über die Stevenrollen ins Wasser geben, aber wenn sich der Verschluß im Seegang

Abb. 78a

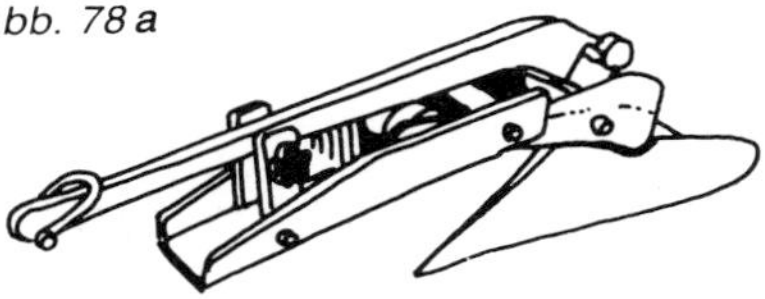

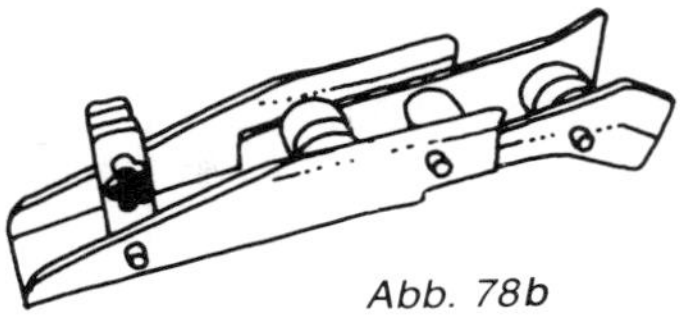

Abb. 78b

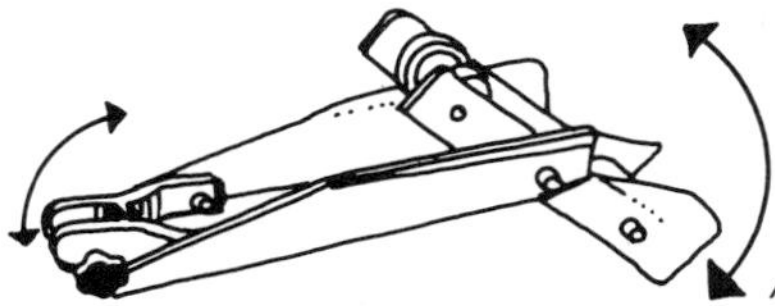

Abb. 78c

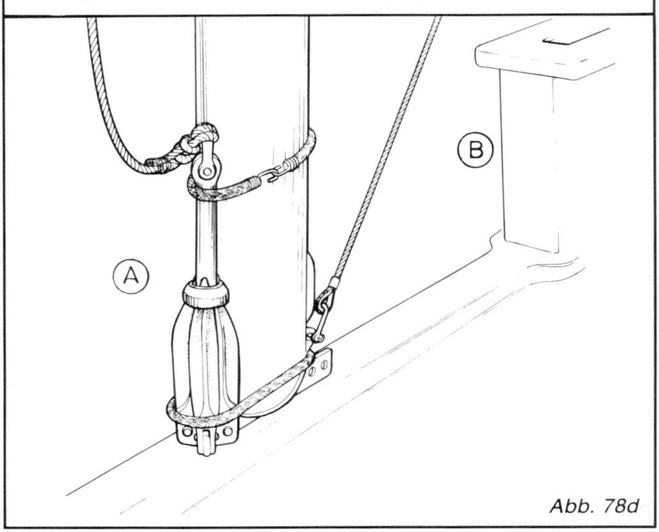

Abb. 78d

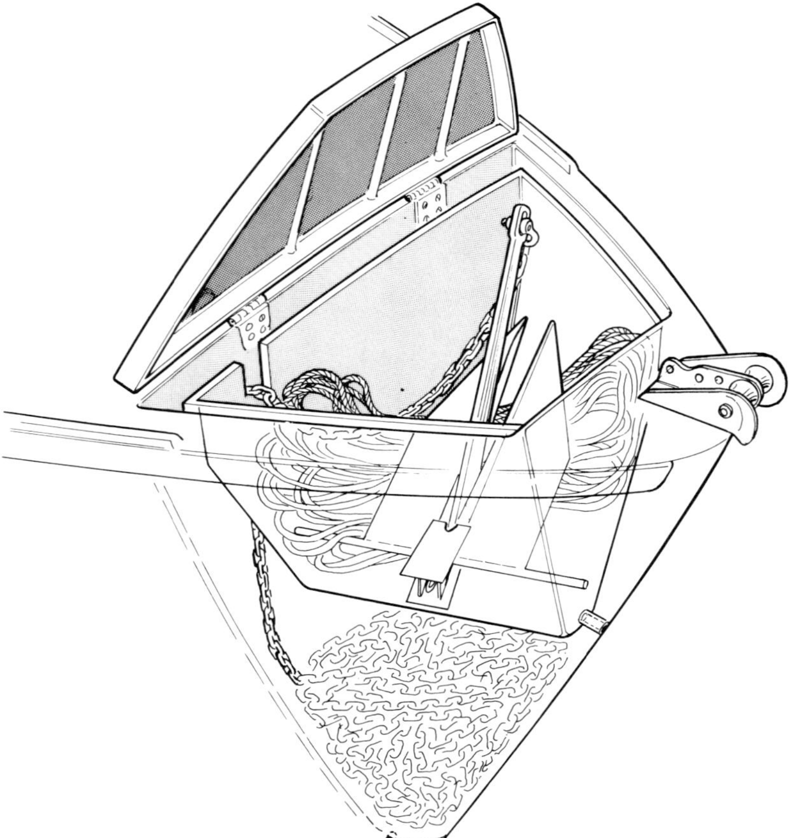

Abb. 79

selbsttätig öffnet, hebt sich die Klappe und kann abreißen. Wenn die Scharniere auf der (zwar kürzeren) Vorderkante befestigt sind, kann man besser an den Stauraum-Inhalt gelangen; auch ist der Weg zum Poller kürzer, an dem ja Leine oder Trosse während des Ankerns belegt werden müssen – aber beim Ankerlichten läßt sich nicht alles Geschirr so schnell und praktisch wieder verstauen. Da stellen vielleicht die runden Henderson-Luken, die sich durch einen wasserdichten Dekkel und durch Hebelwirkung schnell und sicher verschließen lassen, einen Kompromiß dar – wenn auch dann der Verschlußhebel störend über Deck liegt.
Der Stauraum selbst besteht aus zwei getrennten Teilen mit Süll und doppeltem Wasserablauf. Im oberen Kasten sind (je nach Größe) ein Danforth- oder Pflugschar-Anker (vgl. Abb. 74) und die Ankertrosse untergebracht, die entweder im Kasten oder vorher an Deck aufgeschossen werden kann, während darunter der Kettenkasten mit der Ankerkette liegt, die sich allein staut. Man kann jetzt den Anker wahlweise mit Kette oder Trosse verbinden, je nachdem, ob man nur kurzzeitig bei leichtem Wetter oder längere Zeit und unter harten Bedingungen vor Anker gehen will. Ein einfacher, pilzförmiger Stopper am Ende der Ankerkette schützt davor, die Kette ausrauschen zu lassen; dieser kleine Beschlag klemmt sich dann in die Ausnehmung des zweiten Kastens und stoppt das Ende der Kette ab. Durch die beiden Stevenrollen kann sowohl der Haupt- wie der Reserveanker über einen sicheren und scheuerfesten Beschlag laufen.
Ein solcher Stauraum mit Vorluk darf nicht größer sein als der Inhalt, damit unser Boot (wenn der Lukendeckel wegschlägt) nicht buglastig wird und unterschneidet. Der Raum muß nach achtern mit einer Art Kollisionsschott stoßfest und wasserdicht gesichert sein; die getrennte Entwässerung über Speigatten nach außenbords muß gut funktionieren und für ein sofortiges und schnelles Lenzen des eingedrungenen Wassers sorgen.
Ein solcher Stauraum für die Ankerkette kann auch durch ein nicht ganz bis zum Deck reichendes Süll von achtern zugänglich bleiben, auch wenn dann Feuchtigkeit in das Vorschiff dringen kann und eine Ge-

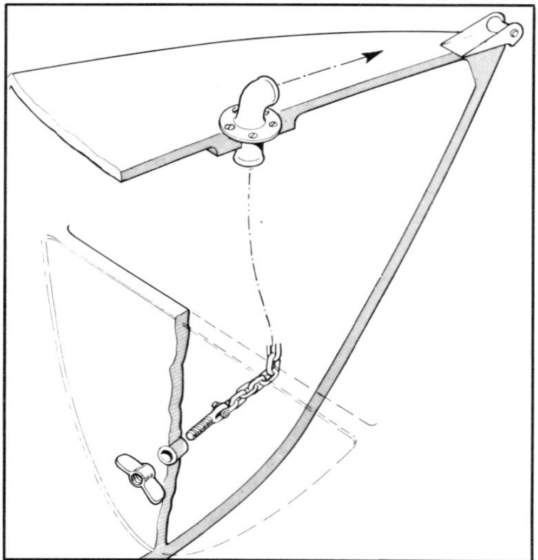

Abb. 80

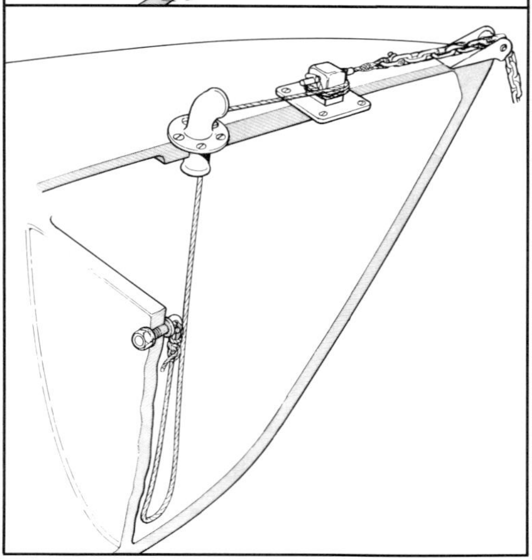

Abb. 81

ruchsbelästigung der moorigen Ankerkette nicht zu vermeiden ist. In jedem Falle sollte der Endpunkt der Ankerkette schnell zu lösen sein, damit man den Anker im Gefahrenfalle slippen kann. Abbildung 80 zeigt einen Gewindebolzen mit einer Flügelmutter, die in Reichweite der Crew liegt und so weitreichende und breite Flügel hat, daß auch ein Kind oder eine Frau genügend Kraft aufwenden können, um diese Verbindung aufzudrehen.
Wer Kette sparen will, kann auch diese Verbindung vom Kettenkasten bis zur Stevenrolle aus Fasertauwerk wählen (Abb. 81): Dann reicht die

Abb. 82

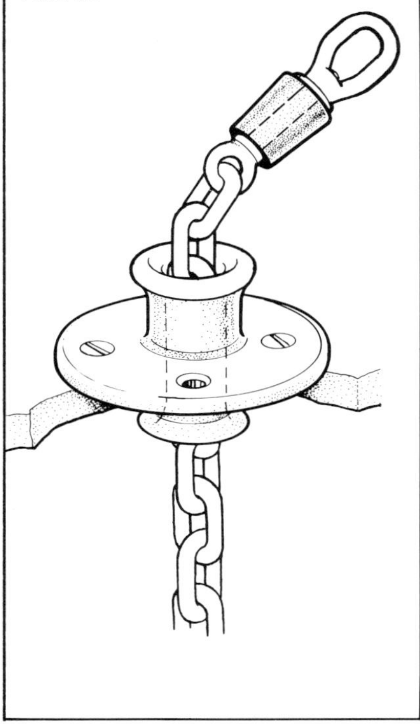

Abb. 83

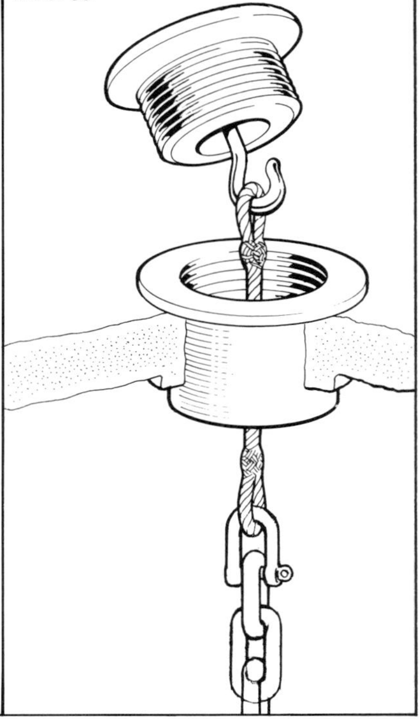

Kette vom Anker bis über den Steven an Deck und damit über alle Bereiche, die schamfilen können oder wo das Gewicht der Kette nützlich ist. Zum Belegen am Poller leistet das Tauwerk (mit gleicher Haltekraft) jedoch dieselben Dienste, und von dort bis in den Kettenkasten hängt ohnehin ein nutzloses Stück des Ankergeschirrs.
Wer seine Ankerkette noch in einen allseitig geschlossenen Kettenkasten führt, hat immer Ärger mit dem Kettendurchlaß, durch den das überkommende Wasser läuft. Zwischen den einzelnen Gliedern bleibt immer genug Raum, um auch den Regen einzulassen, und auch wenn Speigatten dafür sorgen, daß das Wasser wieder in sein Element zurückfließt, bleibt doch das Ärgernis mit der Korrosion der Eisenteile, die ständig in der Feuchtigkeit liegen. Da hilft ein Augbolzen, der mit dem letzten Kettenglied verschweißt wird und der durch ein Stückchen Kork, Styropor, Gummi oder ein anderes Dichtungsmittel führt, das die Form eines Konus erhält und genau in den Kettendurchlaß paßt (Abb. 82). Wer sich scheut, an die Ankerkette und zwischen Anker und Kette einen zusätzlichen Beschlag zu stecken, kann auch das vorletzte Kettenglied mit Kunststoff ummanteln und diesem Mantel die Form des hier gezeigten Konus geben, der den Kettendurchlaß in gleicher Form abschließt.
Am besten ist jedoch ein einfacher Schraubverschluß (Abb. 83) im Deck, an dessen Unterseite ein Wirbelhaken befestigt ist. Hier wird das letzte Kettenglied angehängt, wenn der Anker abgesteckt ist und die Kette verstaut werden soll.

Wohin sonst noch mit der Ankertrosse?

Wir hatten schon die Tautrommel genannt (Abbildung 84; siehe Abb. 85), um die Ankertrosse platzsparend und doch einsatzbereit unterzubringen. Auf einer solchen Rolle mit Handgriff kann man (je nach Größe des Platzes und Durchmesser der Trommel) eine sehr lange Ankerleine unterbringen – nur der Durchmesser des Tauwerks muß in einem richtigen Verhältnis zum Durchmesser der Tautrommel stehen. Diese Rolle kann auf Jollen unter dem Vordeck, auf kleinen Motorbooten oder kleinen

Segelyachten auch unter dem Seitendeck im Bereich der Plicht liegen. Die Ankerleine läuft dann von hier aus über Deck, und man kann auf kleinen Booten auch den Anker lichten und die Leine holen, ohne auf dem ohnehin kaum begehbaren Vorschiff herumturnen zu müssen.

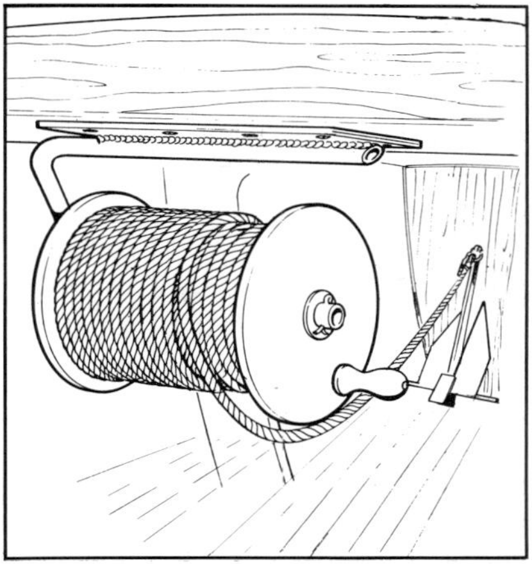

Abb. 84

Sehr gut eignen sich für den gleichen Zweck (und in dieser Form auch mit einer vorteilhaften Mehrzweckaufgabe) die Rettungsrollen „Speedymat" der Firma Harald Rühl OHG, Peuter Elbdeich 21, 2000 Hamburg 28, die zur Rettung eines Überbordgefallenen serienmäßig mit einer 6 mm dicken Schwimmleine von 490 daN Reißfestigkeit ausgerüstet sind. Man kann diese Rollen (Abb. 85a und 85b) auch wahlweise mit einer Ankertrosse entsprechend höherer Reißfestigkeit erwerben oder sich die entsprechende Seenotausführung mit Ankertrossenbestückung bestellen. Derzeit werden auf einer Trommel mit 140 mm Scheibendurchmesser angeboten:

Tauwerk 8 mm Dicke = 65 m Länge
Tauwerk 10 mm Dicke = 44 m Länge
Tauwerk 12 mm Dicke = 30 m Länge
Tauwerk 14 mm Dicke = 22 m Länge.

Für die speziellen Zwecke des Liegens mit Heckanker hat die Firma eine Tautrommel gleicher Länge, aber mit einem größeren Durchmesser von 210 mm herausgebracht, auf die sich aufspulen lassen:

Tauwerk 12 mm Dicke = 70 m Länge
Tauwerk 14 mm Dicke = 50 m Länge
Tauwerk 16 mm Dicke = 40 m Länge

Die Trommeln können, wie die Abbildungen zeigen, wahlweise in den Heckkorb gehängt bzw. auf passenden Relingfüßen montiert werden.

Auf größeren Booten kann man die Ankertrosse (gegebenenfalls in zwei getrennten Längen) auch unter Deck im Vorschiff und/oder an der Kajüt-Vorderwand, d. h. an jedem beliebigen, aber gut erreichbaren Platz an einer speziellen Lager-Klampe aufbewahren (Abb. 86): Ihr Steg ist höher, um mehr Törns aufnehmen zu können, und ihre Flügel sind nach oben schwenkbar. Zum Verstauen legt man die Törns der Leine rund um die waagerecht liegenden Arme, und wenn man schnell die Trosse zum Ankern abnehmen will, klappt man einfach die beiden Flü-

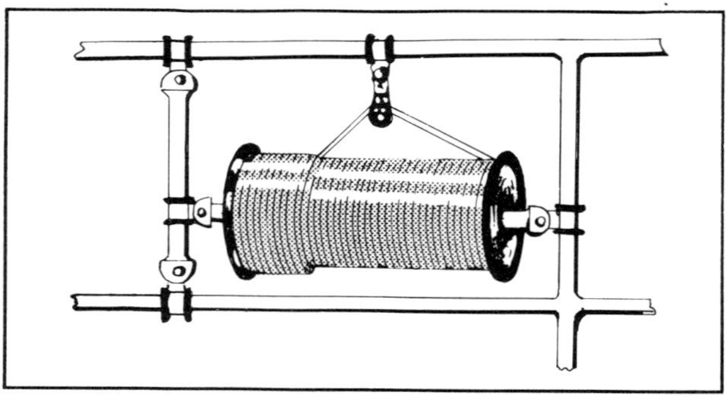

Abb. 85 a

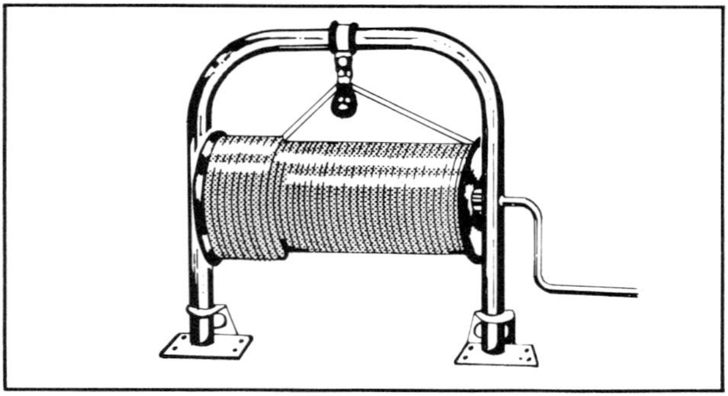

Abb. 85 b

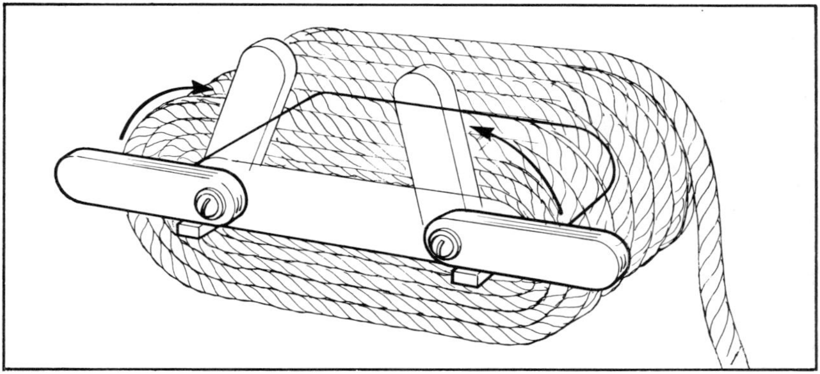

Abb. 86

gel nach oben und stellt sie senkrecht. Dann kann man die aufgeschossene Leine mit einem Griff abnehmen und sie an jedem beliebigen Platz einsetzen. Sie ist immer klar zum Auslaufen, besonders wenn der Tampen (mit eingespleißter Kausch und Schäkel) gesondert an einem Haken daneben befestigt ist.

Ordnung an Bord ist gleichermaßen Bequemlichkeit und Sicherheit. Auch ein Ankermanöver ist nur dann problemlos, wenn alle Teile des Ankergeschirrs schnell zu erreichen und jederzeit einsatzklar sind.

Das richtige Ankermanöver

Unser Ankermanöver beginnt nicht erst mit dem Fallen des Ankers, sondern mit zahlreichen Überlegungen weit vor dieser seemännischen Arbeit. Der Schipper muß sich zuerst seine Gedanken über den zu wählenden Platz und dann über den Ablauf des Manövers im einzelnen machen. Der Helfer auf dem Vorschiff kann sich dazu auf das Klarmachen des Ankergeschirrs und die Vorbereitung des seemännischen Teils konzentrieren.

Die Wahl des richtigen Ankerplatzes

Der Ankerplatz soll unserem Boot einen ruhigen Aufenthalt bieten. Er soll gegen Wind und Seegang geschützt sein, natürlich auch bei einer zu erwartenden Winddrehung oder bei einem unerwarteten Umspringen des Windes. Die Wassertiefe auf unserem Ankerplatz muß dem Ankergeschirr entsprechen, das unser Boot mitführt, und der Grund muß die beste Haltbarkeit des Ankers gewährleisten. In Gezeitenrevieren muß auch die Höhe der Tide zum Zeitpunkt des Ankerns und die Änderung des Wasserstandes bei Ebbe oder Flut berücksichtigt werden, während auf Binnenrevieren hygienische oder ästhetische Gesichtspunkte für die Wahl des Wassers am Ankerplatz eine Rolle spielen können.
Der Sportschipper wählt seinen Ankerplatz nach folgenden Gesichtspunkten aus:

Die herrschende Windrichtung;
die Beschaffenheit des Ankergrundes;
die gemessene und die mögliche Wassertiefe;
die zu erwartende Drehung des herrschenden Windes;
der mögliche Fluchtweg bei erwarteter oder unerwarteter Richtungsänderung des Windes.

Man ankert (außer in Notfällen) im allgemeinen nur bei ablandigem Wind. Die Küste liegt also in Luv des Ankerplatzes, und das Boot ankert in einem möglichst wirksamen Windschatten. Dabei ist jedoch ein hohes Ufer oder eine Steilküste (Abb. 87) nicht vorteilhaft, wie uns bereits die Abbildung 3 mit der Abnahme der Windgeschwindigkeit in Abhängigkeit von der Höhe der Küste gezeigt hat. Je höher die Küste in die Windbahn des ungebremsten Höhenwindes hineinreicht, desto kräftiger stoßen die Fallböen unmittelbar am Steilufer entlang nach unten und desto mehr weht es an unserem Ankerplatz.
Eine flache Küste (Abb. 87, Pos. A), auch mit Büschen oder Waldstreifen (vgl. Abb. 4), gewährt uns eine viel bessere und wirksamere Windab-

Abb. 87

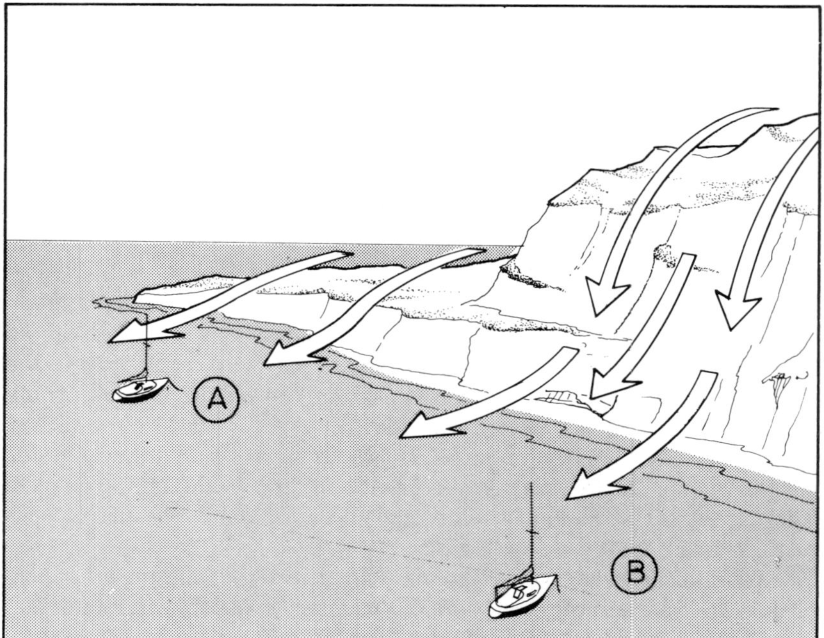

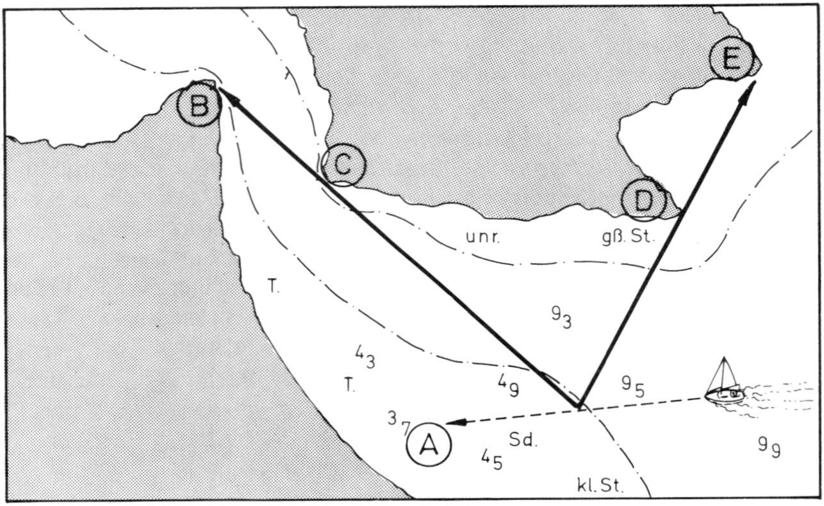

Abb. 88

deckung, so daß wir dieser Küstenformation den Vorzug geben, wenn wir zwischen beiden (Abb. 87, Pos. B) einen Ankerplatz auswählen können.

Nicht immer haben wir bei der Suche nach einem Ankerplatz die große Auswahl der unterschiedlichen Grundbeschaffenheit, wie wir sie in Abbildung 19 besprachen. Aber jedes Revier wird uns „gute“ und „schlechte“ Gründe bieten, wenn wir einen Ankerplatz suchen. Abbildung 88 zeigt uns das Revier, auf dem wir ankern wollen: Ton, Sand, unreiner Grund, kleine und große Steine auf dem Meeresboden bieten sich in dieser Einfahrt als Ankergrund an; die Wahl fällt uns nicht schwer: Wir entscheiden uns für Ton und/oder Sand bei einer Windrichtung aus Süd, West oder Nord.

Um diesen ausgewählten Ankerplatz A anzusteuern, auf dem wir gleichzeitig eine Wassertiefe von 4–5 m erwarten, müssen wir loten. Wer kein Echolot an Bord hat, muß mit dem Handlot arbeiten. Damit der

Vordecksmann nicht zu früh mit dem Loten beginnen muß, suchen wir den Zeitpunkt des Lotens in Verbindung mit einer Wassertiefe zu bestimmen, bei der die ermittelten Werte für uns bereits wertvoll werden und das mehrmals notwendige neuerliche Aufschießen der Lotleine nicht mehr so lange dauert. Auf unserem Kurs zum Ankerplatz A überlaufen wir die 5-m-Linie, wenn sowohl die Steuerbord voraus liegenden Landspitzen B und C in Deckung liegen als auch die Huk D Steuerbord achteraus genau in Deckung der dahinter liegenden Huk E peilt. Dabei erhalten wir gleichzeitig einen grob über den Daumen gepeilten Schiffsort, um den richtigen Kurs zum Ankerplatz noch einmal kontrollieren zu können.
Von diesem Punkte aus laufen wir mit langsamer Fahrt, bereits geborgenem Vorsegel oder mit aufgefierten Schoten, damit der Vorschotmann das nach voraus und in Fahrtrichtung geworfene Lot (Abb. 89) nach dem Steifkommen der Lotleine in Höhe des Bugkorbs besser ablesen kann. Bekanntlich ist unsere Lotleine von 2 m : 2 m gemarkt (Abb.

Abb. 89

Abb. 90

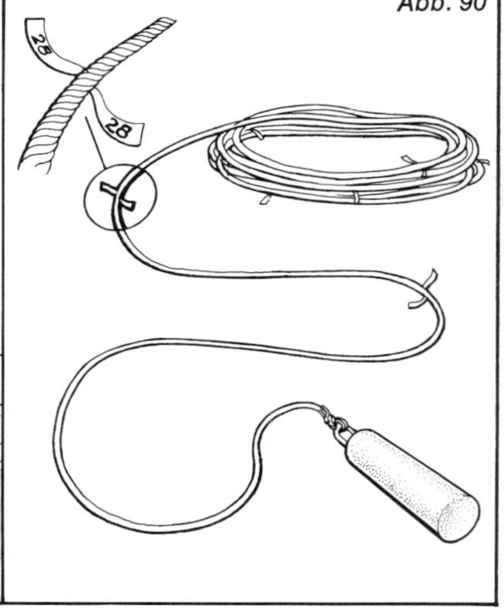

90), um die Tiefe von Meeresboden bis Wasserspiegel schnell und mit einem Blick erkennen zu können.
In unbekannten Gewässern oder wenn der ungünstige Maßstab der Seekarte keine genaue Prüfung der Wassertiefen bis dicht unter der Küste zuläßt, kann auch die Uferformation einen Anhaltspunkt für die zu erwartende Wassertiefe und die Beschaffenheit des Grundes geben. Bei einer Steilküste (Abb. 91) und hohen Felsen fällt auch die Wassertiefe in Küstennähe erfahrungsgemäß schnell ab, und der Grund ist – wie das Ufer – felsig und steinig. Bei einer flachen Küste mit Wiesen, Wald oder Sandstrand erfolgt der Übergang vom flachen Ufer in tiefes Wasser genau so gemächlich wie der Wechsel vom Land zum Meer.
Auch wenn man (im Gefahrenfalle) bei auflandigem Wind ankern muß, bevorzuge man einen flach ansteigenden Sandgrund (Abb. 92 A), weil hier die (schädliche) Wellenhöhe und die Seegangsbelastung wesentlich geringer sind als wenn die See ungehindert auf tiefem Wasser (B) bis dicht unter die Küste laufen kann. Bei der gleichen Länge der Ankertrosse bzw. Ankerleine, die wir ausgeben können, erhalten wir im Falle A ein sehr günstiges Verhältnis von Leinenlänge zu Wassertiefe von mehr als 6 : 1 (über das wir im Kapitel „Die Sicherheit am Ankerplatz" noch ausführlich sprechen werden), im Falle B ein viel ungünstigeres von kaum 3 : 1.
Eine nach der Wetterlage zu erwartende Winddrehung ist besonders für die Auswahl unseres Ankerplatzes entscheidend, wenn unser Boot für längere Zeit an dieser Stelle bleiben soll – z. B. im Havariefall, zum Wechsel der Besatzung oder sogar zum mehrtägigen Überliegen ohne Crew zwischen den Segeltagen von zwei Wochenenden. Abbildung 93 zeigt die Ankerbuchten A, B und C, die sich für ein solches mehrtägiges Überliegen als Ankerplätze anbieten könnten. Ufer- und Grundformationen sind gleich, und wenn der Wind flau oder die „Ruhe vor dem Sturm" herrscht, fällt dem Schipper die Entscheidung schwer. Helfen wir ihm bei der Wahl:
Bekanntlich drehen die Winde links herum in ein Tief hinein. Der Ankerplatz A ist der günstigste, wenn das angekündigte Tief seine Zugbahn nördlich unseres Ankerplatzes von West nach Ost nimmt: Der Wind

Abb. 91

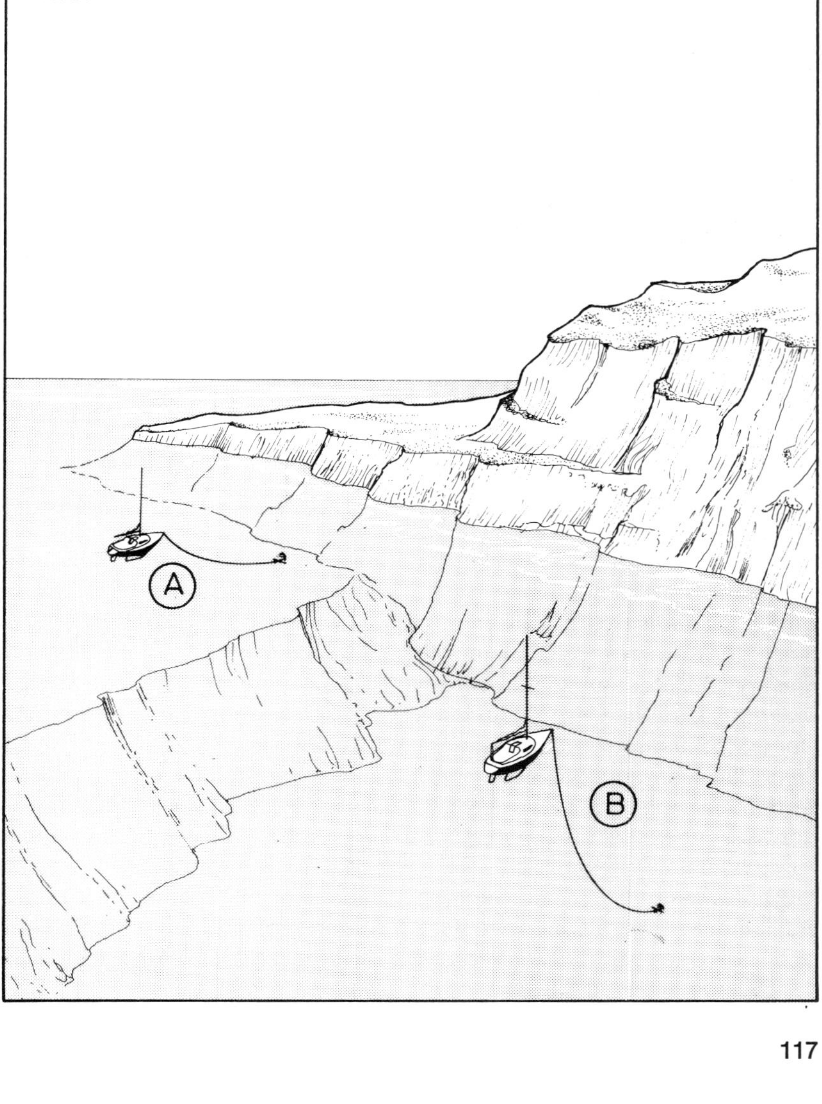

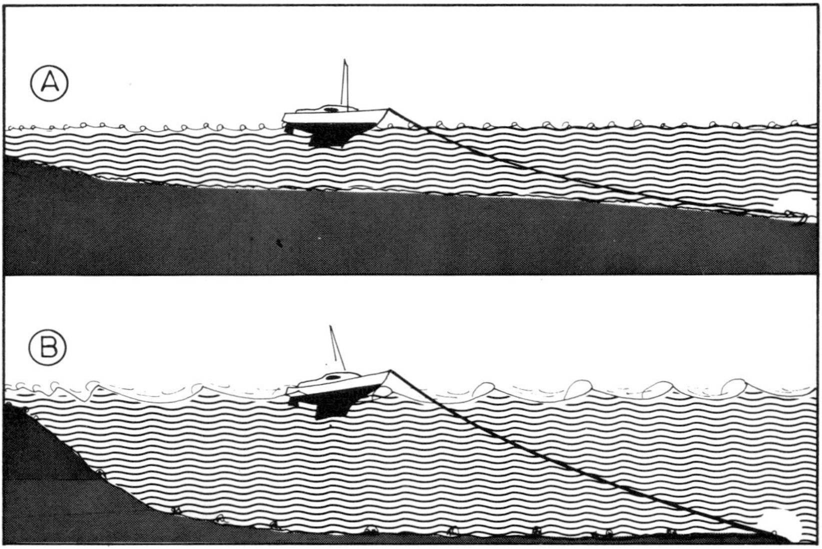

Abb. 92

wird dann von Südwest über West nach Nordwest drehen, und immer wird er ablandig über unseren Ankerplatz wehen.
Sucht der Kern des Tiefs seinen Weg südlich unseres Ankerplatzes von West nach Ost, dann sollten wir uns für den Ankerplatz B entscheiden, weil dann der Wind von Südost über Ost nach Nordost dreht und er nur hier auf seiner ganzen Zugbahn ablandig weht.
Zieht das Tief hingegen östlich von uns von Süden nach Norden, dann ist der Ankerplatz C besser: Wir werden mit Winden von Nordost über Nordwest nach West rechnen müssen, wobei der Ankerplatz A zeitweise auf Leegerwall liegt.
Nichts ist gefährlicher, als wenn ein Seekreuzer auf seinem Ankerplatz auf Legerwall gerät und sich (ohne Motorhilfe) mit Segelkraft allein nicht mehr gegen Wind und Seegang freikreuzen kann. Auch hier muß der Schipper vorausdenken, wenn er zwei scheinbar gleichwertige

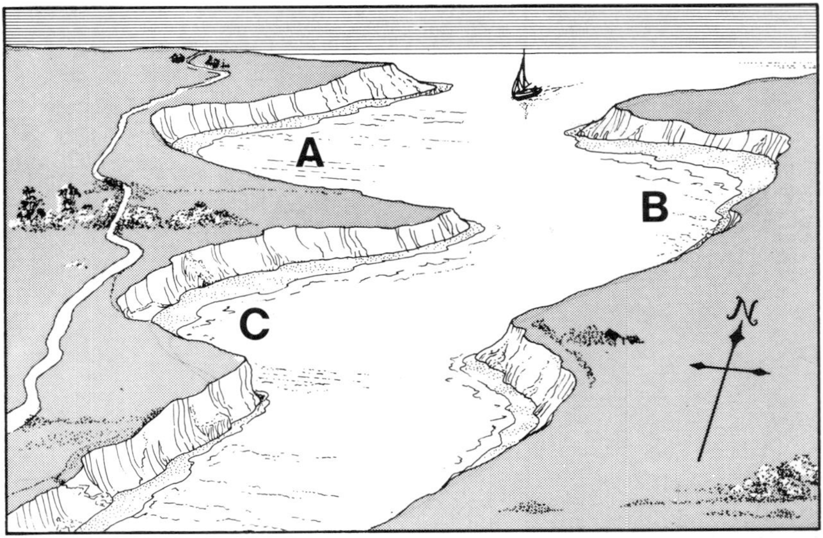

Abb. 93

Buchten zur Auswahl hat, in denen er bei westlichen Winden (W 1), die auf Nordwest (W 2) drehen, vor Anker gehen will. Bucht A scheint einen sicheren Ankerplatz zu verheißen, der Bucht B überlegen ist – aber der Schein trügt (Abb. 94):

Wenn der Wind nicht, wie erwartet, nur bis auf Nordwest, sondern unerwartet weiter auf Nordost (W 3), Ost (W 4) oder gar Südost (W 5) dreht, dann gibt es aus der Bucht A kein Entweichen: Nur bei westlichen Winden kann man auf Kurs a schnell und sicher das freie Wasser erreichen – bei östlichen Winden sind die Kurse b–d zum Verlassen des Ankerplatzes hoch am Wind immer durch das Land abgestoppt, und der Seekreuzer erreicht auf diesen kurzen Distanzen nie die nötige Geschwindigkeit, um vorher sicher über Stag gehen zu können.

Aus der Bucht B kann er jedoch auch bei allen gefährlichen Ostwinden (W 3 – W 5) auf einem Bug mit den Kursen b–e freikreuzen, ohne daß er vor Erreichen des Ufers über Stag gehen muß.

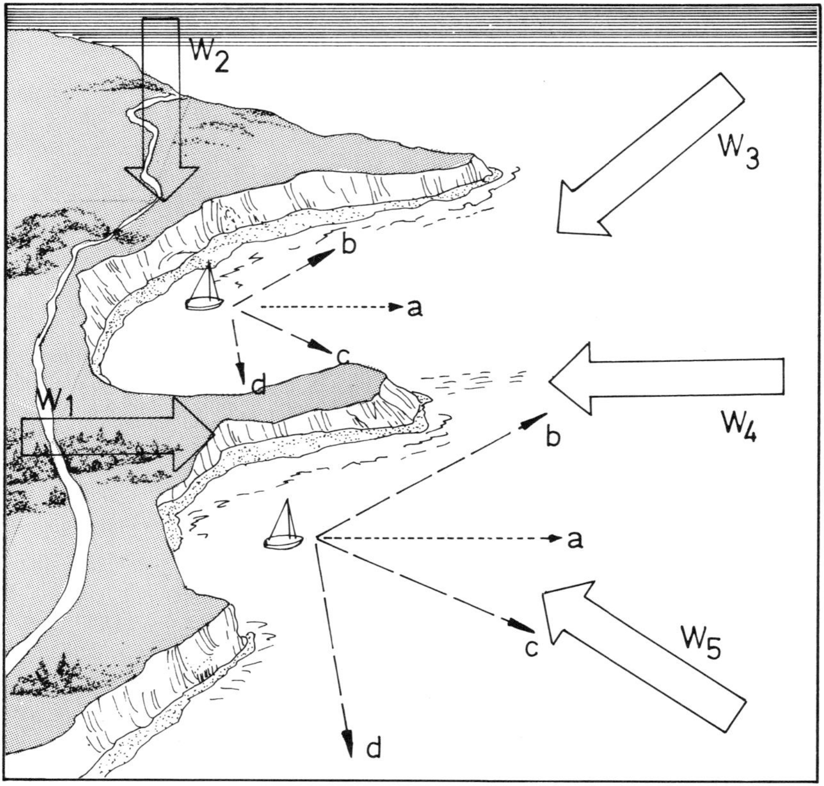

Abb. 94

Seemännische Vorbereitung des Ankermanövers

Die sichere Verankerung eines Bootes hängt nicht nur von den nautischen Überlegungen des Schippers, sondern auch von den seemännischen Vorbereitungen auf dem Vorschiff und der richtigen Arbeit des Mannes auf dem Vordeck ab. Man kann sich im Prinzip an folgendes

Schema halten (außer wenn beim Aufsuchen des Ankerplatzes noch die Stromkräfte zusätzlich zu berücksichtigen sind):

- *Vorsegel (wenn möglich) bergen!* Zum richtigen Ankern benötigt man Platz auf dem Vorschiff, und dabei ist die Fock nicht nur im Wege, sie kann auch beim Hantieren mit Anker und Kette oder Trosse Schaden nehmen oder zumindest schmutzig werden. Es ist auch gefährlich, sie auf Deck liegen zu lassen, weil man auch mit der besten rutschfesten Sohle eines Segelschuhs auf dem glatten und nassen synthetischen Tuch sehr leicht ausrutschen kann. Wenn die Fock nicht eingerollt werden kann, schlage man sie am besten ab und verstaue sie, ehe man mit den seemännischen Vorbereitungen zum Ankern auf dem Vorschiff beginnt.

  Eine erfahrene Besatzung kann zumindest die Vorbereitung des Ankermanövers auch bei gesetzter Fock beginnen, doch sollte das Boot dabei nicht hoch am Wind segeln, sondern das Vorsegel sollte auf einem Raumschotkurs mehr aufgefiert sein, damit es nicht über dem Vordeck hängt. Das Vorsegel wird dann (wenn nur gegen den Wind geankert wird) erst nach dem Ende der seemännischen Vorbereitung und unmittelbar vor dem Ausbringen des Ankers auf einer Seite geborgen.

  Beim Ankern gegen (stärkeren) Strom bleibt die Fock ohnehin stehen, und es wird statt dessen vor dem Beginn des Ankermanövers das Großsegel geborgen.
- *Lege die Ankerkette klar!* Damit der Anker schnell und ungehindert fallen kann, muß die Ankerkette oder Ankertrosse klar zum Auslaufen auf dem Vordeck ausgelegt werden (Abb. 95). Man wird nicht für die gesamte Kettenlänge Platz haben, aber wenigstens die doppelte bis dreifache Wassertiefe an Kettenlänge aus dem Stauraum herausziehen und an Deck bereitlegen.
- *Den Anker richtig anstecken!* Wichtig ist, daß das zum Anstecken des Ankers bestimmte Ende von Kette oder Trosse zuerst unter dem Bugkorb nach außen gebracht (siehe Abb. 95) und dann über den Handlauf nach oben zurück zum Deck geführt wird – sonst führt die Kette nach dem Ankern über den Bugkorb (Abb. 96), und man

Abb. 96

Abb. 95

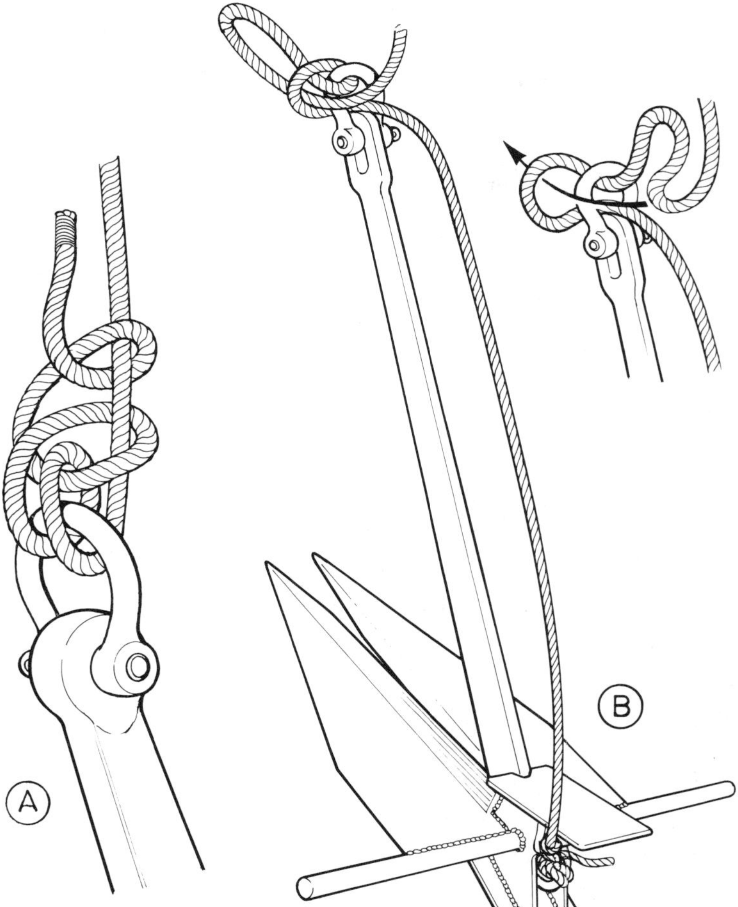

Abb. 97

hat keine Möglichkeit mehr, sie in die Stevenrolle oder Lippe zu bringen. Man steckt die Ankertrosse mit einem Roringstek (Abb. 97 A) an den Ring des Ankerschaftes und zeist (mit einem Bändsel) den Tampen des Knotens an dem holenden Ende fest. Ein Knoten kann sich so viel oder so wenig durchscheuern wie die dem Anker folgende Trosse selbst – er hält also immer, wenn er richtig gesteckt ist (allerdings mit einer möglichen Einbuße an Bruchfestigkeit von bis zu 50%). Eine Verbindung mit einem Schäkel und einer Kausch ist (zumindest gegen Schamfiling) nicht sicherer – aber der Verlust an Bruchlast beträgt beim Spleiß nur ca. 5%.

- *Auch die Tripleine anstecken!* Zur Vorbereitung des Ankermanövers gehört auch das Anstecken der Bojenleine an Kreuz oder Krone des Ankers und die Verbindung des freien Endes mit der Ankerboje, wie wir es noch ausführlicher besprechen werden. Wer ohne diese Sicherheitsvorrichtung zum Aufholen eines unklar gekommenen Ankers arbeiten will oder muß, kann auch die Ankerleine an der Krone eines Leichtankers anstecken (Abb. 97 B) und sie dann am Schaft entlang zum Ring führen, wo eine leichtere slipbare Verbindung hergestellt wird. Sie hält so lange und fest genug, wie die Zugrichtung entlang des Ankerschaftes wirkt, und wird am Schaftende geslipt, wenn man beim Versuch, einen verklemmten Anker zu lichten, den Schaft hebt, die Leinenverbindung löst und dann entgegen der bisherigen Zugrichtung die Flunken über die Krone zur anderen Seite herauszuziehen versucht.
- *Belege die Trosse richtig!* Vor dem Ausbringen des Ankers muß die Ankerleine an ihrem Poller belegt werden, damit sich der Vordecksmann beim Fieren des Ankers nicht um das Abstoppen der Trosse kümmern muß und sich auf das Eingraben des Ankers im Grund konzentrieren kann. Bei diesem Belegen muß das ins Wasser auslaufende Ende unten, und die Törns der Leine, die aus dem Stauraum kommen, müssen oben liegen (Abb. 98). Nur so kann man, wenn Zug auf der Trosse liegt, ungehindert mehr Leine stecken oder auch (bei zu langer Trosse) die Lose durchholen. Anderenfalls würden die Törns der auf Zug stehenden Leine die Arbeit am Poller

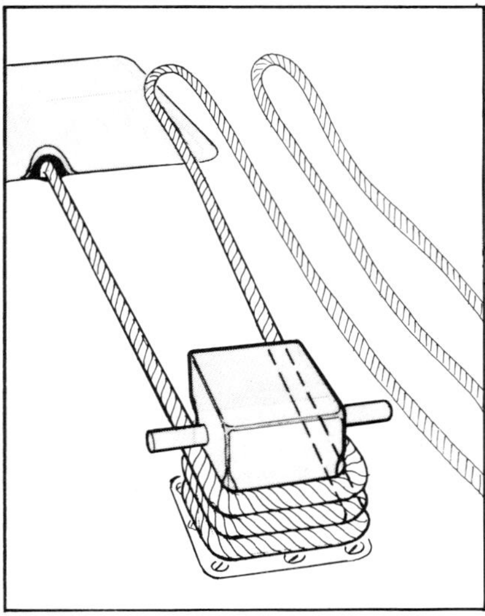

Abb. 98

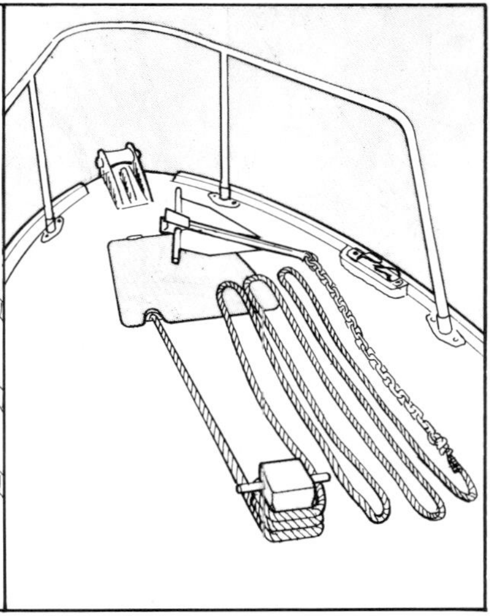

Abb. 99

blockieren (Abb. 99). Die sicherste, schnellste und am leichtesten lösbare Verbindung einer Kette mit dem Endpunkt an Bord ist ein Kahnschiffertörn mit einem Auge unter der Kette hindurch und über den Poller (Abb. 100).

Dieser Törn mit der Ankerkette kann genau so einfach mit einer dikken Ankertrosse geschlagen werden, als „Pollerknoten". Ob glatter Poller oder Kreuzpoller, man legt zwei bis drei Törns um ihn (Abb. 101), holt dann die lose Part als Bucht unter der Leine hindurch und legt diese Bucht über den Poller (A). Bei synthetischem Tauwerk von geringem Durchmesser kann man nach der ersten Bucht auch noch eine zweite legen und diese in gleicher Form ebenfalls über den Poller bringen – doppelt hält besser! Die Lose wird dann anschließend durchgeholt (Pos. B). Die Trosse, die sich leicht hantieren läßt, oder die Kette, die viel sperriger ist, halten jetzt bombenfest. Wie schwer auch immer der Zug ist und wie lange er auch andauert – es ist

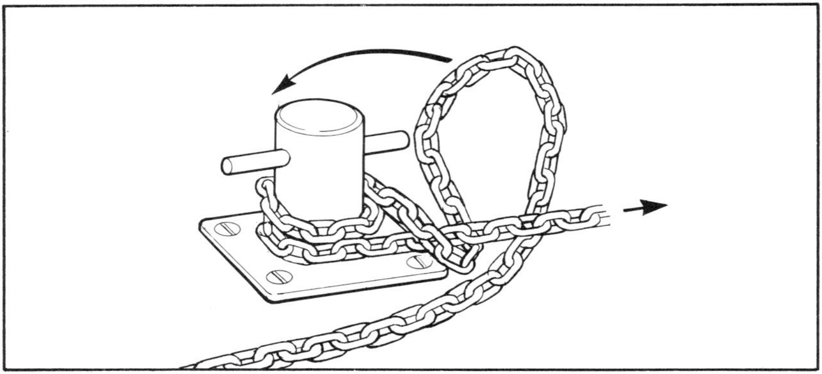

Abb. 100

jederzeit möglich, die Befestigung am Poller wieder ganz zu lösen oder auch nur die letzte Bucht abzunehmen und Hand über Hand der belasteten Leine mehr Lose zu geben, wenn es notwendig ist.

Abb. 101

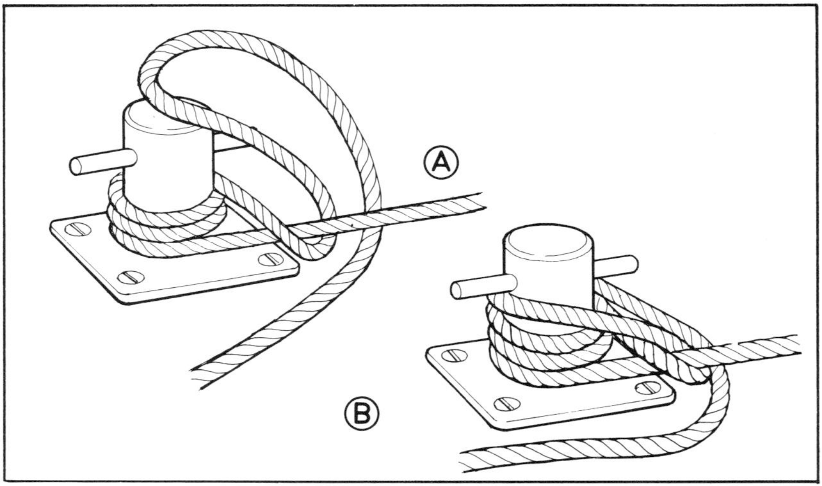

Ein Webeleinstek, in gleicher Lage angewandt, oder zwei bis drei Törns um den Poller, durch zwei halbe Schläge gesichert, ziehen sich so fest, daß man sie kaum mehr lösen kann. Wenn die Leine lange Zeit durch starken Zug belastet ist, oder wenn sie im Gefahrenfalle unter anhaltendem Zug schnell gelöst werden muß, läßt sich mit diesen beiden Knoten nicht arbeiten – da ist der Pollerknoten der Kahnschiffer, ob mit Trosse oder Kette geschlagen, einfacher und sicherer.

Der richtige Ablauf eines Ankermanövers

Auch beim Ankermanöver gilt – wie überall im Leben – die Erfahrung: Je besser die Vorbereitung, desto sicherer die Durchführung! In diesen Phasen sollte das Manöver ablaufen:

- *Bergen des Vorsegels!*
  Hier gilt sinngemäß, was ich bereits bei der seemännischen Vorbereitung auf Seite 120 gesagt hatte.
- *Fahrt abstoppen!*
  Wir hatten schon zum Loten Fahrt aus dem Boot nehmen müssen, und wenn unser Boot unter Fock allein immer noch zu schnell läuft, muß der Rudergänger mit der Großschot arbeiten, um vor dem Ankern noch langsamer zu segeln.
- *Zum Ankern aufschießen!*
  Bevor der Anker fallen kann, muß das Boot stehen, und beim Beginn des Fierens bzw. beim Fallen des Ankers muß es langsam achteraus sacken, damit sich der Anker im Grund eingraben kann. Dazu muß man vorher richtig aufschießen, in Richtung des atmosphärischen Windes liegen bleiben und in Richtung der Windachse zurücksacken (Ausnahmen von dieser Regel in „Ankermanöver unter besonderen Bedingungen"). Beachte, daß die Richtung des relativen Windes, die wir noch vor dem Andrehen spüren, nicht die Richtung des atmosphärischen Windes ist, unter der wir im Wind liegen und zurücksakken werden!

- *Der Anker fällt, wenn das Boot steht!*
  Richtiger gesagt: Man gibt ihn ins Wasser, sobald das Boot zurücksacken beginnt. Hierzu steht der Decksmann am besten im Bugkorb oder am Steven, da er hier am besten die Fahrt abschätzen und den Zeitpunkt des beginnenden Zurücksackens erkennen kann. Hierbei muß er frei von der Trosse stehen und keinen Finger in die Kette halten, weil das Eisen doch mit ziemlicher Kraft und Geschwindigkeit ausrauschen kann.
- *Erst dreifache Wassertiefe stecken und dann steifkommen lassen!*
  Wir lassen zuerst den an Deck ausgelegten Teil der Kette auslaufen und stecken dann erst Trosse oder Kette in der Weise nach, wie die Yacht achteraus sackt. Das hat zwei Gründe: Der Anker kann durch den kräftigen Zug besser fassen und sich schneller eingraben, und es kann die Kette, die man nachgibt, nicht auf den Anker fallen und ihn beim Zurücksacken durch Festhaken an Schaft oder Flunken wieder ausbrechen. Meldung an den Schipper: „Anker hat gefaßt!“, wenn die Kette steifkommt und das Boot steht.
- *Volle Kettenlänge stecken!*
  Wenn der Anker sich mit dem kurzen Ruck, den Kette oder Trosse beim ersten Steifkommen abgaben, in den Grund gegraben hat, geben wir die restliche Kette bis zum gewünschten Verhältnis von fünffacher Wassertiefe (bzw. siebenfacher Wassertiefe bei einer Ankertrosse) nach und bremsen dann das Achteraustreiben langsam, um das Ankergeschirr nicht überzubeanspruchen. Dann wird die Kette oder Trosse, wie in den Abbildungen 100 und 101 gezeigt, sicher um den Poller belegt, und wir rufen dem Schipper zu: „Anker trägt!“
- *Erst ganz zum Schluß die Segel bergen!*
  Unser Boot bleibt segelklar, bis der Anker gefaßt hat und trägt. Das Großsegel bleibt also bis zu diesem Zeitpunkt gesetzt und hängt mit losen Schoten im Wind, damit wir sofort wieder Fahrt aufnehmen können, wenn der Anker nicht faßt oder (aufgrund der Bodenbeschaffenheit) nach dem Ankern schliert.

Das Prinzip dieses Ankermanövers zeigen noch einmal die Abbildungen

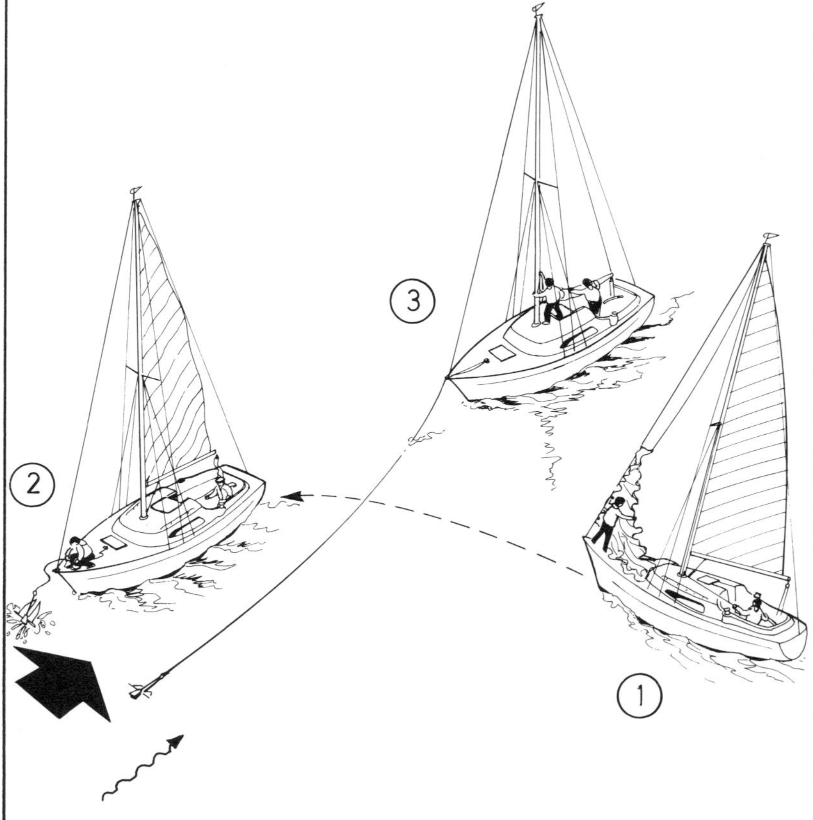

Abb. 102

102 und 103: Ist nur der Wind unser Gegner am Ankerplatz oder wirken Wind und Strom aus einer Richtung (Abb. 102), dann bergen wir (vor oder nach dem Klarmachen des Ankergeschirrs) das Vorsegel (1), schießen auf und lassen den Anker fallen, wenn das Boot gestoppt hat und zurückzusacken beginnt (2). Das Großsegel bergen wir erst, wenn der Anker trägt und das Fünf- bis Siebenfache der Wassertiefe an Kette oder Trosse ausgelegt ist (3).
Muß auch eine Wasserströmung beim Ankermanöver berücksichtigt werden und wirken Wind und Strom aus entgegengesetzter Richtung, dann kann es empfehlenswert sein, statt dessen das Großsegel zu bergen und nur unter der Fock an den Ankerplatz zu laufen (Abb. 103): Wir halten unseren Kurs viel länger mit Vollzeug durch (1) und schießen weiter in Luv unseres vorgesehenen Ankerplatzes auf (2), um das Großsegel zu bergen. Dann fallen wir ab und laufen mit aufgefierter Fockschot raumschots auf unseren Ankerplatz zu (3). Jetzt bremst uns der Strom. Wir bergen (auf diesem Kurs) das Vorsegel, wenn wir den Ankerplatz erreicht haben, und warten, bis das Boot stillsteht; diesen Zeitpunkt zu bestimmen, ist nicht einfach. Der Anker fällt, wenn das Boot Fahrt achteraus zu machen beginnt – das kann, je nach Überlegenheit von Wind- oder Stromkraft, mit dem Wind oder gegen den Wind sein. Auch für das Einrucken des Ankers im Grund und Stecken der restlichen Kette benötigt man mehr Fingerspitzengefühl und Erfahrung, weil jetzt natürlich die Gefahr noch größer ist, daß man den Anker im Grund mit der restlichen Kette zudeckt und das Boot damit unsicher verankert.
Die Position 4 wird unser Boot nur einnehmen, wenn Wind und Strom gegeneinander gerichtet sind und die Windkraft stärker ist. Wie die Ankermanöver im Detail ablaufen, zeigen die folgenden Beispiele.

Ankern bei Einhandfahrten

Auf kleinen Booten reicht die Tragfähigkeit des Vorschiffes oder der Platz auf dem Vordeck oft nicht aus, damit hier ein Mitglied der Besatzung beim Ankern stehen und mit Anker und Trosse hantieren kann.

Abb. 103

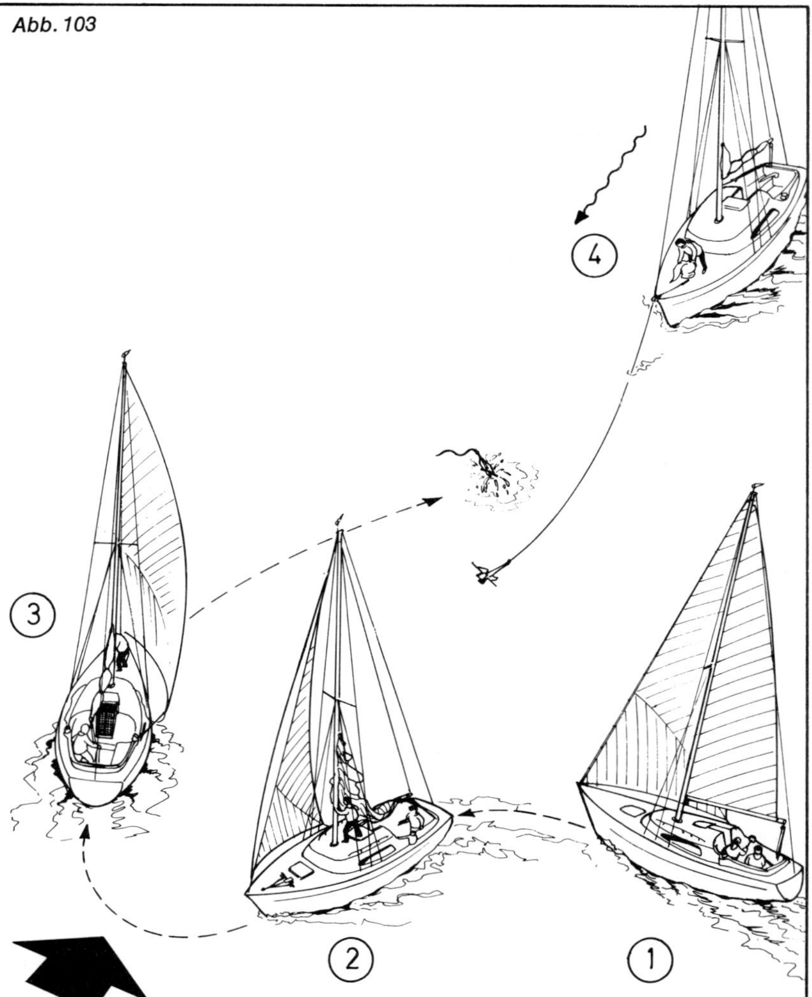

Auch wer einhand segelt (oder motort), kann sich nicht zerreißen: In der Plicht müssen Pinne, Schoten und/oder Fahrhebel bedient werden, auf dem Vorschiff muß man gleichzeitig den Anker fieren und Leine oder Kette stecken. Dann bleibt nichts übrig, als das Ankermanöver aus der Plicht zu fahren – aber auch das ist gar nicht so schwer:
Wir benötigen dazu nur einen Stahlring oder einen großen, kräftigen Schäkel, den wir an eine Leine von ca. Bootslänge (unsere Vor- oder Achterleine) anstecken und über die Ankertrosse schieben. Zur Vorbereitung des Ankermanövers stecken wir den Anker an die Trosse, geben ihr eine Lose von ca. einer Bootslänge und bringen den Anker an seiner Trosse außen um Wanten und Stagen herum bis in die Plicht (Abb. 104). Innen herum bringen wir die gesamte restliche Ankertrosse ins Cockpit und legen sie klar zum Fieren um die freie Schotwinde der Luvseite. Die Führungsleine wird daneben an einer Klampe belegt.
Hat das Boot seinen Ankerplatz erreicht (Abb. 105, Pos. 1), und ist das Boot zum Stehen gekommen, dann gibt der Einhandschipper den Anker von der Plicht über Bord und fiert gleichzeitig die Fangleine auf ungefähre Bootslänge aus. Sie wird belegt und dann die Ankerleine selbst mit dem Zurücksacken des Bootes in Pos. 2 langsam mitgefiert. Pinne und Schot liegen dabei griffbereit. Mehr Leine zu stecken, wenn der Anker gefaßt hat, ist dann auch vom Vorschiff nicht schwierig, weil während des ganzen Manövers die Ankertrosse sicher in der Lippe oder Stevenrolle liegt. (Auch bei einem Einhand-Ankermanöver ist es nicht schwierig, die Trosse für den Hauptanker anstelle über die Steuerbordlippe, wie hier gezeigt, über die Backbordlippe zu führen.)

Die richtige Position unseres Bootes am Ankerplatz

Wenn Wind und Strom aus der gleichen Richtung wirken, addieren sich zwar beide Kräfte, aber sowohl Segel- wie Motorboote bieten doch dem strömenden Wasser und der fließenden Luft nur ihre (kleinsten) Querschiffsflächen an, die über und unter Wasser relativ klein und so strömungsgünstig geformt sind, daß sie relativ wenig Widerstand bieten

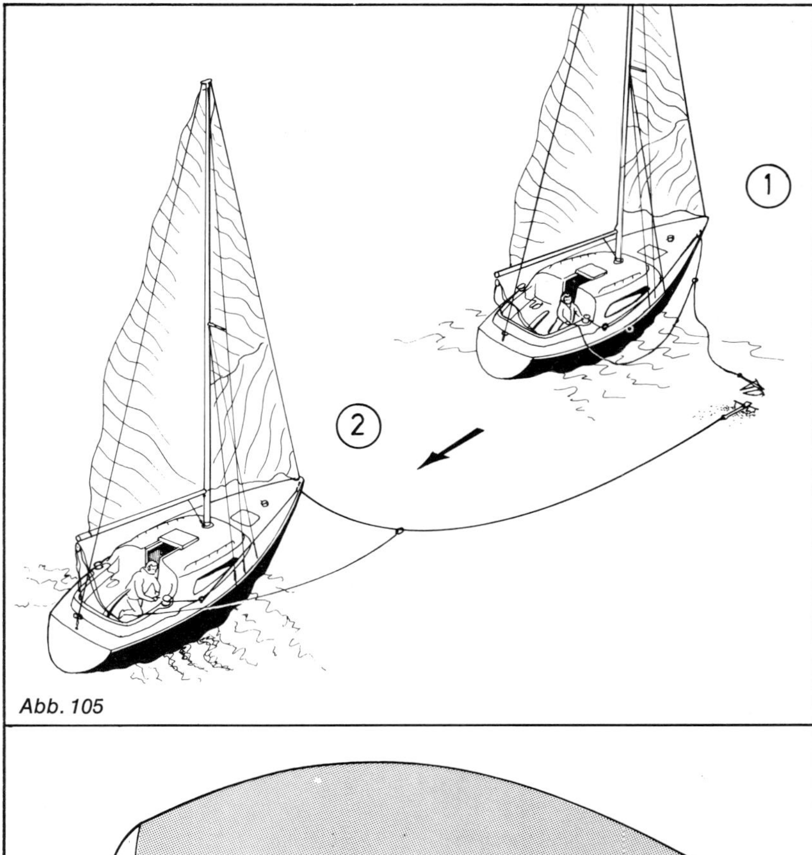

Abb. 105

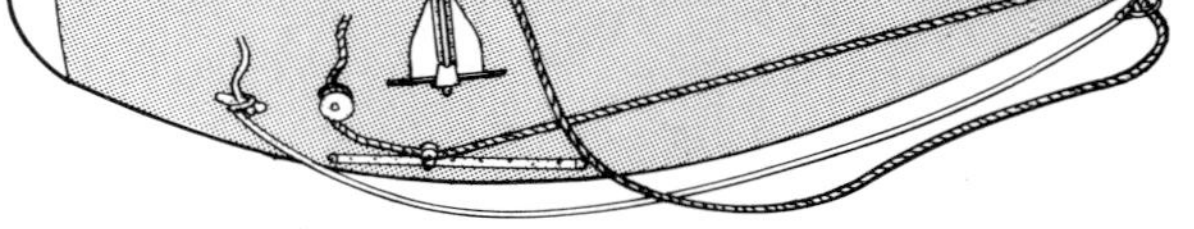

Abb. 104

(Abb. 106). Das gilt für beide Bootstypen, den Motorkreuzer (A) und den Seekreuzer (B).

Wirken Wind und Strom aus entgegengesetzter Richtung (Abb. 107), dann hängt es von der Windgeschwindigkeit ab sowie der Fläche des Überwasserschiffes, die dem Wind dargeboten wird, und dem Unterwasserschiff, gegen die der Wasserdruck gerichtet ist, ob sich das Boot mit dem Bug gegen den Wind oder gegen den Strom legt. Auch die be-

Abb. 106

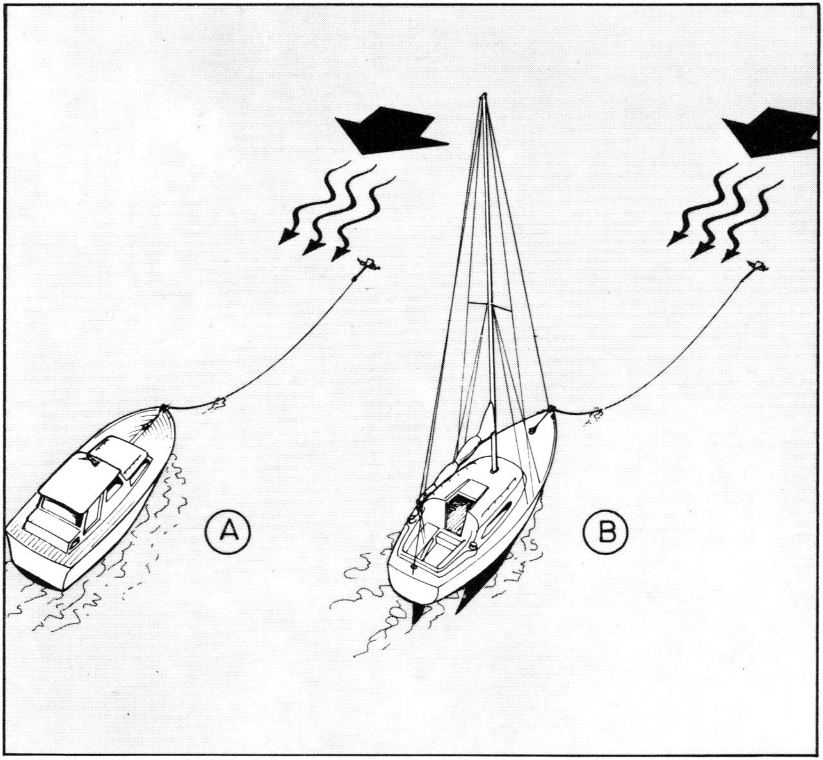

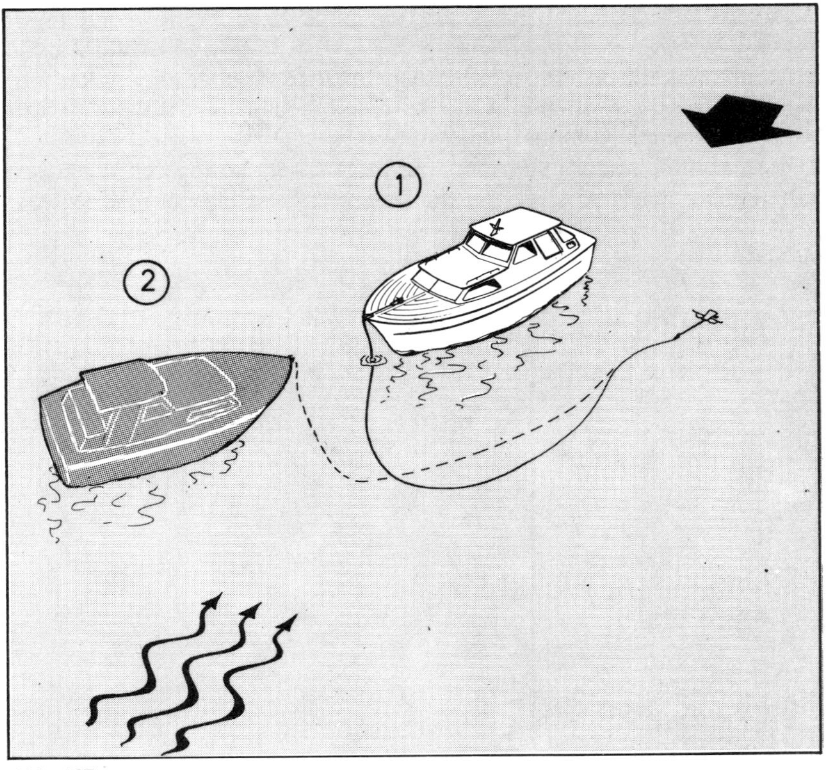

Abb. 107

kannte Tendenz eines Bootes, das Heck in den Wind zu drehen, kann für die Position ausschlaggebend sein, die es am Ankerplatz wählt. Ein Seekreuzer mit langem Lateralplan und tiefem Unterwasserschiff ist meistens vom Strom gefangen, unabhängig von der Windstärke, ein Motorboot richtet den Bug im allgemeinen gegen den Strom (Pos. 1), wenn die Wasserkraft stärker ist, oder legt den Bug gegen den Wind (Pos. 2), wenn die Luftkraft die Oberhand behält. In beiden Fällen wird

aber die unterlegene Kraft eine gewisse Bremswirkung ausüben, so daß ein Motorkreuzer (unabhängig von der Richtung seines Vorschiffes) weitgehend mit loser Ankerkette oder Ankertrosse über dem Anker oder in seiner Nähe schwimmen wird. Das Ankergeschirr wird bei dieser Konstellation immer vorteilhaft entlastet.
Das Gegenteil ist der Fall, wenn Wind und Strom im rechten Winkel zueinander arbeiten können. Ein Seekreuzer nimmt hierbei eine Position

Abb. 108

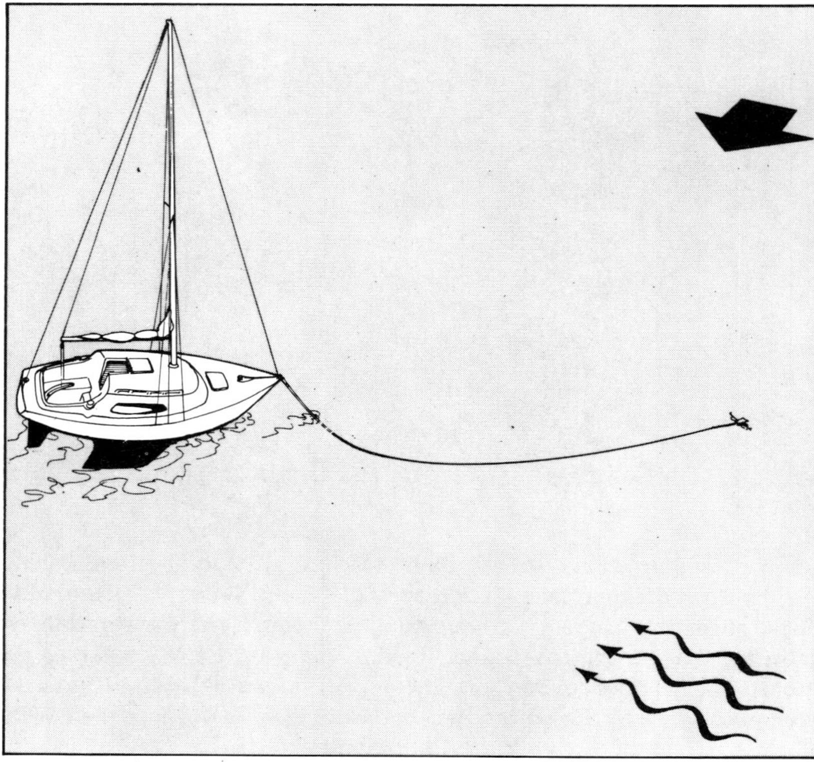

mehr in Stromrichtung ein (Abb. 108), ein Motorkreuzer bildet nur einen kleinen Winkel zwischen der Windachse und seiner Längsschiffslinie (Abb. 109). In beiden Fällen bieten die Boote durch ihr langes Überwasserschiff und ihren langen Lateralplan eine wesentlich größere Fläche sowohl den Wind- wie den Stromkräften an, als wenn sich diese gleichgerichtet summieren würden (vgl. Abb. 106).

In diesen Situationen wird ein Boot nicht nur unruhig am Ankerplatz

Abb. 109

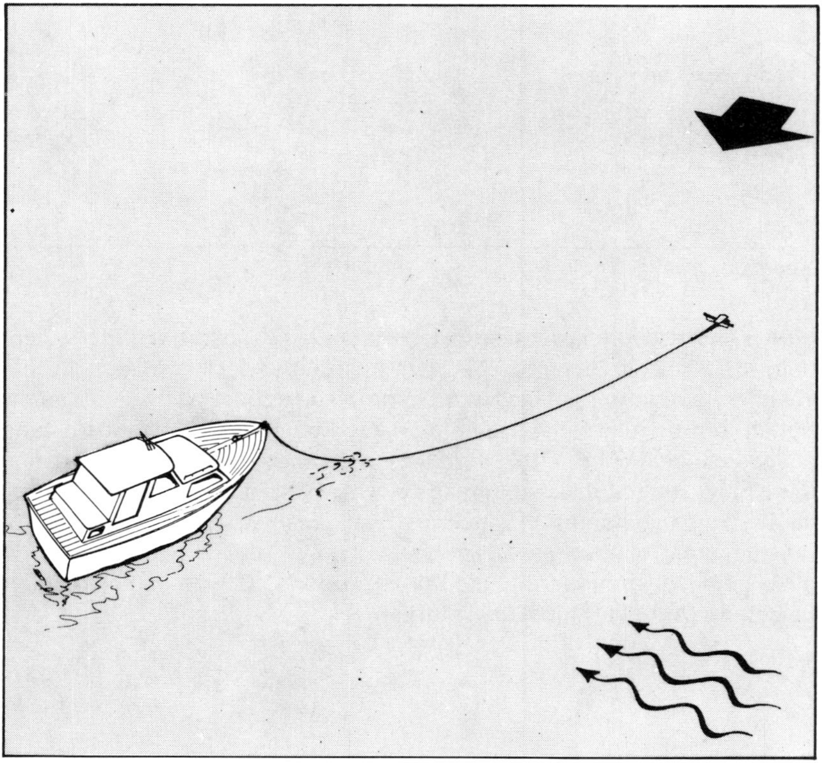

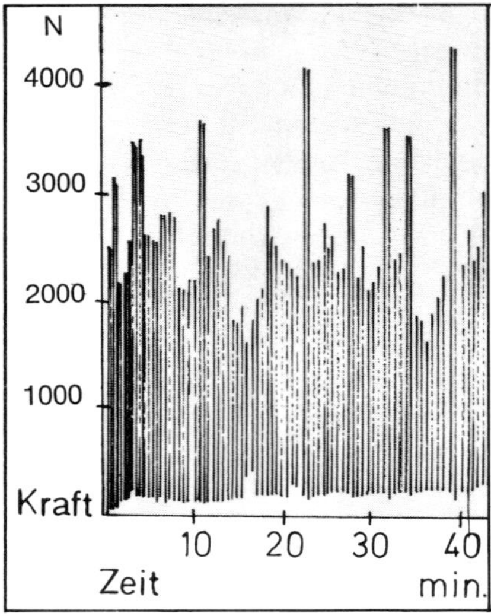

Abb. 110

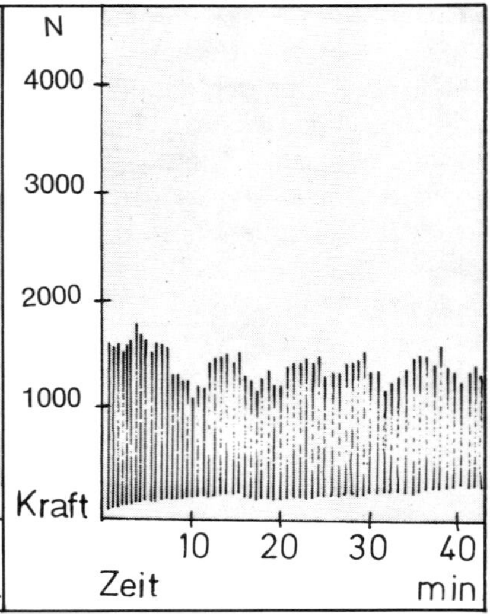

Abb. 111

gieren und schwojen, wenn es zwischen beiden Kräften hin und her pendelt, sondern sein Ankergeschirr vom Anker über den Verbindungsschäkel und die Ankertrosse bis zur Stevenrolle und zum Poller beim wiederholten Einrucksen einer ständig wiederkehrenden Spitzenbelastung ausgesetzt sein (Abb. 110). Hierdurch ist ja auch die exakte Kalkulation der Kräfte, die auf das Ankergeschirr wirken, so schwierig, und der gesamte Aufbau unserer Verankerung hat einen doppelten Zweck: Für diese unkontrollierbaren Spitzenbelastungen auszureichen, aber sie gleichzeitig zu verhindern und dafür zu sorgen, daß eine mittlere Dauerbelastung (Abb. 111) nicht überschritten wird.

Wenn ein zweiter Anker nötig ist

Nicht nur seetüchtige Kreuzer, sondern auch kleinere Boote, die in Revieren mit Tidenstrom oder fließendem Wasser schippern, müssen zwei Anker an Bord haben. Von ihnen ist der schwerere ihr „Sturm-" oder „Hauptanker", der leichtere ihr „Arbeits-", „Dienst-", „Warp-" oder „Reserveanker".
Es gibt mehrere Gründe, um beide gemeinsam einzusetzen: Wenn z. B. weniger Raum in der Breite eines Gewässers zur Verfügung steht, um in einem vollen Drehkreis mit ganzer Trossenlänge rund um den Anker zu schwojen, oder unter sehr harten Wetterbedingungen aus Sicherheitsgründen die gesamte Belastung auf zwei Anker zu verteilen ist.
Im ersten Falle werden die beiden Anker hintereinander, im zweiten Falle nebeneinander ausgelegt. Wir wollen hier – in Verbindung mit dem Strom – zuerst nur den ersten Fall erläutern, weil dieses Verankern zu einem elementaren Manöver gehört.

Verankerung mit zwei Ankern (hintereinander) im Strom

Abbildung 112 zeigt uns eine solche Situation: Wir laufen raumschots in ein schmales Tidengewässer ein und wollen ankern. Der seitliche Raum ist durch das Ufer und die noch schmalere Fahrrinne begrenzt. Die Entscheidung lautet: Wir müssen uns mit zwei Ankern vermuren. Dem achterlichen Wind steht ein Ebbstrom des auslaufenden Wassers entgegen. Wenn der Strom kentert, wird der Flutstrom aus der gleichen Richtung wie der Wind wirken.
Der Schipper muß zuerst die Entscheidung treffen, in welche Richtung er den Sturm- oder Hautpanker und wohin er den Arbeits- oder Warpanker legt. Da der Strom bei einem Seekreuzer immer die stärkere

Abb. 112

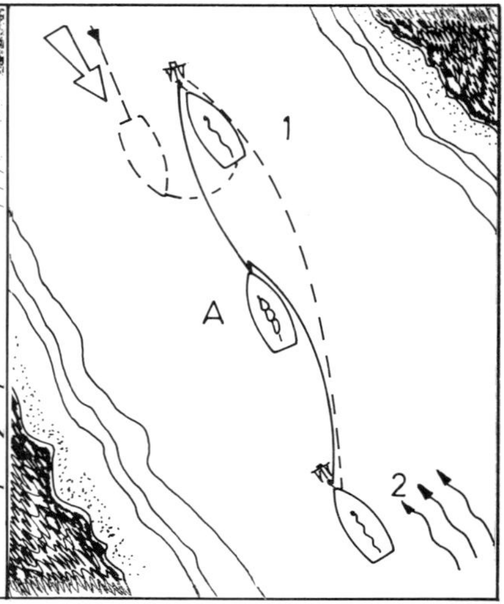

Abb. 113

Kraft ist, könnte man sich jetzt mit dem Hauptanker gegen den Strom und mit dem Warpanker gegen den Wind legen; wenn dann aber der Strom gekentert ist, summieren sich die Kräfte von Wind und Strom, und der Warpanker in Luv ist ihnen sicher nicht gewachsen, während der Hauptanker in Lee völlig nutzlos liegt. Der Schipper entscheidet also: Der Hauptanker wird nach Luv und der Warpanker nach Lee ausgebracht.

Natürlich kann man (Abb. 113, Pos. 1) einfach aufschießen, das Großsegel bergen, den Hauptanker werfen und sich unter langsamem Fieren der Ankertrosse unter der Fock bis zu der Position sacken lassen, wo man den Warpanker werfen will (2). Das bedeutet aber: Wir müssen uns mit der doppelten Länge der (dickeren und teureren) Ankerleine (oder der schweren Ankerkette), deren Längen ohnehin begrenzt ist, nach Lee sacken lassen und dann die halbe Distanz wieder – Hand über Hand oder mit der Winde – die Kette oder Trosse des Hauptankers einholen, bis wir die Position A auf halber Distanz erreicht haben.

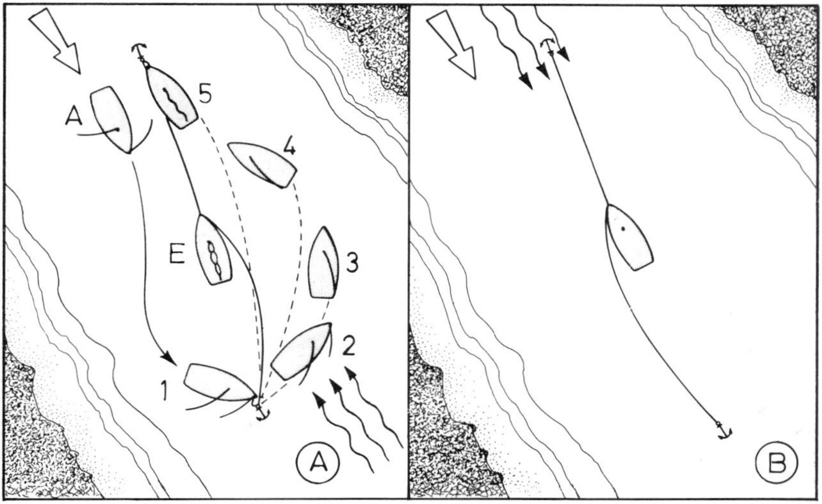

Abb. 114A *Abb. 114B*

Besser ist, wir laufen raumschots (Abb. 114A, Pos. 1) zuerst bis zur Position 2, wo der Warpanker fällt, fieren die (dünnere und mit weniger Aufwand erhältliche) Leine des Warpankers mit und kreuzen über die Position 3 noch mit Fock und nach dem Bergen der Fock über die Positionen 4 und 5 mit Hilfe des Schiebestroms bis zur Position 6, wo der Hauptanker fällt. Jetzt lassen wir uns unter gleichzeitigem Nachstecken von Kette oder Trosse für den Hauptanker und mit Einholen der – unter Umständen durch eine dünne Leine verlängerten – Trosse des Warpankers bis in halbe Distanz (A) zurücksacken. Sowohl das Fieren der Trosse für den Hauptanker als auch das Einholen der Leine für den Warpanker bereitet uns wenig Anstrengung.

Unser Boot liegt jetzt (Abb. 114B) mit begrenztem Schwojekreis sicher vor beiden Ankern, und unser Ankergeschirr ist für die Stoßbelastung beider Kräfte von einer Seite genau so geschützt wie für die ausgleichende Belastung, wenn Wind und Strom aus entgegengesetzten Richtungen wirken. Auch passierende Boote und Schiffe werden von uns weder vor Anker noch bei Änderung unserer Position während der Kenterung des Stromes wesentlich behindert.

Zwei Anker in Bahama-Art vermuren

Die Bahamas sind ein Tidengebiet mit Inselketten am Rande riesiger, weitflächiger Flachgebiete von knapp 5 Metern Wassertiefe und feinem Sandgrund. Hier erlebte ich vor mehreren Jahren eine veränderte Art des Ankerns, die dem Prinzip des Vermurens mit zwei Ankern in Tidengewässern entspricht, wie sie in den Abb. 112–115 und 155 gezeigt und beschrieben ist:

Während wir in unseren heimischen Revieren das Boot vor zwei Ankern an zwei getrennten Verbindungen festlegen und hierbei oft den ersten Anker mit seiner Kette und den zweiten Anker mit Kettenvorlauf und Trosse einsetzen, stecken die Seeleute und Fischer in den Bahamas und

Abb. 115

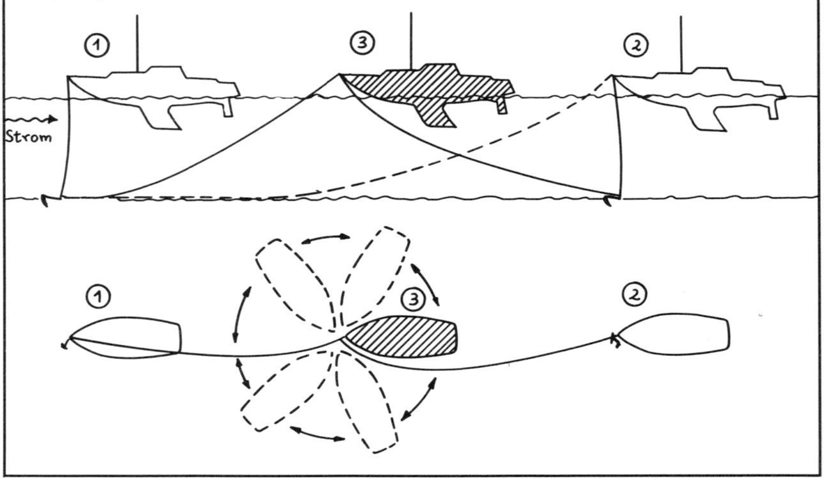

dementsprechend auch die Yachtsegler, die es von ihnen abgeguckt haben, zwei Anker an eine einzige Verbindung zum Boot, die meistens eine Ankertrosse ist. An beiden Tampen der Ankertrosse wird jeweils ein Anker angesteckt. Das Vermuren erfolgt dann so (Abb. 115):

Zuerst läßt man in Pos. 1 auf hier 4 Meter Wasser den ersten Anker fallen, steckt 25 Meter Trosse und läßt die Maschine etwa 5 Sekunden lang rückwärts arbeiten, damit sich der Anker eingraben kann, wenn der Strom selbst nicht für entsprechende Drift sorgt. Dann gibt man den Rest der Ankertrosse aus, bis noch etwa 5 Meter Leine an Deck übrigbleiben, und läßt in entsprechendem Abstand den zweiten Anker fallen (Pos. 2). Um jetzt wiederum etwa 20 Meter Trosse fieren zu können, muß man gleichzeitig die vorher ausgegebene Leinenlänge (gegen den Strom) wieder einholen. Hat man auch dem zweiten Anker durch kurzzeitiges und langsames Rückwärtsarbeiten mit der Maschine guten Halt gegeben, belegt man die Trosse auf ungefähr halber Länge auf dem Vorschiff.

Verankert man sich auf diese Weise in Stromrichtung, trägt jeweils nur ein Anker – in der gleichen Art, wie es an der deutschen Tidenküste üblich ist (Pos. 3).

Das Boot liegt zumindest während der Nacht wie an einem Zügel, den man in einer Hand hält. Verbleibt man mehrere Tage lang am Ankerplatz, kann es vorkommen, daß sich bei der Drehung des Bootes in einer einzigen Richtung die beiden Parten umeinander legen. Dann muß man beim Ankerlichten den leichteren Anker ein- oder zweimal um die andere Part der gemeinsamen Ankertrosse drehen.

Die Sicherheit am Ankerplatz kann auch von einem zweiten Anker abhängen, der oft während der Verankerung ausgefahren werden muß. Hierfür gibt es viele Gründe: Der Schwojekreis des Bootes ist bei einer Winddrehung durch ein Hindernis begrenzt; in hartem Wetter muß die zunehmende Belastung auf zwei Anker verteilt werden; der Ankerplatz ist zu klein, aber das Ankerlichten ist nicht möglich; das Schlieren eines Ankers muß durch das Ausbringen eines zweiten Ankers aufgefangen werden usw.

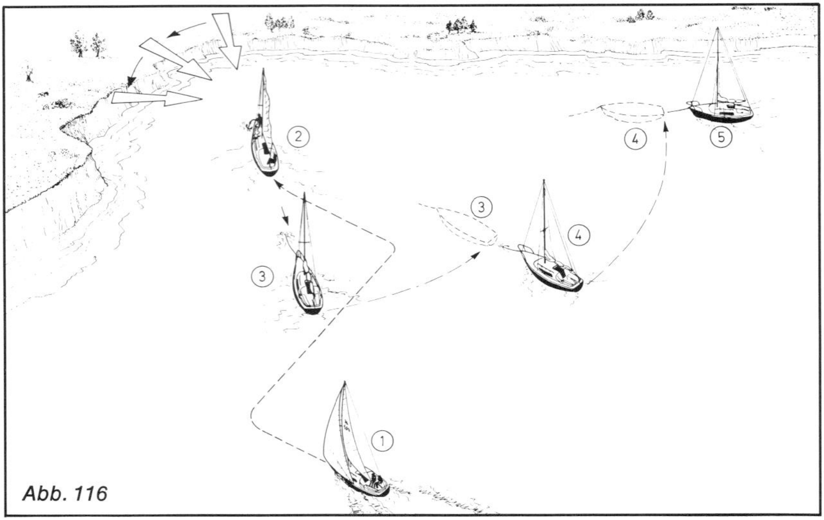

Abb. 116

Ausbringen eines zweiten Ankers (neben dem ersten) im Gefahrenfalle

Wir wollen durch ein Beispiel wieder die Verbindung zu unserer seemännischen Praxis gewinnen. Wir haben am Abend eine kleine Bucht angesteuert (Abb. 116, Pos. 1), dicht unter Landschutz den Anker geworfen (Pos. 2) und auf einem unseres Erachtens völlig sicheren Platz (Pos. 3) vor Anker gelegen. Ablandiger, stetiger Wind. Am Morgen fährt die Crew mit dem Schlauchboot ans Ufer; nur eine Ankerwache bleibt an Bord. Die Wetterlage scheint stabil – aber es beginnt aufzufrischen, und die Crew kehrt nicht zurück. Der rückdrehende Wind läßt uns in Position 4 schwojen, und die Ankerwache steckt mehr Trosse, um die Haltekraft des Ankergeschirrs zu vergrößern. Der Wind dreht weiter zurück und frischt noch mehr auf; unser Boot erreicht die Position 5, wo wiederum mehr Trosse gesteckt wird, und in Position 5 ist guter Rat teuer. Die Haltekraft unseres Dienstankers ist erschöpft; das

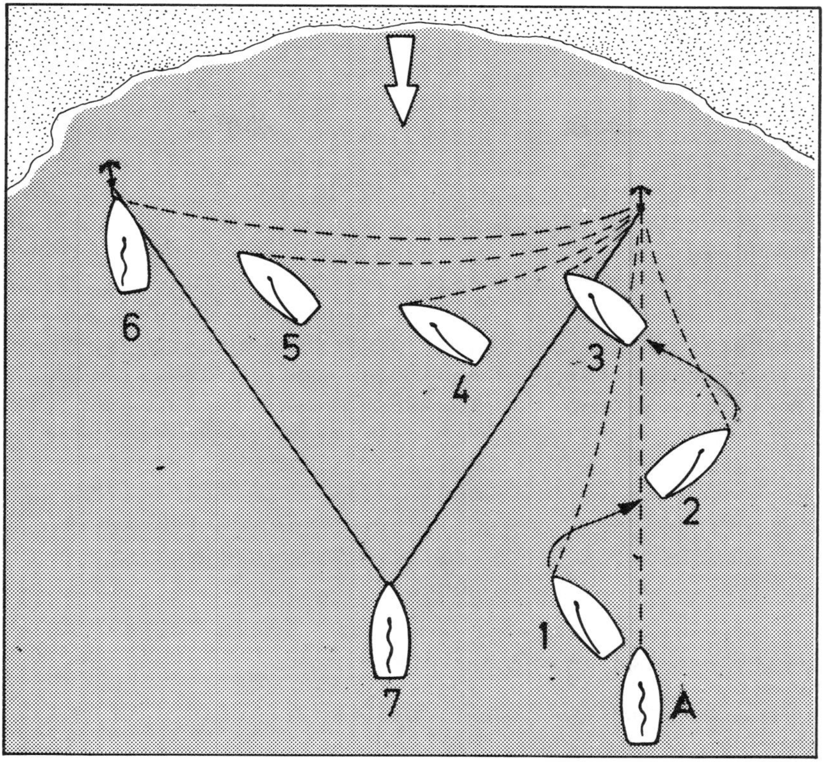

Abb. 117

nahe Ufer läßt uns bei weiterer Winddrehung stranden. Der Motor hat keinen Sprit mehr. Was tun?
Hier hilft nur ein zweiter Anker, aber das Problem ist: wie soll er ausgefahren werden? Es ist eigentlich ganz einfach: Die Ankerwache legt den zweiten Anker mit möglichst langer Leine klar, setzt das Großsegel (Abb. 117, Pos. A) und beginnt, in kurzen Schlägen über die Positionen 1 und 2 zum Anker aufzukreuzen. Dabei wird die Ankerleine Hand über

Hand kurz Stag geholt. Das Boot allein mit Muskelkraft an den Anker heranzuholen, kostet Kraft, und zum Versegeln auf die andere Seite benötigen wir später ohnehin das Großsegel – also können wir es auch gleich setzen. Natürlich darf nicht so viel Leine aufgenommen werden, daß die Sicherheit der Verankerung gefährdet wird und der alte Anker später schlieren kann.

In Position 3 lassen wir unser Boot auf Backbordbug zur freien Seite abfallen und fieren gleichzeitig die Ankertrosse mit; so erreichen wir über die Positionen 4 und 5 den durch die Länge der alten Ankertrosse gegebenen Querabstand und lassen nach einem Aufschießer in Position 6 den zweiten Anker fallen. Jetzt überholen wir die Großschot oder bergen das Großsegel, wenn genug Hände bereit sind, und lassen das Boot langsam zurücksacken. Auf halbem Wege zur Position 7 halten wir es kurzzeitig fest, um zu prüfen, ob auch der zweite Anker trägt, und fieren dann auch die Leine des zweiten Ankers, bis unser Boot in Position 7 sicher vor zwei Ankern liegt.

Sollte der Wind weiter rückdrehen, bleibt unser Boot auch mit dem zweiten Anker vor der Leeküste frei; gegebenenfalls muß es bei weiterem Rückdrehen des Windes den ersten Anker aufnehmen und ihn in ähnlicher Weise nach Luv verfahren.

Verhinderung des Schwojens am Ankerplatz

Das Schwojen unseres Bootes vor Anker kann für die Festigkeit des Ankergeschirrs gefährlich werden. Vor allem bei starkem, böigem oder schralendem Wind nimmt unser Boot häufig Fahrt zu dieser oder jener Seite seiner Ankerleine auf, und durch das Losekommen der Leine und spätere heftige Wiedereinrucken entsteht eine erhebliche Zugbelastung sowohl auf den im Grunde eingegrabenen Anker selbst wie an jenem Teil der Ankertrosse, die über den Steven bzw. durch die Klüse läuft. Abb. 118 zeigt die verschiedenen Bewegungsphasen, die unser Boot bei seinem Schwojen vor Anker einzunehmen pflegt, wenn es dem Wind zeitweise seine Breitseite bietet und damit – nur durch die Fläche seines Rumpfes allein – vor Anker praktisch zu segeln beginnt.

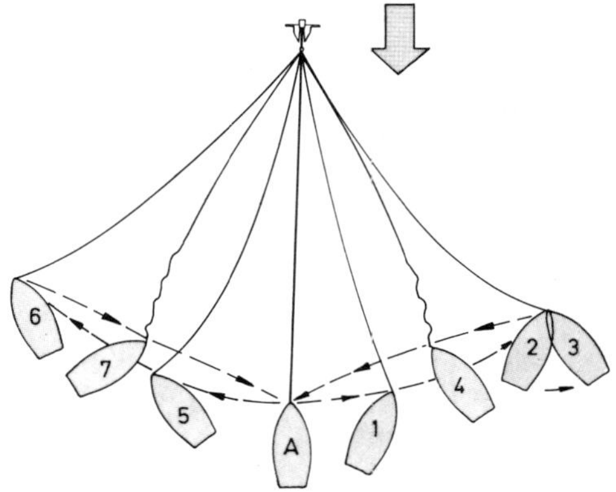

Abb. 118

Dieses unsympathische Schwojen vor Anker, das durch Strom oder eine alte Dünung noch verstärkt werden kann und bei dem man immer mit Schlieren des Ankers oder Brechen der Trosse rechnen muß, verhindert auch ein zweiter Anker. Man kann ihn einfach ausbringen, indem man das Boot bis zum extremsten Punkt nach einer Seite schwojen (Abb. 188, Pos. 3) läßt, dann den Anker wirft und die Leine kurz steif holt, wenn das Boot wieder in seine normale Ankerposition A in Windachse zurückgekehrt ist. Jetzt hat man den Bereich des Schwojens um die Hälfte verkleinert. Den Anker wirft man immer zu jener Seite, zu der eine Winddrehung erwartet werden kann – das ist bei uns im allgemeinen eine rechtsdrehende Tendenz; dadurch ergibt es sich ganz zwangsläufig, daß der Reserveanker über Steuerbordbug in Position 2 geworfen wird. In Ausnahmefällen ist es natürlich auch möglich, ihn in Position 6 über Backbordbug zu werfen.
Ist diese Distanz von der Ausgangsposition A zur Position 3 nicht lang genug, dann kann man auch durch kurzzeitiges Anheißen eines Vorsegels die Segeltendenz unseres Bootes zu einer Seite noch unterstützen und dadurch eine Ankerposition erreichen, die wesentlich weiter

nach Luv liegt und einen wesentlich günstigeren Querabstand vom ersten Anker hat (Abb. 119). Wenn unser Boot jetzt wieder nach dem Auffieren der zweiten Ankerleine in seine Endposition zurückgesackt ist, liegt es sicher und ohne Schwojen vor beiden Ankern (Position 1).
In normaler Lage wird jetzt das Boot vor beiden Ankern liegen, und der Zug ist weitgehend gleichmäßig auf beide Ankergeschirre verteilt. Dreht jetzt der Wind nach rechts, dann fiert man die Leine des Reserveankers, dem man dadurch gleichzeitig eine größere Festigkeit gibt, und durch die stetig länger werdende Ankertrosse liegt das Boot bald vor zwei Ankern mit annähernd gleicher Festigkeit (Abb. 119, Pos. 2).
Der Reserveanker darf nie weiter in Luv als der Hauptanker liegen. Dann kann nämlich unser Boot beim Durchzug eines Sturmtiefs und seinen Winddrehungen eine Position erreichen (Abb. 120), in der alle Belastung weitgehend nur auf einen Anker kommt (Pos. 2), und die Gefahr besteht, daß dieser überlastete Anker zu schlieren beginnt, auch wenn man mehr Leine steckt. Erfahrungsgemäß ist es schwer, das Trei-

Abb. 120

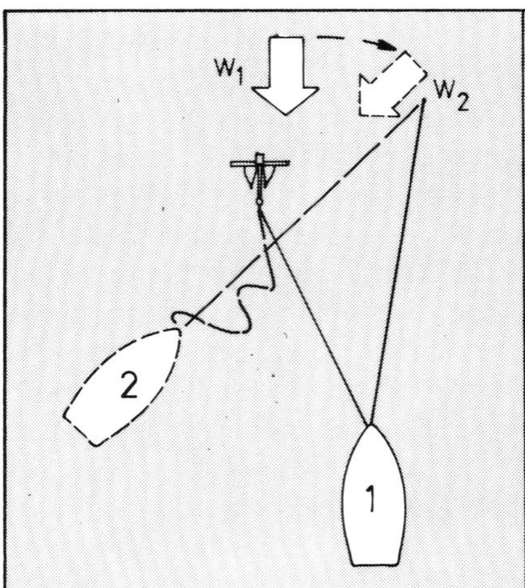

Abb. 119

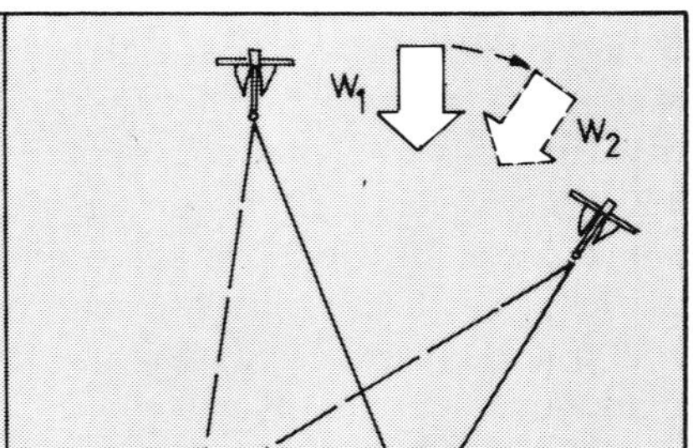

ben des Bootes mit schlierendem Anker zu stoppen, und die Gefahr ist dann groß, daß auch der zweite Anker ausbricht und beide Anker ihre Haltekraft einbüßen.
In diesem Fall hat es sich bewährt, das Ankergeschirr des Hauptankers durch mehr Kette oder Leine noch sicherer zu machen (Abb. 121) und den Reserveanker nur vor eine kurze Ankerleine zu legen, damit er bei jeder neuen Richtungsänderung des Windes nur wenig, aber kontrolliert schlieren kann. Dreht jetzt der Wind, dann wandert unser Boot praktisch auf der Peripherie eines Kreises, dessen Mittelpunkt durch den Hauptanker und dessen Radius durch die Länge der Ankertrosse zum Hauptanker bestimmt wird. Der Winkel zwischen beiden Ankertrossen am Bug bleibt jedoch hierbei immer gleich. Sollte sich jetzt der kräftigere Wind in einer Richtung einwehen, haben wir immer noch die Möglichkeit, durch Nachstecken von Ankerleine den schlierenden Reserveanker wieder zu stoppen und unser Boot vor eine sichere Doppel-Verankerung zu legen.
Erhält man durch Fallböen, die nicht nur mit unterschiedlicher Kraft, sondern auch aus verschiedenen Richtungen wehen, einen zu großen Schwojekreis, kann man diesen durch Fieren eines Ankergewichtes eingrenzen. Durch die weite Distanz, die unser Boot in der ständig von W1

Abb. 121

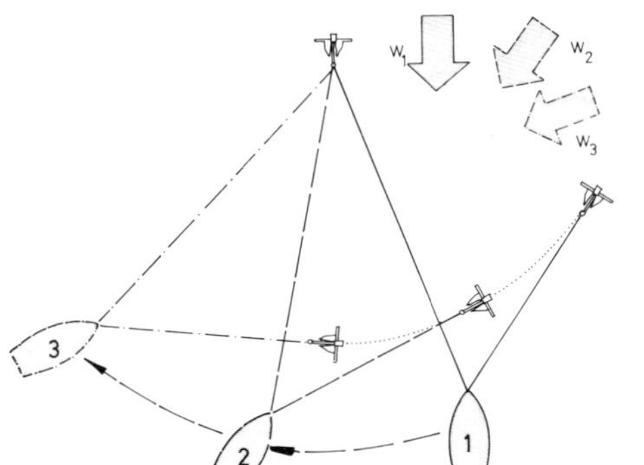

auf W2 und wieder auf W1 zurückwechselnden Windrichtung (Abb. 121a) zwischen den Positionen 3 und 4 zurücklegt, ist es nicht nur ständig über eine weite Distanz am Ankerplatz unterwegs. Kette und Trosse erhalten auch ständig Lose, ehe sie den Anker aus einer ganz anderen Richtung neu belasten, und auch schwere Anker werden unter diesen Bedingungen aus gut haltendem Grund ganz zwangsweise immer neu ausgebrochen.

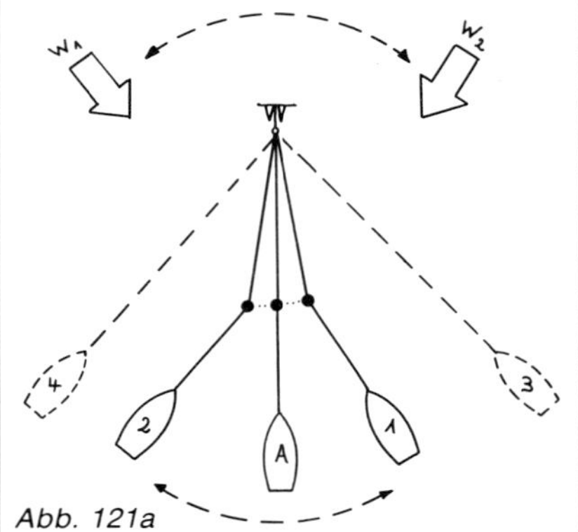

Abb. 121a

Hier stellt das Ankergewicht die einzige Möglichkeit dar, nicht nur den Schwojekreis zwischen den Pos. 1 und 2 auf etwa die halbe Distanz ohne Ankergewicht zu verkleinern. Der Zugwinkel am Anker bleibt auch bei diesen Bootsbewegungen von 1 nach 2 und wieder nach 1 zurück nahezu gleich, so daß der Anker nicht ausbrechen kann. Über seriengefertigte, selbstgemachte oder behelfsmäßige Ankergewichte finden Sie weitere Einzelheiten im Kapitel ,,Ausrüstung zum Ankern" auf Seite 59.

Die Belastung auf beide Anker verteilen

Eine Verankerung mit zwei Ankern wird man nur unter besonderen Bedingungen vornehmen. Legt man sie so aus, daß sie wechselseitig zum Einsatz kommen, dann spricht man vom Vermuren (siehe Abb. 113 und 114). Dieses Vermuren zum Beispiel im fließenden Wasser eines Flusses, um den Drehkreis beim Schwojen zu vermindern, oder in Revieren mit Gezeitenströmung, um das Boot sowohl bei Flutstrom wie bei Ebbstrom am gleichen Platz zu halten, ist eine Sonderform.
Wenn sich ein Boot unter normalen Bedingungen vor zwei Anker legt, dann will man eine besonders starke Belastung durch Wind, Seegang

oder andere Einflüsse möglichst gleichmäßig auf beide Anker nach dem Motto „Doppelt hält besser" verteilen. Hierbei ist jedoch zu beachten, daß immer ein Dreieck zwischen den beiden Ankerpunkten und dem Bug unseres Bootes gebildet wird. Die Verbindungslinie beider Anker wird die Windachse weitgehend senkrecht schneiden.

Die Besatzung hat vor dem Ankern meistens ausreichend Zeit, die Lage der beiden Anker zu bestimmen; ihre Entscheidung, einen größeren Abstand der beiden Ankerpunkte A und B zu wählen, ist dabei besser, als beide Anker kurz hintereinander zu werfen. Abbildung 122 zeigt einen kurzen Abstand der beiden Ankerpunkte, Abbildung 123 einen längeren bei annähernd gleichlangen Ankertrossen.

Auf den ersten Blick sieht ein kurzer Abstand der beiden Ankerpunkte A und B (siehe Abb. 122) vorteilhafter aus: Denn von der Gesamtbelastung mit 50 kp bzw. ca. 500 N, die das Boot unter bestimmten Bedingungen am Ankerplatz aushalten muß, werden je 28 kp bzw. ca. 280 N auf jede Ankerleine übertragen. Frischt der Wind auf oder verstärkt sich der Seegang, so daß sich die Belastung auf 70 kp bzw. ca. 700 N vergrößert, dann nehmen die beiden Teilkräfte F_A und F_B je 38 kp bzw. ca. 380 N auf.

Demgegenüber werden die beiden Ankertrossen F_A und F_B bei einem größeren Abstand der beiden Ankerpunkte A und B (siehe Abb. 123) und einem viel größeren Winkel zwischen den Ankertrossen am Bug des Bootes viel mehr belastet: Sie müssen bei einer Gesamtkraft F_T von 50 kp bzw. ca. 500 N, die auf das Boot am Ankerplatz einwirkt, je 32 kp bzw. ca. 320 N, bei einer Vergrößerung der Belastung 45 kp bzw. ca. 450 N aufnehmen.

Oder anders ausgedrückt: Liegen beide Anker A und B wie in Abb. 122 sehr dicht nebeneinander, dann muß jeder von beiden nur gut die Hälfte der Belastung aushalten; sie teilen sich praktisch die Arbeit. Je größer der Abstand der beiden Ankerpunkte A und B und je weiter damit der Winkel zwischen Ankertrossen zum Bug wird, desto stärker werden die Ankertrossen belastet; in unserer Abbildung 147 mit einem Winkel von 70° sind es in Position 1 ca. zwei Drittel der Gesamtkraft, die auf jedes einzelne Ankergeschirr kommt.

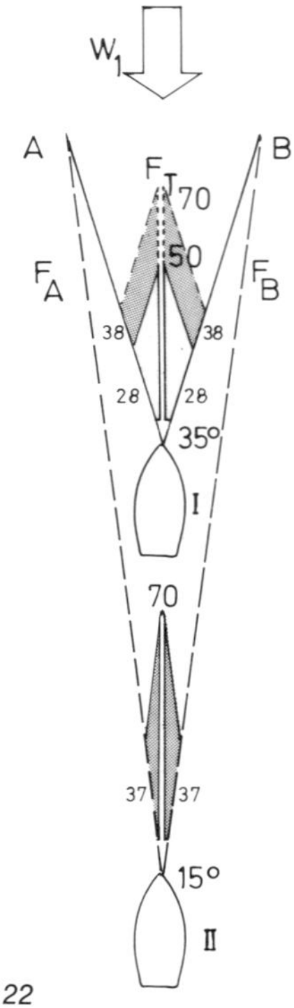

Abb. 122

(Werte für die Kraft in kp = ca. 10 N)

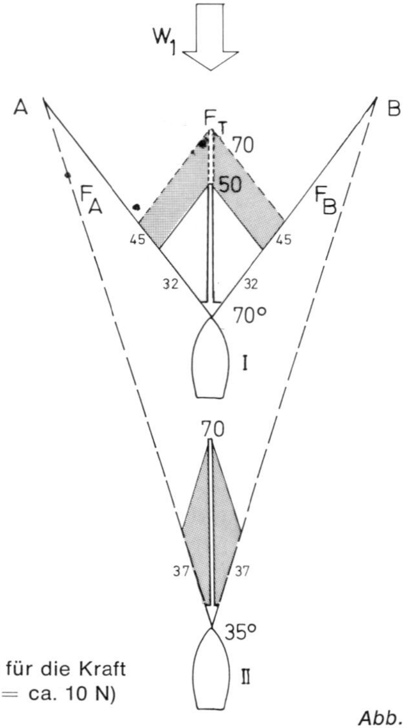

Abb. 123

Wenn wir den Eindruck haben, daß unser Ankergeschirr einer Mehrbelastung bei auffrischendem Wind (70 kp bzw. ca. 700 N Gesamtkraft) nicht mehr gewachsen ist, dann fieren wir beide Ankerleinen und lassen unser Boot weiter achteraus sacken. Unabhängig von dem Einfluß auf die vertikalen Kräfte stellen wir fest, daß dabei die Kräfteverteilung auf die beiden Anker bei kleinem Abstand A–B in Position II annähernd gleich ist wie in Position I; denn sie betrug bereits je ca. 50% pro Anker und läßt sich nicht weiter reduzieren. Die gleiche (scheinbar ideale)

Verteilung der Belastung erreichen wir jetzt auch in Position II der Abb. 123: Auch hier muß jetzt jede Ankertrosse nur noch ca. 50% (gegenüber ca. 65% in Position I) halten.
Jetzt macht sich aber der Vorteil des mit 35° viel größeren Winkels zwischen den beiden Ankertrossen am Bug des Bootes gegenüber nur 15° bei sonst gleicher Lastverteilung bemerkbar: Dieser Idealzustand besteht ja nur, solange der Wind tatsächlich seine Richtung, zu der wir unsere Anker auslegten, genau beibehält. Schralt er auch nur geringfügig zur einen oder zur anderen Seite, dann kommt bei dem kleinen Bugwinkel in Abb. 122 die volle Last sofort auf einen Anker, während die zweite Ankertrosse dabei fast vollkommen arbeitslos wird.
Auch bei einem größeren Bugwinkel (siehe Abb. 123) muß eine Ankertrosse bei schralendem Wind mehr Arbeit leisten als die andere; aber das Verhältnis von Mehrbelastung zu Minderbelastung und umgekehrt bleibt doch in Grenzen: Das Fazit: Ein gleichseitiges Dreieck zwischen dem Bug des Bootes und den beiden Ankern, bei dem der Querabstand der Ankerpunkte A und B ungefähr der ausgelegten Trossenlänge entspricht, ist günstiger als ein geringer Abstand, auch wenn das Ankergeschirr dabei zuerst ein wenig mehr belastet wird.
Wer sein Boot vor zwei Anker legt, weil er hartes Wetter und eine starke Belastung seines Ankergeschirrs erwartet, muß ja auch mit einer Winddrehung rechnen. Betrachten wir die Situation, die sich an unserem Ankerplatz ergibt, wenn der Wind schralt und seine Richtung um ca. 20° zu einer Seite ändert: Der Winkel am Bug unseres Bootes zwischen beiden Ankertrossen bleibt bei kurzer Entfernung beider Anker (Abb. 124) mit 35° in Position I genau so erhalten wie mit 70° bei längerer Entfernung zwischen den beiden Ankern A und B (Abb. 125). Aber die Ankertrosse A ist in Abb. 124 vollkommen wertlos; die Gesamtbelastung F_T wird voll vom anderen Anker übernommen.
Bei weitem Abstand der beiden Anker ist aber keiner von beiden wertlos (Abb. 125, Pos. I); beide halten das Boot, wenn auch mit unterschiedlichen Anteilen: Der A-Anker hilft nur noch mit ca. 40%, während der B-Anker bis zu 80% aller Kräfte aufnehmen muß.
Wieder gelingt es durch Stecken weiterer Trossenlänge in Position II,

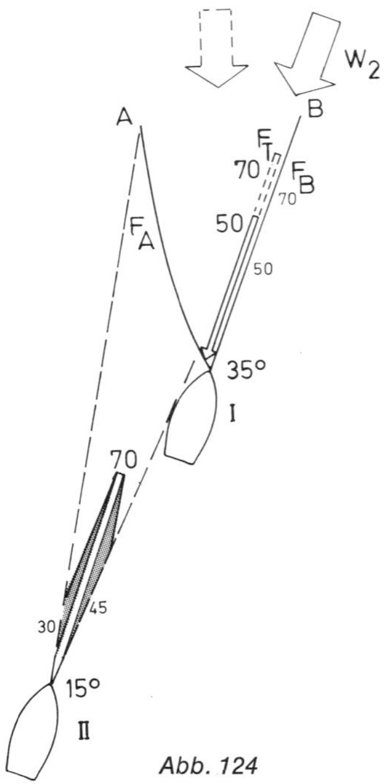

Abb. 124

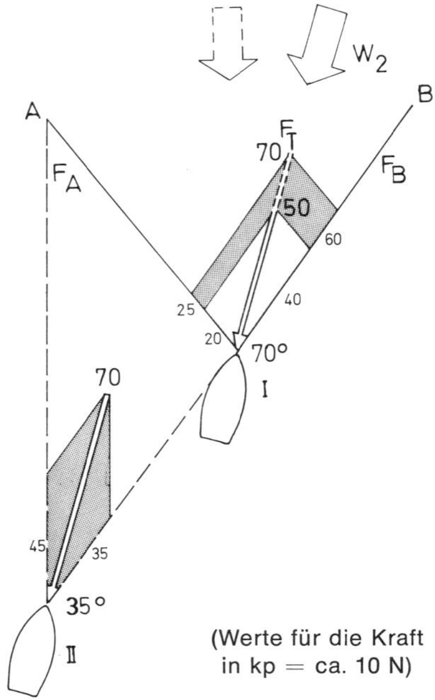

(Werte für die Kraft in kp = ca. 10 N)

Abb. 125

das Ankergeschirr insgesamt zu entlasten und beiden Ankern annähernd die gleiche Last aufzubürden. Aber wiederum ist – bei nun unterschiedlich langen Ankertrossen zum A- und B-Anker – der Spielraum bei einem weiten Grundabstand der Anker in Abb. 125 beträchtlich größer als bei einem kleinen Grundabstand in Abb. 124, und es wird bei richtiger Arbeit mit den Ankertrossen in Abb. 125 sehr leicht und sehr lange möglich sein, den Winkel von ca. 35° am Bug zwischen beiden Trossen zu erhalten und dabei die Belastung immer annähernd gleich auf beide Anker zu verteilen, während der sehr spitze Winkel von nur 15° in Position II der Abb. 124 kaum verhindern kann, daß der gesamte

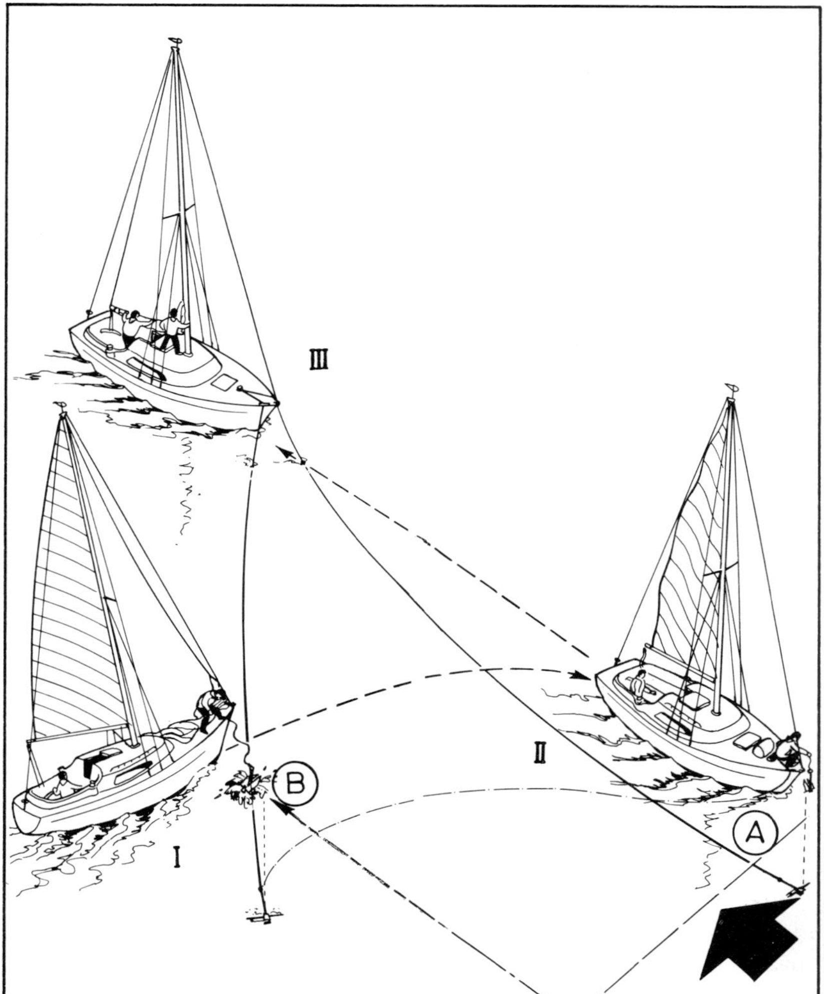

Abb. 126

Druck abwechselnd voll auf den A-Anker und im nächsten Augenblick auf den B-Anker kommen wird.
Um dieser Winddrehung beim Durchzug einer Tiefdruck-Front und der in unseren nördlichen Breiten üblichen Rechtsdrehung des Windes noch besser zu begegnen, legt man die beiden Anker nicht genau quer zur Windachse, sondern noch in der Tiefe nach Luv bzw. Lee versetzt aus: Wir laufen hoch am Wind oder hart-raum zu unserem Ankerplatz (Abb. 126) und lassen in Position I im Punkt B zuerst den kleineren Anker fallen. Während der Rudergänger langsam andreht und das Boot in den Wind bringt, gibt der Vorschotmann der Ankertrosse Lose und wird in Position II über Backbordbug den Hauptanker werfen, der sich im Punkt A im Grund eingräbt. Jetzt fiert der Segler auf dem Vorschiff auch die Ankertrosse des Hauptankers und hält beide Leinen in der Position III fest. Die Segel werden geborgen und die Ankertrossen belegt.
Jetzt liegt der kleine Anker ca. zwei Bootslängen leewärts der ursprüng-

Abb. 127

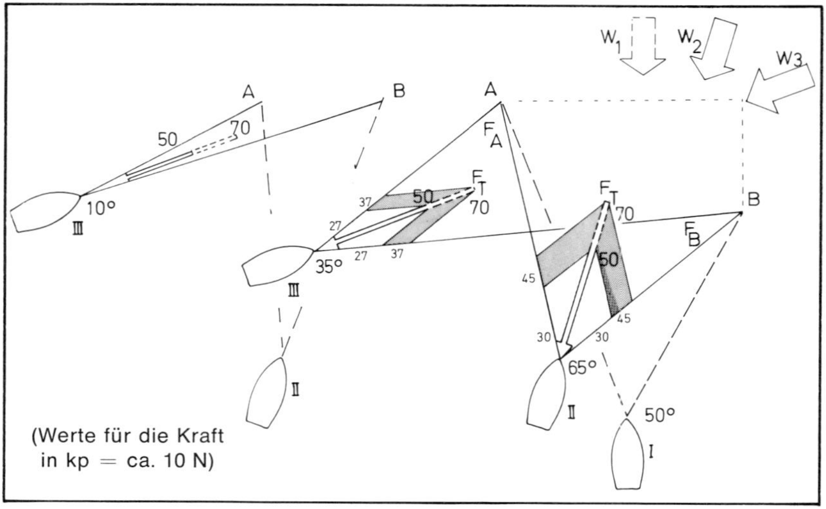

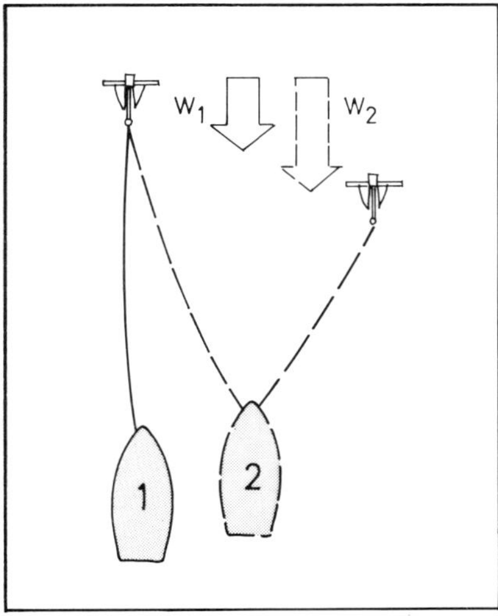

Abb. 128

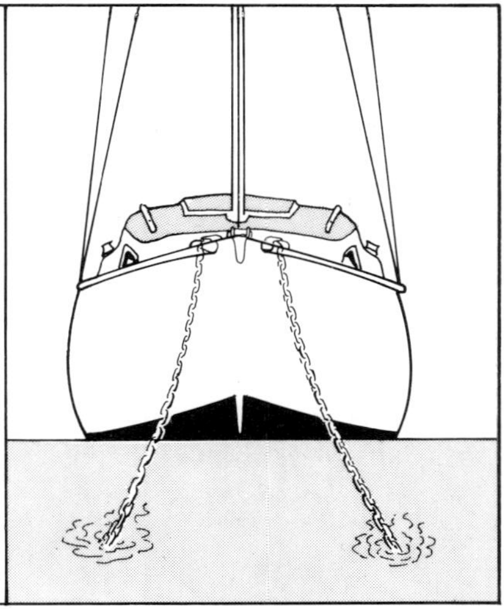

Abb. 129

lichen Position (Abb. 127), und mit einer längeren Hauptankertrosse und einer kürzeren Reserveankertrosse nimmt das Boot in Position I seine sichere Lage vor zwei Ankern zur derzeitigen Windrichtung W_1 ein (vgl. Abb. 124 und 125).

Dreht jetzt der Wind über die Richtung W_2 bis in Richtung W_3, dann schwojt unser Kreuzer auch ohne Hilfe sicher vor beiden Ankern (Position I und II), und wenn wir nach und nach dem Reserveanker mehr Trosse stecken (Position III), vergrößern wir nicht nur die Sicherung unserer schwächeren B-Verankerung mit dem Anker geringerer Haltekraft, wir verteilen auch die Belastung immer weitgehend gleichmäßig auf beide Ankergeschirre.

Je größer hierbei der Winkel zwischen den beiden Ankertrossen am Bug wird bzw. bleibt (65° in Position II), desto größer ist die Belastung beider Ankergeschirre auch in horizontaler Richtung. Je kleiner der Winkel durch Winddrehung und Fieren der Ankertrosse wird (35° in Position III), desto gleichmäßiger läßt sich die Belastung verteilen.

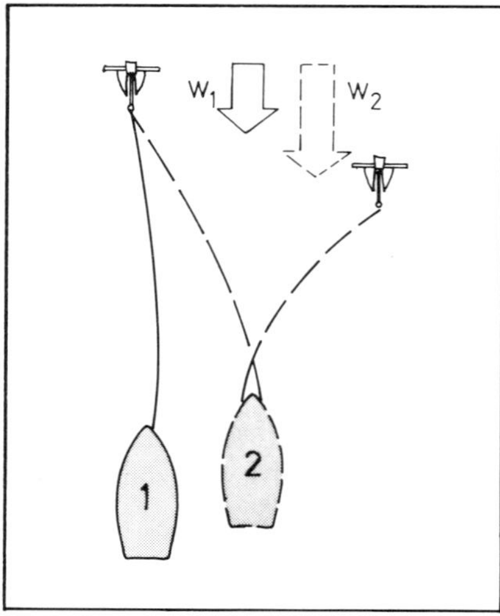

Abb. 130

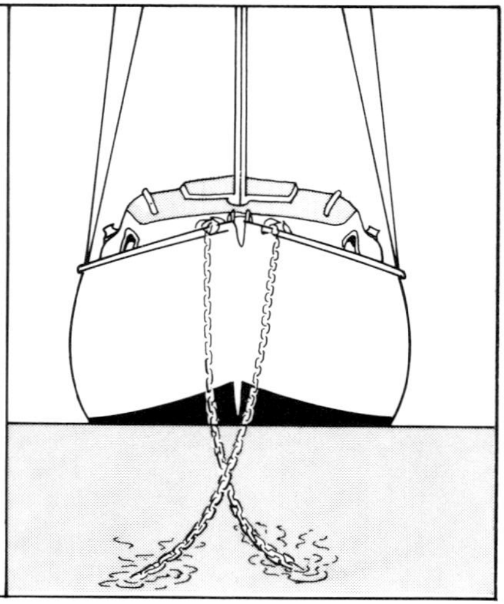

Abb. 131

Wenn wir uns des Tricks mit dem schlierenden Reserveanker erinnern (siehe Abb. 121) und entsprechend bereits in Position II verfahren, dann können wir bei anhaltender Rechtsdrehung des Windes in einem Orkantief auch ein hochbelastetes Ankergeschirr mit zwei Ankern geringerer Haltekraft so managen, daß von Anfang an ein Winkel von ca. 35° zwischen beiden Trossen getrimmt wird, bei dem sich die Belastung am besten nahezu gleichmäßig auf beide Ankergeschirre verteilt.
Es empfiehlt sich nicht, den Hauptanker zuerst in Punkt B und den Reserveanker später in Punkt A zu werfen (vgl. Abb. 126), weil man sich dann der Möglichkeit beraubt, bei einer Winddrehung über 90° hinaus auf einer Peripherie des Kreises um den weiter in Luv liegenden Anker zu schwojen; denn es wird kaum möglich sein, den im Punkt B in den Grund gebrachten Anker zum Schlieren zu bringen.
Daraus folgert nochmals, daß in unseren Revieren der Hauptanker immer an Backbord gestaut und über die Backbordseite ausgebracht

(Abb. 128) bzw. mit seiner Ankertrosse durch die Backbord-Lippe geführt wird, unabhängig davon, ob und wann man einen zweiten Anker ausbringt (Abb. 129). Liegt nämlich der Hauptanker an Steuerbord und wird der zweite Anker später über die Backbordseite ins Wasser gelassen (Abb. 130), weil die Bedingungen ungünstiger wurden bzw. eine Winddrehung befürchtet wird, dann kreuzen sich die beiden Trossen (Abb. 131) und laufen Gefahr, sich bereits am Grund zu vertörnen, so daß einer von beiden Ankern oder beide Anker aus dem Grund brechen können.

Die Sicherheit am Ankerplatz

Wenn ein Boot in einem fremden Hafen oder in seinem heimischen Bootsstand so sorgfältig festgemacht hat, daß es die Pier auch unter ungünstigen Bedingungen nicht erreicht und keine Leine auf ihrem Weg von einem Poller oder einer Klampe an Bord zu ihrem Befestigungspunkt an Land oder im Wasser schamfilen kann, mag man es unbedenklich und mit gutem Gewissen auch für mehrere Tage verlassen. Ein Boot vor Anker muß – auch mit dem sichersten Geschirr – ständig unter Aufsicht bleiben. Ein Mann der Besatzung wird dafür als „Ankerwache" eingeteilt, der für die Sicherheit von Boot und Crew am Ankerplatz verantwortlich ist.
Wir wissen, daß unser Boot am Ankerplatz viele Gegner hat, die kräftiger oder schwächer als zum Zeitpunkt des Ankermanövers werden können, die sich miteinander gegen uns verbünden werden oder auch einmal unsere Bundesgenossen sein können. Zuerst müssen wir uns aber allein auf uns verlassen und wissen, welche Möglichkeiten es an Bord gibt, um unserem Ankergeschirr bei einer wachsenden Belastung zusätzliche Haltekraft und mehrfache Sicherheit zu verleihen.

Die Ankerpeilung

Wenn ein Boot dicht unter Land geankert hat, ist es nicht schwierig, nahe und markante Objekte für eine Ankerpeilung zu finden (Abb. 132). Sie wird dann nicht nur in die Seekarte eingetragen und im Logbuch vermerkt, sondern dient auch der Ankerwache als Kontrolle, wenn sie von Zeit zu Zeit nachprüft, ob der Anker noch hält und das Boot noch sicher vor Anker liegt.

Abb. 132

Abb. 133

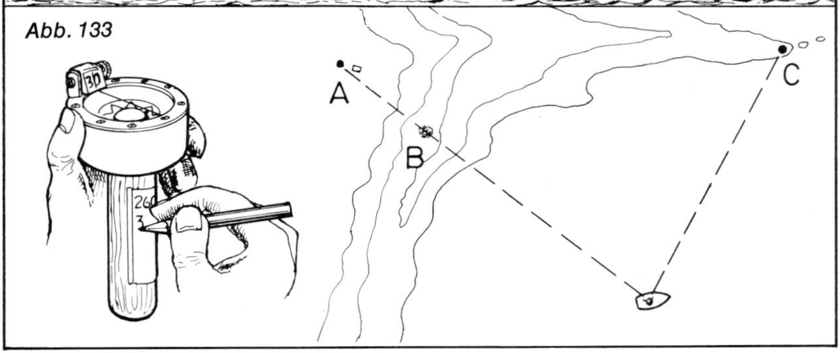

Wenn sich eine Deckpeilung anbietet (Abb. 132), sollte man sie benutzen; aber ein Peilstrahl allein, auch wenn man zu seiner Kontrolle nicht auf den Kompaß blicken muß, ist für eine sichere Standortkontrolle nicht ausreichend, wie wir noch sehen werden.

Wie bei jeder anderen Schiffsortbestimmung sollten auch am Ankerplatz die Objekte so ausgewählt werden, daß sich ihre Peilstrahlen in

Abb. 134

annähernd rechtem Winkel schneiden. Bei Benutzung eines Handpeilkompasses ist es einfach, die Kompaßpeilung zum Mast A und Baum B, die beide gleichzeitig in Deckung liegen, sowie zum Leuchtfeuer C festzustellen und aufzuschreiben (Abb. 133). Auch wenn unser Boot am Ankerplatz schwojt, wird sich die Peilung nicht ändern – außer bei sehr nahen Objekten und dann auch nur um winzige Werte, die nichts anderes als eben diese geringe Standortveränderung durch Schwojen ausdrücken.

Verläßt man sich (und noch dazu in Stromgewässern) auf nur eine Deckpeilung, weil man aus ihr die Auswanderung des Bootes bei schlierendem Anker gut zu erkennen meint (Abb. 134), dann kann es für den Schipper ein böses Erwachen geben, wenn sich die Ankerwache an den Wortlaut seiner Anordnung und nur an die Kontrolle der Deckpeilung hält. Wenn der Wind nämlich in ungefähr rechtem Winkel zum Strom wirkt und das Boot sich vor Anker nicht in einem entsprechenden Winkel zwischen Strom und Wind legen kann (vgl. Abb. 108), dann kann es passieren, daß der Anker schliert und das Boot von Strom und Wind gleichermaßen vertrieben wird – aber genau in Richtung des Peilstrahls (Abb. 135), weil sich die Über- und Unterwasserkräfte so ideal verbündet hatten.

Auch wenn größere Jollen oder Sport-Motorboote nicht mit einem Kompaß ausgerüstet sind, wenn sie auf einer Wanderfahrt entlang der Küste vor Anker gehen und eine Nacht überliegen wollen, kann man eine Ankerpeilung machen und ständig kontrollieren: Die Besatzung zeichnet einfach die beiden Peilstrahlen (wie in Abb. 133) vom Auge auf die anvisierten Punkte auf ein Stück Papier und kontrolliert jetzt den Peilstrahl der Deckpeilung und den Winkel, in dem beide Objekte vom Boot aus gesehen werden. Der Anker schliert und das Boot treibt, wenn

Abb. 135

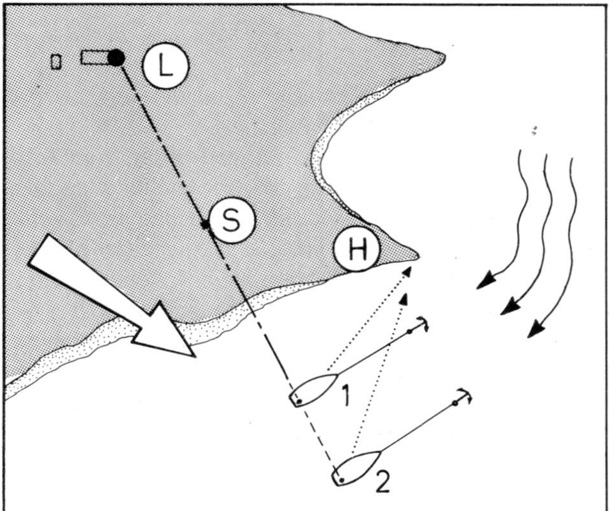

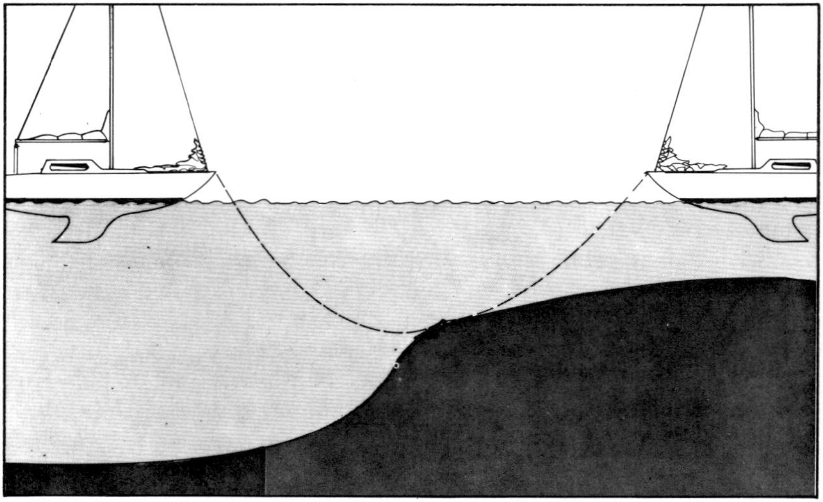

Abb. 136

die Deckpeilung zu einer Seite auswandert und/oder der Horizontalwinkel größer oder kleiner wird.
Das Schlieren des Ankers und Vertreiben vom Ankerplatz, der Ankerwache durch Veränderung der Deckpeilung angezeigt, muß nicht nur durch kräftigen Wind oder starken Strom verursacht sein. Es kann auch ganz simple Gründe haben, die in leichtsinnigen Fehlern beim Ankern liegen (Abb. 136): Wir haben z. B. beim Ankern eine Unterwasserschwelle nicht bemerkt (weil wir vielleicht zuerst geankert und dann erst gelotet haben), und nun glauben wir, auf relativ flachem Wasser mit einem sehr großen und günstigen Verhältnis von Kettenlänge zu Wassertiefe zu liegen.
Wenn der Wind dreht oder der Strom kentert, schwimmt unser Boot aber nicht nur auf viel tieferem Wasser – der Anker wird auch mehr oder weniger schnell aus dem Berghang herausgezogen, und wenn er (im günstigeren Falle) auch in tieferem Wasser Kontakt zum Meeres-

boden behält, reicht doch das nun drastisch und ungünstig reduzierte Verhältnis Leinenlänge zu Wassertiefe nicht aus, um ihm die nötige Haltekraft zu geben. Die Gefahren am Ankerplatz liegen also nicht nur bei zu viel Wind oder zu viel Strom, bei einem nicht richtig angesteckten Anker oder der Gefahr des Schamfilens unserer Ankertrosse – viel häufiger sind seemännische Fehler dieser Art.

So merkt man das Vertreiben und die zunehmende Belastung des Ankergeschirrs

Das einfachste und deutlichste Anzeigegerät, um das Vertreiben vor Anker zu melden, ist das Lot (oder ein anderer, nicht zu großer, aber ausreichend schwerer Gegenstand): Man fiert es in Höhe der Plicht unmittelbar neben der Bordwand ins Wasser (Abb. 137) und setzt es auf den Grund. Dann belegt man das Ende der Lotleine an Bord und gibt die gesamte übrige Leine (je mehr, desto besser) mit ins Wasser.
Um prüfen zu können, ob unser Boot noch seine ursprüngliche Ankerposition innehat, holt man einfach einen Teil der Lotleine auf. Man merkt dann sehr schnell, ob sie noch senkrecht ins Wasser führt oder zunehmend nach vorn zu zeigen beginnt (Abb. 138). Das ist dann ein Zeichen, daß unser Boot treibt; denn das Lot bleibt (mit ausreichender Lose in der Leine) auf seinem ursprünglichen Platz auf dem Meeresgrund stehen – und nur unser Boot verändert seine Position. Das Lot beginnt erst mitzutreiben, wenn die gesamte Leine von unserem Boot durchgeholt und steifgesetzt ist.
Soviel Lotleine wie möglich ins Wasser zu geben, hat auch noch einen anderen Grund: Wenn das Boot schwojt, verändert es zwar auch seine Lage – aber es dreht dabei in einem Kreis um den Anker. Bei einer kleinen Lageveränderung (Abb. 139) zeigt unsere Lotleine nur wenig nach querab. Ist unser Boot weit herumgeschwojt (Abb. 140), führt die Lotleine seitlich weiter weg ins Wasser hinein. In jedem Falle erkennt man jedoch genau, ob ein Boot seine Position nur im Schwojekreis verändert hat oder mit schlierendem Anker achteraus zu treiben beginnt.

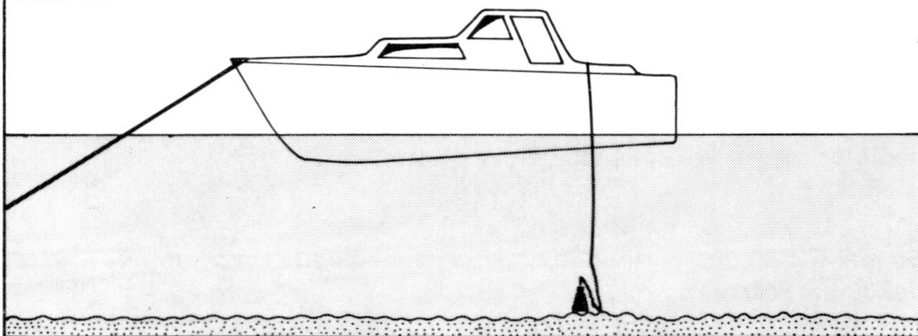

Abb. 137

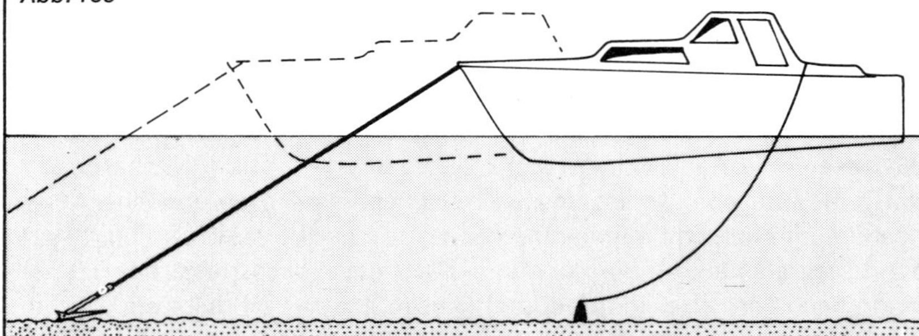

Abb. 138

Abb. 139

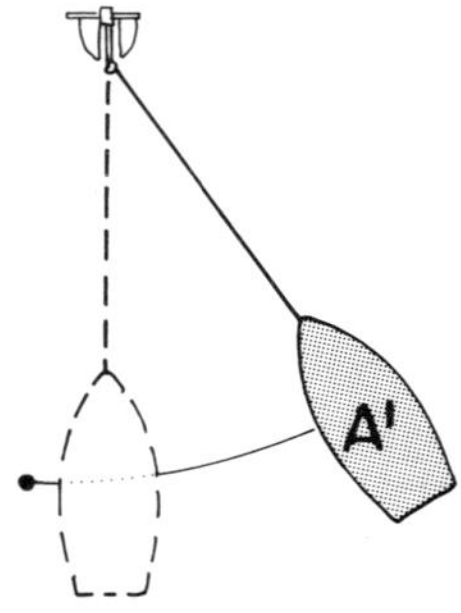

Abb. 140

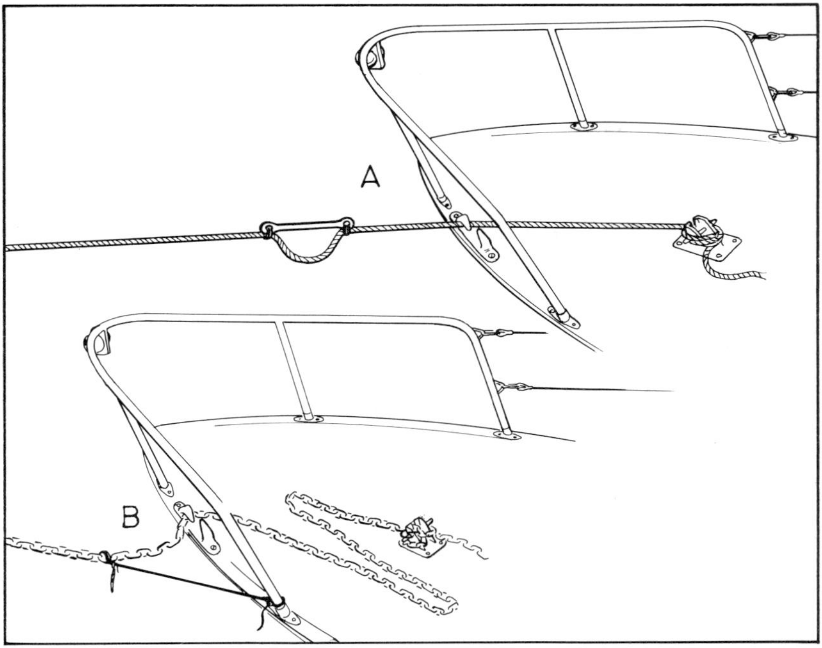

Abb. 141

Ein Gummipuffer in der Ankertrosse (Abb. 141, A) federt zwar die ruckartige Belastung des Ankergeschirrs ab – aber die Elastizität dieses kurzen Gummiendes ist begrenzt. Dafür übernimmt es eine andere, wichtigere Aufgabe: Es zeigt uns, ob der Zug an der Ankertrosse zugenommen hat und ob es ratsam ist, mehr Trosse zu stecken, um die Haltekraft unseres Ankergeschirrs zu erhöhen.

Den gleichen Dienst leistet ein Bändsel (Abb. 141, B) das als einfaches Alarmsystem für das Wecken der Besatzung sorgt, wenn man auf unsicherem Grund vor Anker liegt oder die Gefahr besteht, daß der Anker zu schlieren beginnt: Man befestigt die Ankerkette wie üblich am Vorschiffpoller, legt jedoch einige Buchten davor klar zum Auslaufen an

Deck. Jetzt befestigt man eine Art Vorstopper, d. h. man führt eine kurze, dünne Leine von einem vor dem Deck liegenden Kettenglied zu einer Relingstütze oder dem Bugkorb.
Bei einer sicheren Verankerung ist der Druck auf die Ankerkette gleichmäßig, und der Tampen wird die Belastung der Kette aushalten. Besteht jedoch Gefahr, dann wird die Kette – beim Schlieren – stoßweise und damit ungleichmäßig belastet oder (beim Strom) überbeansprucht. In beiden Fällen reißt die Stoppleine, und die auf dem Vorschiff ausgelegten Buchten rauschen mit Getöse aus. Der Lärm weckt dann die Besatzung, die die Verankerung überprüfen, mehr Kette stecken oder einen neuen, sicheren Ankerplatz aufsuchen kann.

Größere Haltekraft mit wachsender Leinenlänge

Wer auch vor Anker ruhig schlafen will, wird natürlich sein Ankergeschirr mit mehrfacher Sicherheit ausbringen. Über die Ursachen, warum sein Ankergeschirr unter bestimmten Bedingungen nicht hielt, wird er erst nach wiederholten Fehlschlägen eines Ankermanövers nachdenken. Wir haben uns jetzt so viel mit der Praxis am Ankerplatz beschäftigt, daß wir einige Überlegungen über die von der Trossenlänge abhängige Haltekraft unseres Ankergeschirrs anstellen und gleichzeitig die Einbußen prüfen können, die sich ergeben, wenn der Schaft des Ankers nicht waagerecht auf dem Meeresgrund liegt, sondern durch die Zugbelastung an Kette oder Trosse von Zeit zu Zeit oder ständig in einem bestimmten Winkel angehoben wird.
Bei der Auswahl des Ankertyps und der Ankergröße für unser Boot hatten wir zuerst die mögliche Belastung des Ankergeschirrs durch die Wind- und Stromkräfte an unserem verankerten Boot ermittelt. Ausgangspunkt aller dieser Überlegungen war jedoch, daß der Anker so in den Grund eingegraben ist, daß er seine maximale Haltefestigkeit besitzt. Dies ist aber nur der Fall, wenn sich der Schaft nicht anheben kann und der Zug der Ankertrosse immer (wenigstens auf den ersten Metern) waagerecht und parallel zum Grunde wirkt. Diese optimalen Bedingun-

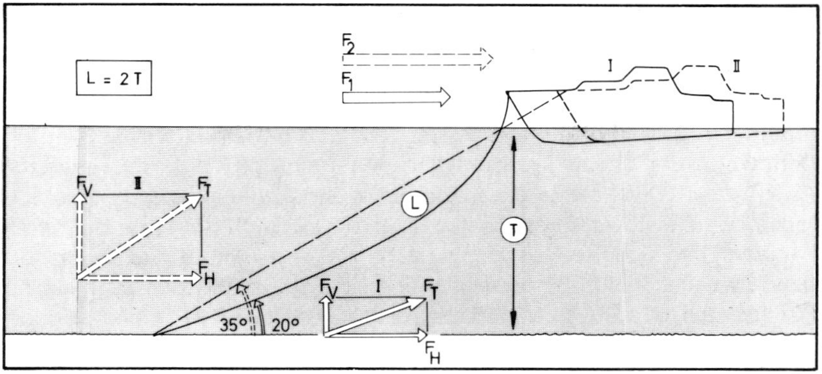

Abb. 142

gen sind aber nur gegeben, wenn die Ankertrosse so lang ist, daß sie den Ankerschaft nicht anheben kann, auch wenn die gesamte Verbindung durch wachsende Einflüsse auf das verankerte Boot immer mehr belastet wird.

Abbildung 142 zeigt, daß bei einer Leinenlänge von doppelter Wassertiefe (L = 2 T) nicht einmal bei einer geringen Belastung (F_1) und durchhängender Ankertrosse diese optimale Haltekraft gewährleistet ist. Sie nimmt nämlich mit wachsender Hebekraft (F_V) ab, und diese Vertikalkraft wiederum nimmt mit dem Sinus des Zugwinkels am Anker zu. Rechnen wir der Einfachheit halber mit einer Belastung am Ankergeschirr und am Boot von F_1 = 1000 N, dann ist im Kräfteparallelogramm I die vertikale Kraft F_V bei einem Winkel von 20° zwischen Ankerschaft und Meeresboden bereits 340 N oder 34%, und sie wächst bei einer nur geringen Mehrbelastung F_2 von 1400 N, die ein Zurücksacken des verankerten Bootes, ein Durchsetzen der Ankertrosse und eine Vergrößerung des Winkels am Ankerschaft auf 35° bewirkt (Detail II), auf ca. 800 N oder weit mehr als die Hälfte. Dieses schnelle Anwachsen der Hebekräfte zeigt, wie wichtig der horizontale Zug genau im Verankerungspunkt ist; denn wenn auch die Horizontalkräfte in unserem Kräfteparallelogramm noch (theoretisch) recht groß sind, so ist die vertikale

Hebekraft doch größer als das Gewicht des Ankers, so daß sie ihn schon unter diesen Bedingungen ausbrechen und schlieren lassen kann.

Abbildung 143 erläutert dieses Nachlassen der Haltekraft einer Verankerung mit zunehmendem Winkel zwischen Meeresgrund und Ankerleine noch einmal detailliert. Wir sehen, daß bei einem Winkel von 0°, d. h. wenn der Schaft flach auf dem Meeresgrund liegt, die Haltekraft (in N) das 170fache des Gewichts eines Stockankers und ca. das 500-fache des Gewichts eines Danforth-Ankers beträgt. Sie sinkt bei einem Anheben des Schaftes bis zu einem Winkel von 10° auf das knapp 120- bzw. 350fache, fällt bei einer weiteren Vergrößerung des Winkels auf 20° fast auf das 90- bzw. 250fache ab und erreicht bei einer weiteren Straffung der Ankerleine jenen Wert von ca. 25°, bei dem die Haltekraft des Ankers erschöpft ist.

Im Falle der Abbildung 142 bedeutet dies: Eine Länge der Ankertrosse von doppelter Wassertiefe ist zu gering; je größer der Zugwinkel am

Abb. 143

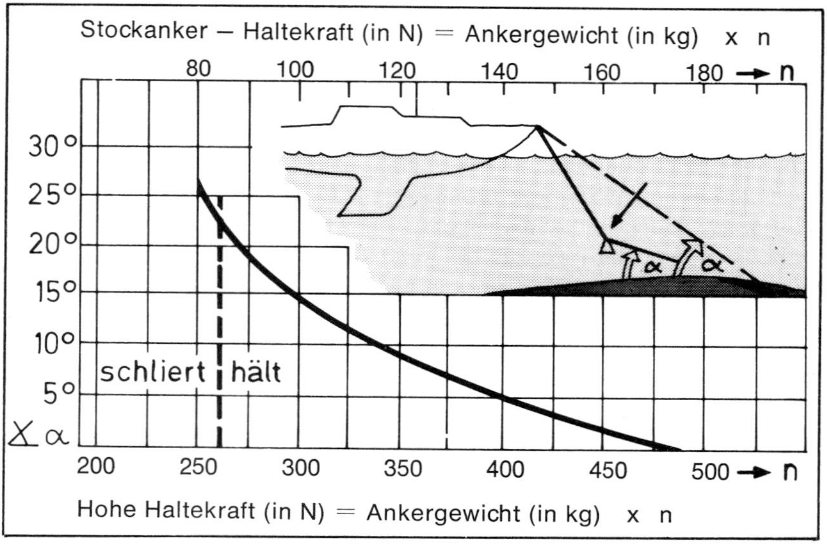

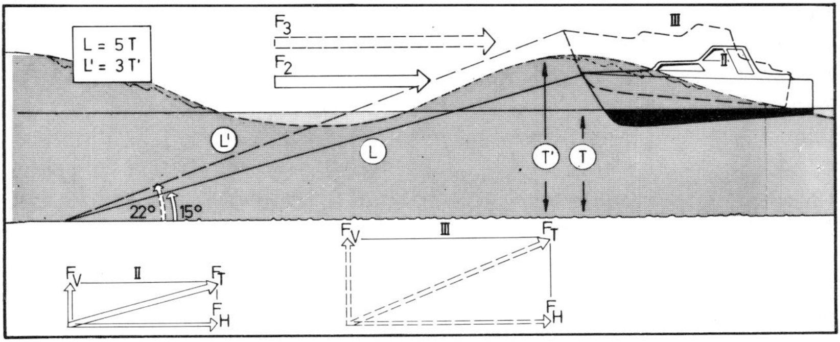

Abb. 144

Anker wird, desto größer muß das Gewicht des Ankers sein, um die vertikalen Hebekräfte ausgleichen zu können – aber ein Winkel von 20° zwischen Ankerschaft und Meeresboden ist die ungünstigste Belastung, die man einem Anker überhaupt (sogar einem Stockanker, der hauptsächlich nach dem Gewichtsprinzip arbeitet) zumuten kann.

Auch eine Trossenlänge von fünffacher Wassertiefe (Abb. 144) ist nicht ausreichend, wenn unser Boot vor Anker liegt; denn die See ist nicht überall und immer nur ein Entenpfuhl: Überall müssen wir den Seegangsfaktor mit berücksichtigen – und sei es nur, indem wir nicht die Höhe unseres Bootes bei ruhigem Wasser oder im Wellental (Pos. II), sondern auf dem Wellenberg (Pos. III) zur Grundlage unserer Trossenberechnung machen.

Wenn sich zu der bisherigen Belastung im Wind (Schubkraft F_2 von bisher 1400 N) noch der Seegang, Strom oder zunehmende Windkraft gesellt ($F_3 = 2000$ N), dann verändert sich mit dem verminderten Verhältnis L = 3 T auch der Winkel am Ankerschaft. Bei einer Ankertrosse von fünffacher Wassertiefe (L = 5 T) betrug er 15° und stellte für Anker ab einem Gewicht von 100facher bzw. 300facher Haltekraft noch eine sichere Verankerung dar (vgl. Abb. 143). Die Hebekraft in Position III von ca. 800 N oder mehr als einem Drittel der Gesamtbelastung ist jedoch für den Anker zu groß – er schliert.

Abbildung 145 zeigt uns noch einmal deutlicher, in welcher Beziehung das Verhältnis Kettenlänge zu Wassertiefe einerseits zum Verhältnis Haltekraft zu Gewicht des Ankers andererseits stehen muß, damit der Anker sicher trägt.

Wie erhalte ich bei wachsender Belastung des Ankergeschirrs mehr Haltekraft?

Übertragen wir dieses Beispiel der Abbildung 144 in die seemännische Praxis und arbeiten dazu mit den Diagrammen 143 und 145, um die richtigen Entscheidungen für die Aufrechterhaltung der Sicherheit unseres Bootes am Ankerplatz zu treffen:
Wir haben mit einem Motorkreuzer in frischem Wind mit wenig Strom geankert und benutzten unseren Dienstanker (Danforth, Gewicht 7 kg)

Abb. 145

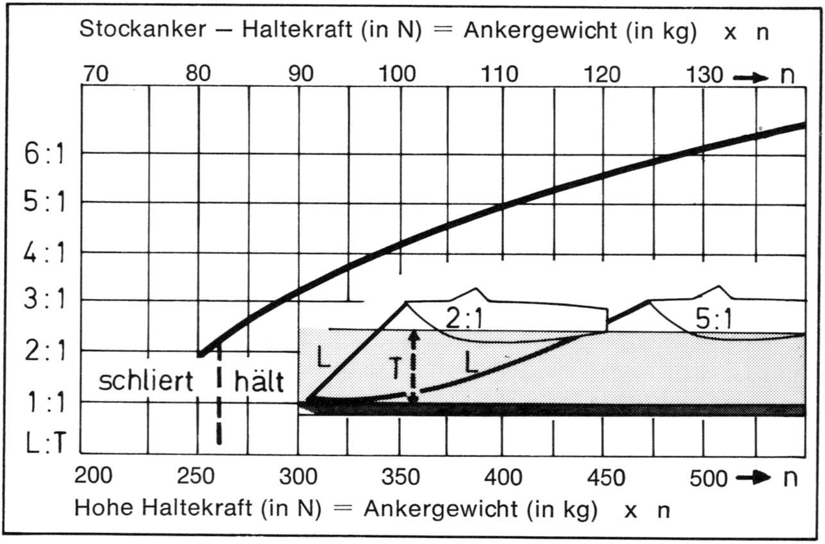

mit einer Leinenlänge von fünffacher Wassertiefe (siehe Abb. 144). Die Gesamtbelastung unseres Ankergeschirrs F_2 beträgt 1400 N. Mit diesem Verhältniswert 5 $^L/_T$ gehen wir in die linke Spalte des Diagramms 145 ein und folgen der waagerechten Linie bis zum Schnittpunkt unserer Kurve. Sie kreuzt hier eine senkrechte Linie, die uns am unteren Rand für den Leichtanker eine Sicherheit des 400fachen unseres Ankergewichtes anzeigt. Bei einem Ankergewicht von 7 kg ermitteln wir mit diesem Multiplikator n = 400 eine Haltekraft von 2800 N.

- Fazit: Bei fünffacher Trossenlänge kann die jetzt bestehende Belastung unseres Ankergeschirrs (die exakten Werte für eine Kalkulation enthalten die Tabellen 13 und 17) von jetzt F_2 = 1400 N gut aufgenommen werden; mit unserem 7-kg-Anker und einer Trossenlänge L = 5 × T sind wir bis zu einer Belastung von 2800 N sicher.

Jetzt frischt der Wind auf; aber unsympathisch wird vor allem eine leichte Dünung, in der unser Motorkreuzer am Ankerplatz zu dümpeln beginnt. Der Schipper registriert, daß sich jetzt zwei Werte ändern: Die Belastung des Ankergeschirrs wächst auf F_3 = 2000 N, und auf dem Wellenkamm vermindert sich das Verhältnis Trossenlänge zu Wassertiefe auf L = 3 T'. Der Schipper kalkuliert: Um den Faktor n für Abbildung 145 zu ermitteln, teilt er die Belastung (2000 N) durch das Ankergewicht (7 kg), also 2000 : 7 = ca. 280. Abbildung 145 zeigt uns, daß die Linie der dreifachen Trossenlänge die Kurve der Haltekraft bei dem Faktor n = 300 schneidet, wir ermitteln einen kleineren Faktor von ca. 280. Das bedeutet: Unser 7-kg-Danforth-Anker gibt uns bei einem Verhältnis L = 3 T' keine ausreichende Haltekraft mehr am gleichen Ankerplatz unter diesen nun höheren Belastungen des Ankergeschirrs.

Wir können zwar den Winkel zwischen Schaft und Grund in der Praxis nicht messen – aber auch die Abbildung 143 zeigt uns, daß wir mit diesem (konstruierten) Winkel α von 22° bei L = 3 T bereits im Grenzbereich des schlierenden Ankers und unsicheren Ankergeschirrs liegen, wenn unser Ankergeschirr mit dem ca. 250fachen des Ankergewichtes belastet ist.

Was ist zu tun?

Der Schipper hat drei Möglichkeiten, um die Sicherheit unseres Bootes

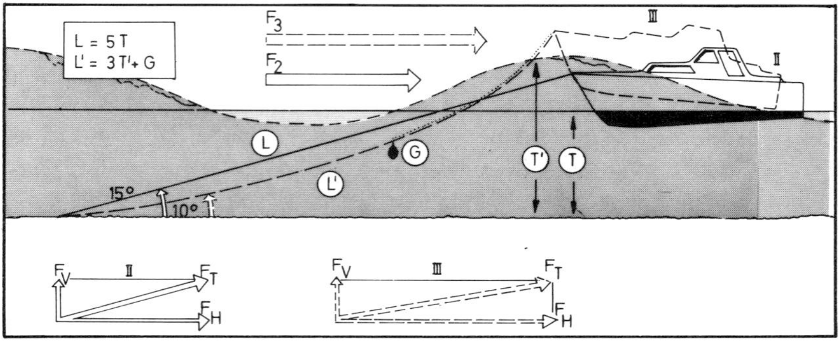

Abb. 146

am Ankerplatz auch bei der größer gewordenen Belastung durch Wind, Seegang und Strom wiederherzustellen.

1. Er fiert sein Gleitgewicht G an der Ankertrosse entlang so weit wie möglich bis zum Ankerschaft (Abb. 146), um trotz des ungünstiger gewordenen Verhältnisses von Trossenlänge zu Wassertiefe von L' = 3 T' den auf 22° gefährlich gewachsenen Zugwinkel am Ankerschaft wieder auf mindestens 15° zu vermindern. Abbildung 143 sagt uns nämlich, daß bei einem Zugwinkel am Ankerschaft von 15° (wir gehen in die linke Spalte ein und folgen der 15°-Linie waagerecht bis zum Schnittpunkt mit der fetten Kurve) die Haltekraft des Leichtankers noch ca. das 300fache des Ankergewichts beträgt. Wir multiplizieren diesen Faktor n = 300 mit dem Ankergewicht von 7 kg und erhalten eine Haltekraft von 2100 N.

- Fazit: Der neuen Belastung F_3 = 2000 N steht eine Haltekraft unseres Ankers von 2100 N gegenüber, wenn wir (trotz des ungünstigeren Verhältnisses Trossenlänge zu Wassertiefe von 3 zu 1) mit Hilfe eines Ankergewichtes den Zugwinkel am Anker auf mindestens 15° ständig vermindern können. Ein schweres Ankergewicht, das noch tiefer rutschen und dabei den Winkel sogar auf ca. 10° reduzieren könnte, würde die Haltekraft um weitere 10% auf ca. 2350 N erhöhen.

2. Wir ersetzen den Dienstanker vom 7-kg-Danforth-Typ durch den Sturmanker vom gleichen Danforth-Typ, aber mit einem Gewicht von 10 kg.

Um bei dem auf L = 3 T' verminderten Trossenverhältnis noch sicher vor Anker liegen zu können, ist mindestens eine Haltekraft des 300fachen vom Ankergewicht (nach Abbildung 145) erforderlich. Unser Ankergewicht von 10 kg × 300 ergibt eine Haltekraft von 3000 N.

- Fazit: Auch wenn es uns nicht möglich ist, mehr Ankertrosse zu stekken und damit das ungünstig gewordene Verhältnis L = 3 T' wieder auf das ursprüngliche Verhältnis L = 5 T zu vergrößern, hält unser stärkerer Sturmanker die erhöhte Belastung von 2000 N aus. Hinsichtlich der Haltekraft bietet er sogar noch eine Sicherheitsreserve: Auch wenn wir von dem (uns unsichtbaren) Zugwinkel am Anker ausgehen, der bei diesem Austausch der Anker mit 22° unverändert bleibt, reicht das ca. 250fache des Ankergewichtes = 2500 N noch aus, um die erhöhte Belastung von ca. 2000 N am Ankerplatz sicher abzubremsen.

3. Wenn uns nur der 7-kg-Danforth-Anker zur Verfügung steht, müssen wir mehr Ankertrosse stecken, um durch ein besseres Verhältnis Trossenlänge zu Wassertiefe auch bei zunehmender Belastung für die gleiche Sicherheit zu sorgen. Der Schipper fiert also die Ankertrosse (wenn er genügend lange Reserveleinen von annähernd gleicher Zugfestigkeit an Bord hat) auf L = 7 T (Abb. 147) und gewinnt dabei (nach Abb. 145) das mehr als 500fache des Ankergewichtes an Haltekraft. Bei Benutzung des 7-kg-Dienstankers also 500 × 7 = 3500 N.

Abb. 147

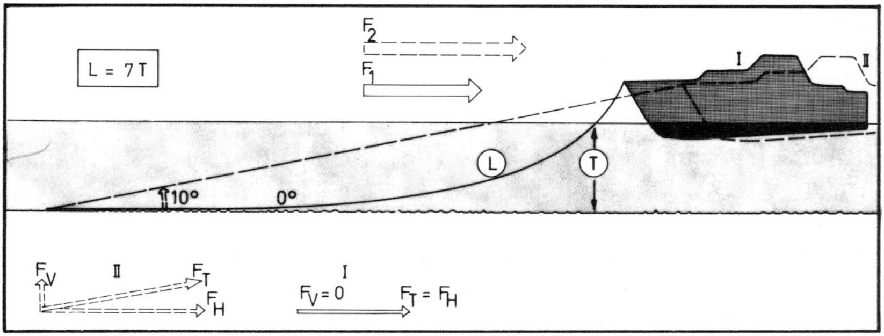

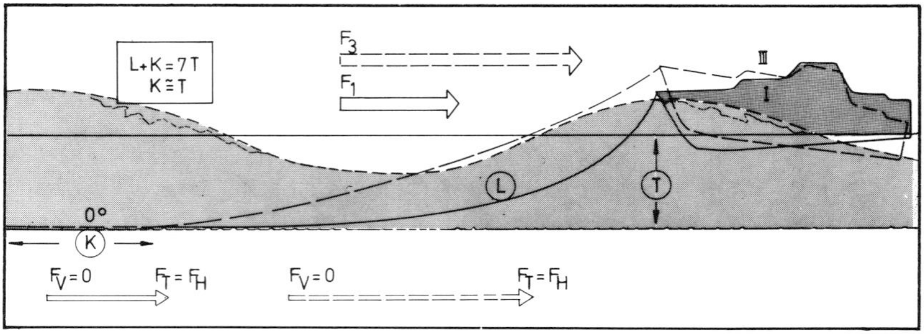

Abb. 148

- Fazit: Wenn man mehr Trosse steckt, gewinnt man am schnellsten und bequemsten größere Sicherheit am Ankerplatz. In unserem Falle gewinnen wir bei L = 7 T eine Haltekraft von ca. 3500 N oder nahezu doppelte Sicherheit gegenüber der Belastung von 2000 N.

Der Winkel am Ankerschaft wächst hierbei maximal auf 10°; Abbildung 143 zeigt, daß unser Anker bei einem Zugwinkel von 10° bei einem Faktor n = ca. 500 immer sicher hält.

In der Praxis wird jedoch die Entscheidung, die sich der Schipper aus den drei Möglichkeiten auswählt, nicht nur von den Ausrüstungsteilen an Bord (Dienst- und Sturmanker unterschiedlicher Gewichte, Gleitgewicht und Reservetrossen) abhängen, sondern auch von dem Platz, der ihm zum Schwojen bleibt. Nicht überall kann sich ein Boot ungehindert am Ankerplatz bewegen; meistens liegt es in einem Feld mit anderen Booten, und es kann nach achtern nicht unbedenklich mehr Trosse stecken. Dann kommt es darauf an, weder das Verhältnis Trossenlänge zu Wassertiefe auf mehr als 5:1 zu vergrößern noch gleichzeitig den Winkel am Ankerschaft auf mehr als 10° anwachsen zu lassen. Das ist nur durch die Benutzung einer Ankerkette (Abb. 148) oder zumindest eines Kettenvorlaufes möglich.

Hier sehen wir, wie es schon nur unter Benutzung eines Kettenvorlaufes am Anker von ungefähr gleicher Länge wie Wassertiefe möglich ist, sowohl zunehmende Belastung durch Wind und Strom als auch Stampfbewegungen im Seegang so wirkungsvoll abzufedern, daß sich der Ankerschaft nicht (oder zumindest nur bis zu 10°) vom Boden erhebt und dabei keine Hubkräfte am Anker entstehen. Die Gesamtkräfte F_T entsprechen dann den Horizontalkräften F_H am Ankerschaft, und der Anker kann seine nominelle Haltekraft abgeben, ohne durch die Vertikalkraft F_V von seiner maximalen Leistung einzubüßen.

Die vielen Arten der Verankerung für jeden Bootstyp und jedes Gewässer

Im allgemeinen wird man nur *einen* Anker ausbringen, wenn man das Boot ohne Verbindung zum Land im freien Wasser festlegt. Hier gibt es folgende Möglichkeiten:
Die Verbindung „Anker und Trosse" kommt vor allen Dingen für kurz-

Abb. 149

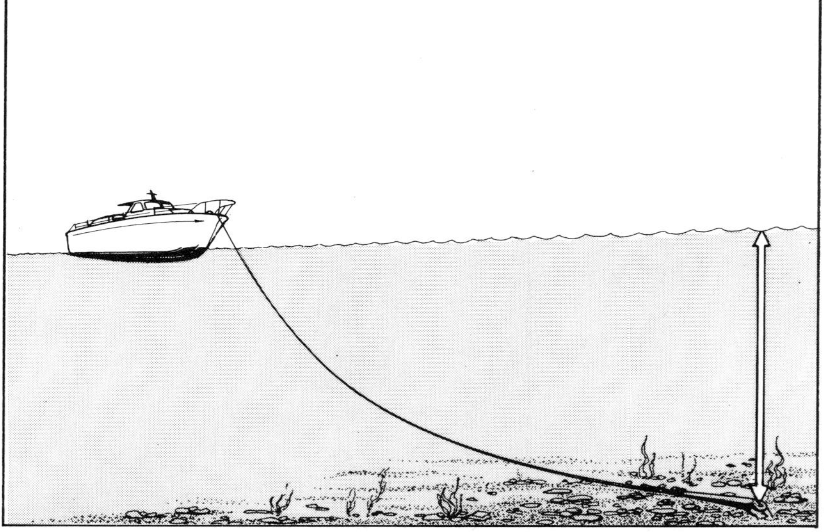

zeitiges Ankern bei ruhigem Wetter und in heimischen Gewässern in Frage (Abb. 149). Wir hatten gesehen, daß die dreifache Wassertiefe als Trossenlänge für die zu erwartende Zugbelastung im allgemeinen nicht ausreicht; erst ein Verhältnis 7:1 verleiht unserem Boot unter allen Bedingungen die nötige Sicherheit, bei kurzzeitigem Ankern genügt auch ein Verhältnis von 5:1.
Die Trosse ist im allgemeinen zu leicht, um mit zur Abfederung des Ankergeschirrs beizutragen, und bei Benutzung von synthetischem Tauwerk muß man außerdem den Auftrieb der Trosse berücksichtigen, so daß ein kleiner Zugwinkel am Anker erst bei einer sehr langen Ankertrosse gewährleistet ist. Die Sicherheits- und Ausrüstungsvorschriften für Seekreuzer gestatten daher die Verwendung von Ankertrossen aus Perlon im allgemeinen nur, wenn ein ausreichend langer Kettenvorlauf zwischen Anker und Trosse geschäkelt wird.

Abb. 150

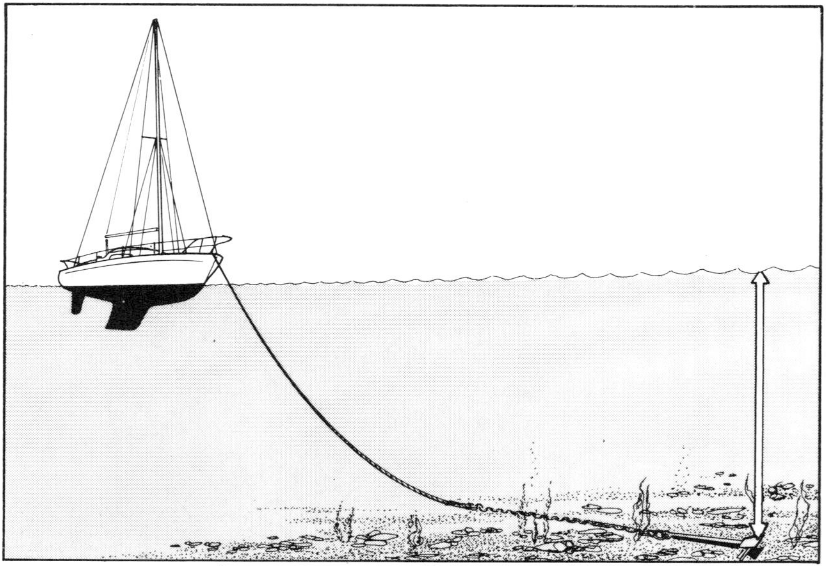

Diese Verbindung „Anker-Kettenvorlauf-Trosse" ist besonders für Seekreuzer zu empfehlen, die Seeregatten segeln und daher, so weit es geht, Ausrüstungsgewichte einsparen wollen (Abb. 150). Die Vorschriften des Germanischen Lloyd empfahlen bis vor kurzem als Alternative zu einer Ankerkette von 60 m (ohne Benutzung einer Ankertrosse) die Verbindung von 30 m Kette und 38 m Trossen, d. h. für 30 eingesparte Meter Ankerkette mußte man 39 m Ankertrosse an Bord nehmen. Von einem „Kettenvorlauf", unter dem ich ca. ein Viertel der gesamten Länge der Verbindung zwischen Anker und Boot verstehe, kann man hier schon nicht mehr sprechen. In den neuen Vorschriften für seegehende Yachten (s. Tabelle 42) sind ausschließlich Ankerketten vorgeschrieben.

Es empfiehlt sich das Anstecken der Kette an den Anker sowie die Verbindung des anderen Endes mit der Perlontrosse, da hierdurch die wirk-

Abb. 151

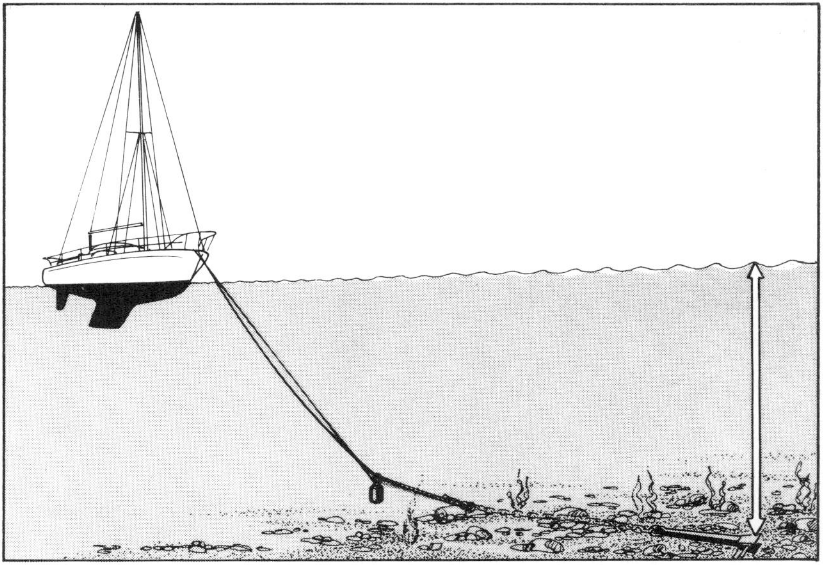

samste Verringerung des Zugwinkels am Anker erreicht wird und auch noch für eine wirksame Abfederung gesorgt ist. Auch bei Benutzung nur eines Kettenvorlaufes wird die Belastung der Trosse erheblich vermindert und gleichzeitig Vorsorge getroffen, daß sich eine Ankertrosse auf steinigem Grund nicht durchscheuern kann, so daß man auf diesen zusätzlichen Sicherheitsfaktor niemals verzichten sollte.
Die Sicherung dieser Verankerung mit Anker und Trosse ist durch ein Ankergewicht bei Wetterverschlechterung am leichtesten möglich (Abb. 151). Gleichzeitig kann man bei Auffrischen des Windes, bei starker Strömung oder heftigen Stampfbewegungen des Bootes im Seegang die Trosse von ca. fünffacher Wassertiefe auf siebenfache Wassertiefe verlängern, um die Haltefestigkeit des Ankergeschirrs zu verstärken. Das Grundgewicht fiert man an seinem Gleitschäkel (siehe Abb. 66) und an einer besonderen Fangleine nach Möglichkeit bis auf den Grund;

Abb. 152

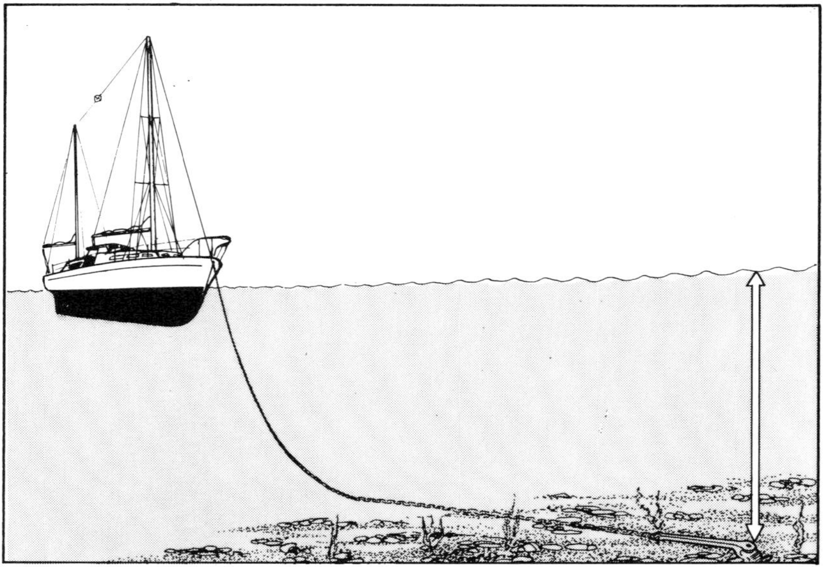

aber auch ein nur auf Drittellänge hängendes Gewicht kann schon federnd und entlastend wirken.
Die sicherte Art der Verankerung stellt immer die Kombination „Anker und Kette“ dar (Abb. 152). Die Länge der Ankerkette beträgt nach den Vorschriften des Germanischen Llyods für Seekreuzer von 2 t Verdrängung z. B. 45 m, für 4 t Verdrängung 50 m (s. Tabelle 42). Das ist natürlich sehr viel, aber eine Kette hat auch viele Vorteile: Mit ihrem Gewicht erhöht sich noch die Sicherheit der Verankerung; das Gewicht kann praktisch (wenigstens zum Teil) mit ruhigem Gewissen zum Ankergewicht addiert werden, wenn man die Haltekraft unter Benutzung des Faktors n (siehe Abb. 143 und 145) ermittelt; der Zugwinkel 0° zwischen Ankerschaft und Meeresgrund bleibt unter allen Bedingungen, selbst bei hoher Belastung, erhalten; die lange, schwere Verbindung zum Anker federt jeden Druck nicht nur weich, sondern auch mit sehr ruhigen Perioden des Steifkommens und Streckens ab – und nicht zuletzt: Der Ankerplatz, den ein Boot mit Ankerkette benötigt, nimmt nur ca. ein Viertel der Fläche eines nur mit Trosse verankerten Bootes ein (Abb.

Abb. 153

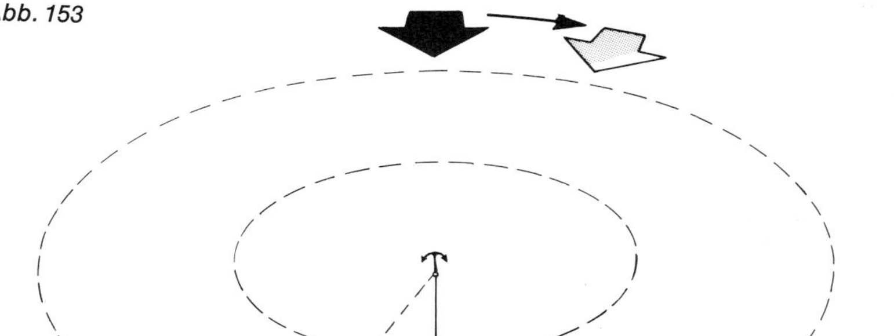

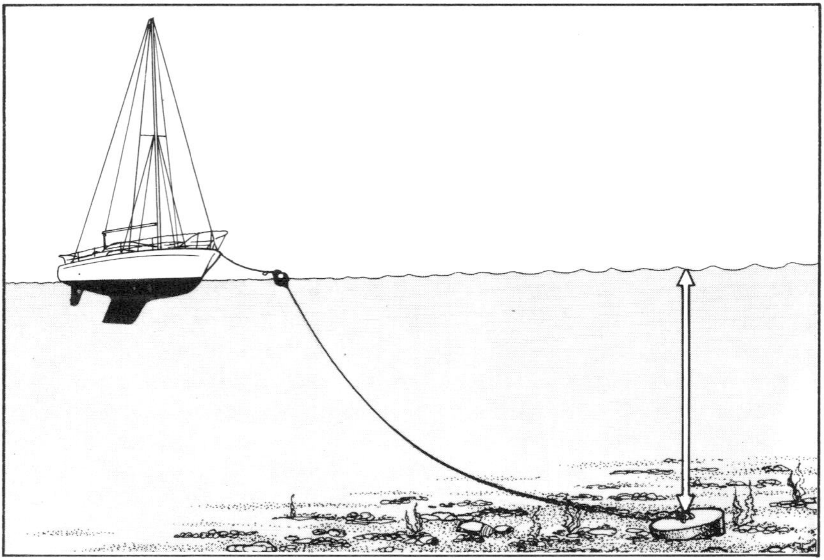

Abb. 154

153), so daß man sowohl auf begrenzten Revieren wie bei sehr tiefem Wasser (selbst mit dem Nachteil des Gewichtes) ohne Ankerkette nicht auskommt.

Besonders für längere Verankerung oder das ständige Liegen auf einem festen Ankerplatz empfiehlt sich das Zwischenschalten einer Boje zwischen Ankertrosse und Boot (Abb. 154): Das sind dann die gleichen Bedingungen, die wir auch an einer Muring schaffen – mit der einzigen Ausnahme, daß hier der Anker auch durch einen Betonklotz oder andere Gewichte ersetzt ist, deren Anschaffung nicht so aufwendig und deren Belastbarkeit in allen Richtungen größer ist. (Über Muring und Muringgeschirr werden wir später noch ausführlicher sprechen.) Durch diese Boje im Ankergeschirr erhält das Vorschiff wertvollen Auftrieb, besonders beim Stampfen im Seegang, da jetzt die Boje das Gewicht des Kettenvorlaufs und der Trosse allein trägt, und die Elastizität der

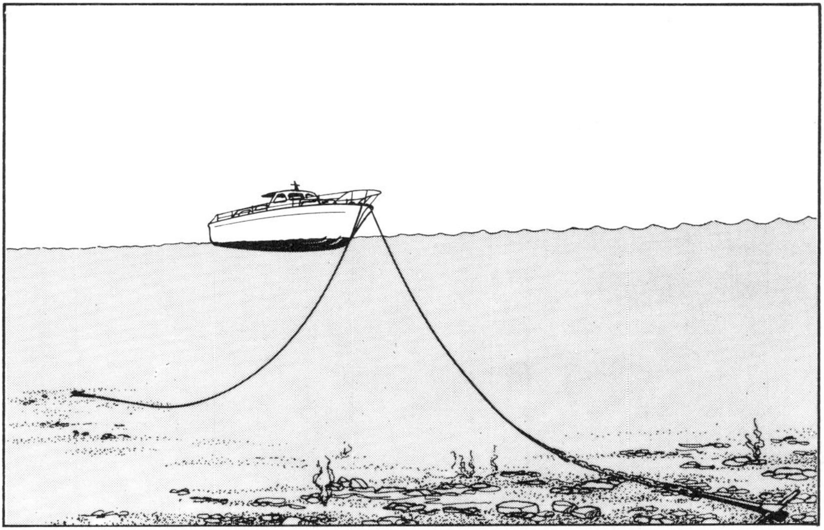

Abb. 155

Verbindung wird vergrößert, weil zuerst Zug auf die Bojenleine und dann erst auf die Ankerkette kommt.

Die Verankerung mit zwei Ankern wird man nur unter besonderen Bedingungen vornehmen: Abbildung 155 zeigt das bereits genannte Vermuren (siehe Abb. 114), wenn der Drehkreis beim Schwojen begrenzt ist. Bei dieser Anordnung der Anker liegt unser Boot jedoch ständig nur vor *einem* Anker, während man die Verankerung in Abbildung 156 benutzt, um unter sehr harten Bedingungen die Belastung auf die Haltekraft von zwei Ankern zu verteilen. Wie man den zweiten Anker im Gefahrenfalle ausbringt und was bei der Wahl des Winkels zwischen beiden Ankerketten zu beachten ist, haben wir bereits behandelt.

Wenn man das Boot mit zwei Ankern vermurt hat, benutzt man meistens die Kette für den Hauptanker und die Trosse für den Warpanker. Dabei können sich beide Ankerverbindungen berühren, wenn der Strom kentert und das Boot schwojt. Man verhindert dies wirkungsvoll, wenn man

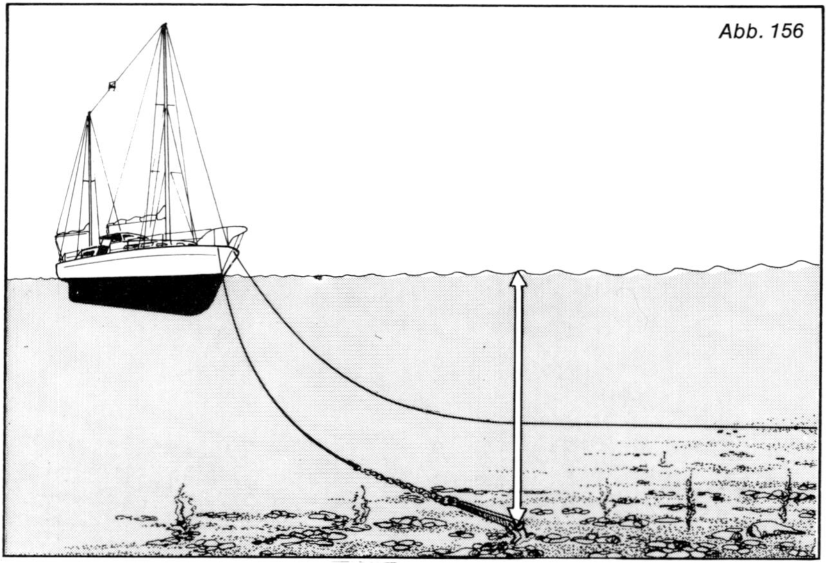

Abb. 156

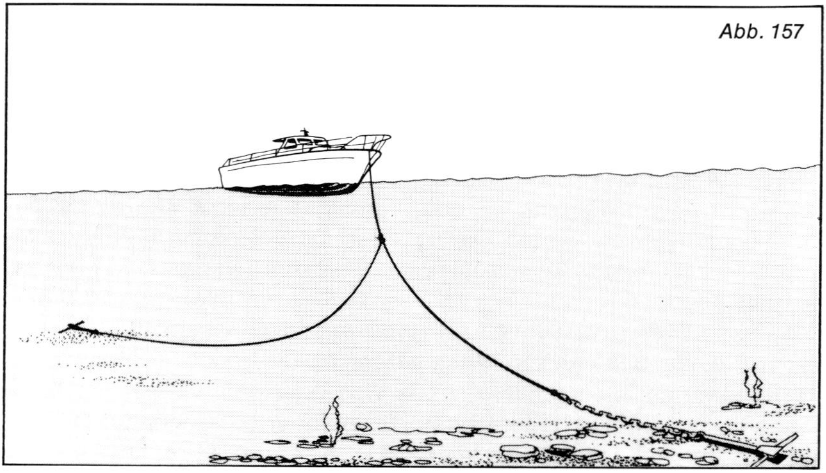

Abb. 157

Abb. 157a

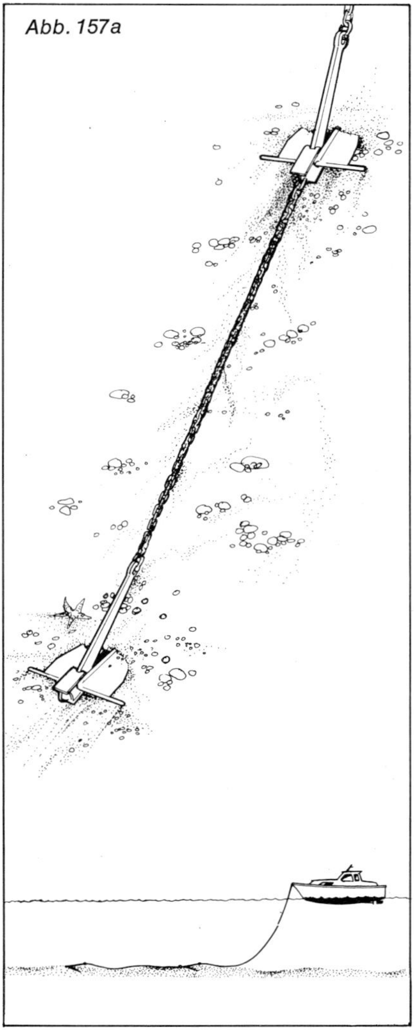

nicht beide Verbindungen bis zum Deck führt (Abb. 157), sondern sie bereits unter Wasser verbindet. Das geschieht durch einen Stopperstek. Ist die Ankertrosse länger als erwünscht, führt man das restliche Ende einfach (ohne Belastung) an der Kette entlang zum Vordeck.

Zwei Anker können auch an einer Kette hintereinander befestigt (man nennt dieses „verkattet") werden. Sie kommen dann beide zum Tragen, ohne sich zu stören. Dieses Verkatten des Ankers (Abb. 157a) ist vor allem eine Möglichkeit, dem Ankergeschirr bei zunehmender Belastung eine wesentlich höhere Haltekraft zu geben (Abb. 142–148), wenn weder ein Ankergewicht zur Verfügung steht noch durch den begrenzten Platz auf einer Reede unter zahlreichen Ankerliegern mehr Kette oder Trosse gegeben werden kann. Dazu steckt man einen Anker mit einem kurzen Ketten- oder Leinenvorlauf an den anderen Anker. Der leichtere Anker, der auch Kattanker genannt wird, liegt dann am weitesten voraus, das heißt man gibt ihn zuerst ins Wasser und läßt ihn sich eingraben, bevor der Hauptanker faßt und trägt.

Die sichere Verankerung eines Katamarans

Für einen Katamaran stellt das Ankern oft ein besonderes Problem dar, insbesondere, wenn er mit Strom und Wind aus unterschiedlichen Richtungen gleichermaßen fertig werden muß. Im allgemeinen führt man die Ankerleine zwischen den beiden Rümpfen hindurch (mit oder ohne Führung auf dem Mitteldeck) und belegt sie am Mast oder an einer Klampe in dessen unmittelbarer Nähe. Beim Schwojen dreht sich der Kat aber nicht nur wie ein Einrumpfboot weitgehend harmonisch mit der Drift zu einer oder zur anderen Seite, er giert und bockt dabei auch noch, wenn der Zug der Ankerleine näher zum einen oder zum anderen Rumpf gerichtet ist und dabei die Windströmung wiederum mit einem ganz anderen Winkel auf die beiden Rümpfe trifft.

Man vermeidet alle diese Schwierigkeiten, wenn man anstatt der einen Ankerleine zwei Leinen schert, jede zu einem Bug (Abb. 158) an Steuerbord (S) und Backbord (B). Hierzu erhält jeder Bug eine Leitöse, durch die eine der beiden gleichlangen Zwillingsleinen s und b geführt werden, und beide laufen ungefähr eine Bootslänge vor dem Steven in einer Hahnepoot der eigentlichen Ankertrosse a zusammen.

Jetzt liegt der sonst entfesselte Katamaran an einem straffen Zügel (Abb. 159), und er kann weder beim normalen Schwojen unter schralendem Wind noch beim Wechsel der Seite in kenterndem Strom ausbrechen und Schaden leiden.

Abb. 158

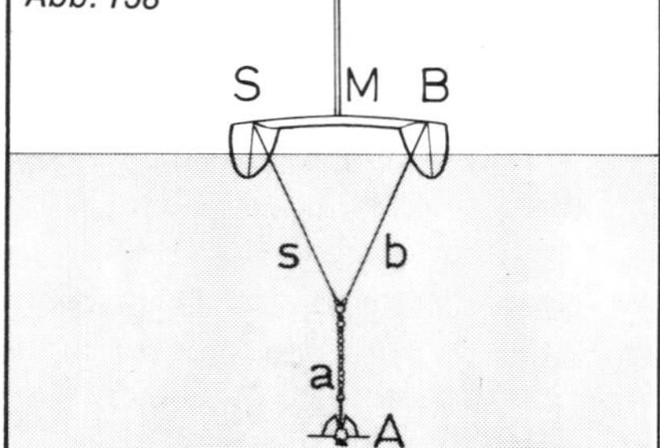

Abb. 159

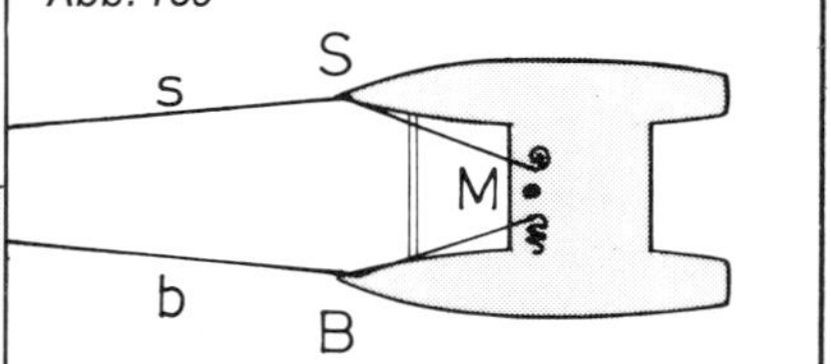

Auch mit Motorkraft kann man das Ankergeschirr entlasten

Muß man in starkem Sturm um die Haltekraft des Ankers bangen und hat man keine Möglichkeit mehr, durch das Auffieren von mehr Ankerkette, durch das Nachstecken von Ankertrossen oder durch das Absenken zusätzlicher Gleitgewichte am Ankergeschirr dessen Haltekraft selbst zu erhöhen, kann man zu seiner Entlastung auch den Motor anlassen und „gegenandampfen". Unter diesen Bedingungen des „Motorens auf der Stelle" wirkt jedoch der Propeller nicht mit gleicher Kraft wie beim „Motoren in Fahrt", weil unser Boot (wenn keine, das Ankergeschirr belastende Wasserströmung vorhanden ist) dabei keine Fahrt durchs Wasser macht. Der Wirkungsgrad des Propellers fällt hierbei auf einen Bruchteil seiner eigentlichen Schubkraft ab, da für den Schub selbst nur der erzeugte Slipstrom verwertet wird. Entsprechende Anhaltswerte sind aus Fahrversuchen bekannt.

Die günstigsten Bedingungen für dieses Gegenandampfen wären bei einem Slip von 100% zu erreichen. Diese Verhältnisse treten aber nicht ein, da der Propeller einen Slipstrom erzeugt. So erreichte man jedoch z. B. mit einem 10-PS-Außenborder als Hilfsmotor an einem kleinen Seekreuzer mit Halbgas einen Schub von ca. 2000 N, mit Vollgas aber nur von ca. 700 N. Bei einem Motorkreuzer wurden mit einem 110-PS-Einbaumotor bei Halbgas ca. 5000 N, bei Vollgas ca. 1200 N gemessen. Hier zeigte sich deutlich, daß man beim Gegenandampfen vor Anker (einer „Fahrt auf der Stelle" also) mit Halbgas einen viel größeren Schub erzeugen kann, als wenn man den Motor auf vollen Touren laufen läßt, da sich der Schub proportional mit der Geschwindigkeit des Slipstromes vermindert. (Die Werte sind sehr stark von den Möglichkeiten des Wasserzuflusses unter dem Rumpf, der Drehzahl des Motors und der Art des Propellers abhängig.)

Für uns genügt beim Gegenandampfen nur gegen die Windkraft (ohne Strom!) die Erkenntnis, daß weniger (Umdrehungen) mehr (Schubkraft) ist; dieses seltene, günstige Verhältnis kommt uns sehr entgegen, weil man – wenn man überhaupt den Motor als letzte Hilfe am Ankerplatz

benutzt – natürlich mit zahlreichen Betriebsstunden rechnen muß und uns diese ökonomische Fahrt sehr gelegen kommt.
Gesellt sich noch der starke Strom zum starken Wind, wenn die Grenze der Haltekraft unseres Ankergeschirrs erreicht ist, kann man die Wirkungen des Gegenandampfens besser kalkulieren, weil man sie sehen kann: Wenn jetzt der Motor mit halber Drehzahl mitläuft, können wir seinen entlastenden Schub an einer geringfügigen Lose erkennen, die die Ankerkette durch seine Hilfe erhält, und wir können die Kraftstoffzufuhr entsprechend steuern. Wenn jetzt der Motor die Stromkraft aufhebt und das Ankergeschirr nur die Windkraft aushalten muß, ist die Be- und Entlastung meistens gut verteilt.

Die Trippleine sichert den Verlust des Ankergeschirrs, wenn der Anker unklar kommt

Wer mit mehreren anderen Booten auf dem gleichen Platz vor Anker liegt, auf dem dazu noch – wegen der Kenterung des Tidenstromes oder durch die Begrenzung des geschützten Ankerreviers – im allgemeinen mit zwei Ankern vermurt wird, sichert sein Ankergeschirr durch eine Tripleine. Ist es nicht möglich, den Anker, wie üblich, über seine Trosse zu lichten, weil er auf dem Grund hinter einem Hindernis unklar gekommen ist oder (beim Schwojen, vgl. Abb. 165) ein anderes Boot genau über dem Anker liegt, dann muß man ihn über diese Fangleine einholen. Sie greift an der Krone (eines Leichtankers) oder am Kreuz (eines Stockankers) an, hat eine ausreichende, von der Wassertiefe abhängige Länge und ist an der Oberfläche durch eine Boje (Abb. 160) gekennzeichnet. Ihre Nutzlast muß ausreichen, um den Anker nicht nur anzuheben, sondern ihn im Notfall auch auf dem Grund zu befreien (Abb. 161). In Tidengewässern hat es sich bewährt, die Tripleine mit einem Gleitgewicht auszurüsten (Abb. 162), damit sich die genau über dem Anker liegende Handboje den Wasserstandsänderungen anpassen kann; auch beim Fallen des Ankers bleibt sie durch diese (beim Werfen des Ankers längere) Leine mit Gleitgewicht vom Anker sicherer klar.

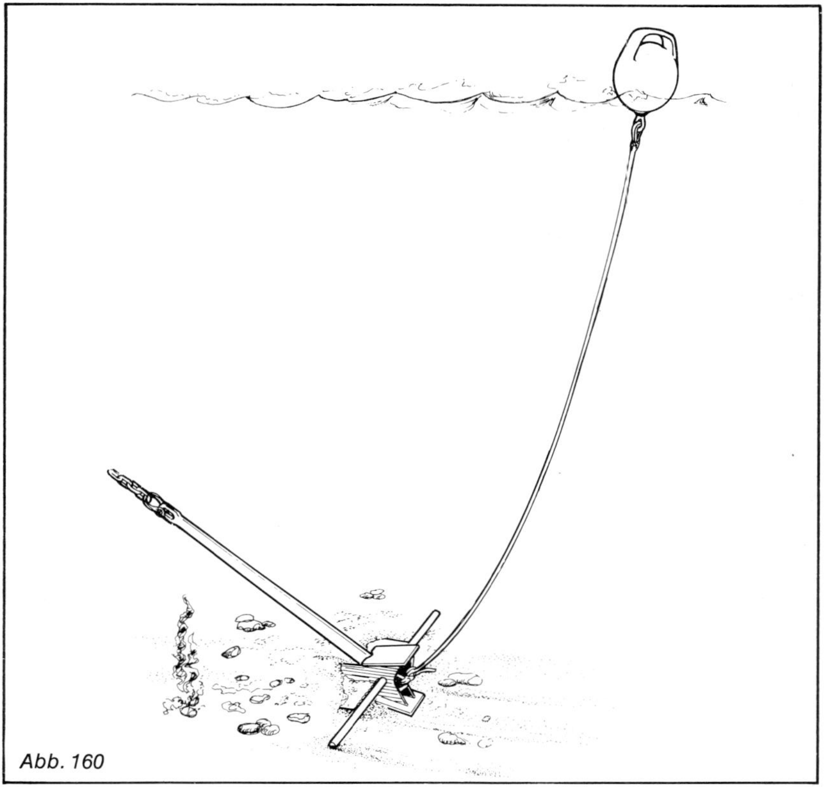

Abb. 160

Es gibt viele Möglichkeiten, um eine Tripleine anzuordnen und zu kennzeichnen (Abb. 163): Man zeist sie einfach in der Länge der Wassertiefe einigemale entlang der Kette oder Trosse (A), so daß sie weder sichtbar ist noch andere Boote stört und erst in Aktion treten kann, wenn die Kette kurz Stag gehievt ist und sich herausstellt, daß der Anker unklar gekommen ist und auf dem üblichen Wege nicht ausbrechen will. Die Fangleine wird dann entsprechend verlängert, wenn man tatsächlich

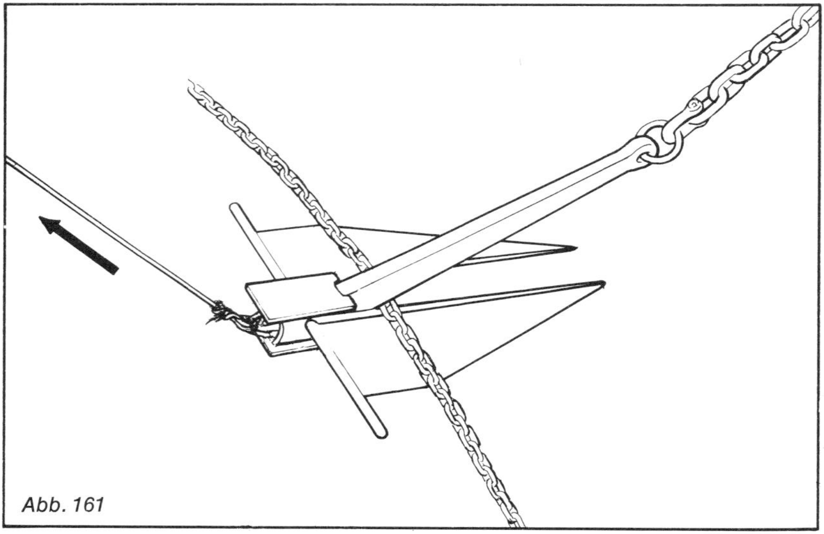

Abb. 161

mit ihr arbeiten muß. B und C zeigen die üblichen, im Detail bereits in den Abbildungen 160 und 162 erklärten Anordnungen. In D ist die aufgeschossene kräftige Tripleine direkt über dem Anker befestigt; nur eine dünne Leine (zu ihrem Ausreißen) führt zu einer Boje an der Wasseroberfläche. Die Vorteile: Es genügt schon eine kleine Plastikflasche, um die leichte Reißleine zu halten; sie reißt auch, wenn sie in den Propeller vorbeifahrender Motorboote gerät, und schützt unsere Fangleine vor dem Verlust, wie sie andere Boote vor Schaden bewahrt. Bei E spart man diese Reißleine; aber die aufgeschossene Fangleine dicht unter der Wasseroberfläche kann tiefgehenden Booten selbst gefährlich werden. Dafür ist die Anordnung E die sicherste; denn man hat mit einem Griff eine Tripleine in beliebiger und unbegrenzter Länge in der Hand.
Beim Ankern wird die Tripleine mit Boje zuerst ins Wasser gegeben und hierzu möglichst weit vor den Bug geworfen. Damit sie sich keinesfalls um die Flunken legen und den Anker umgarnen kann, kann man

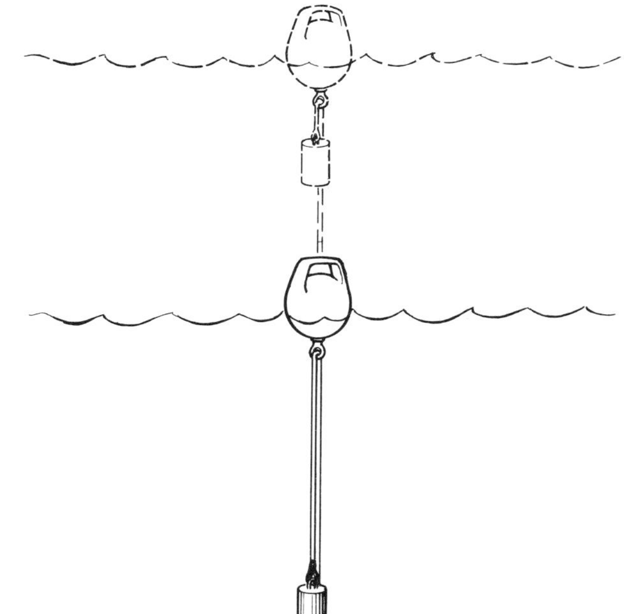

Abb. 162

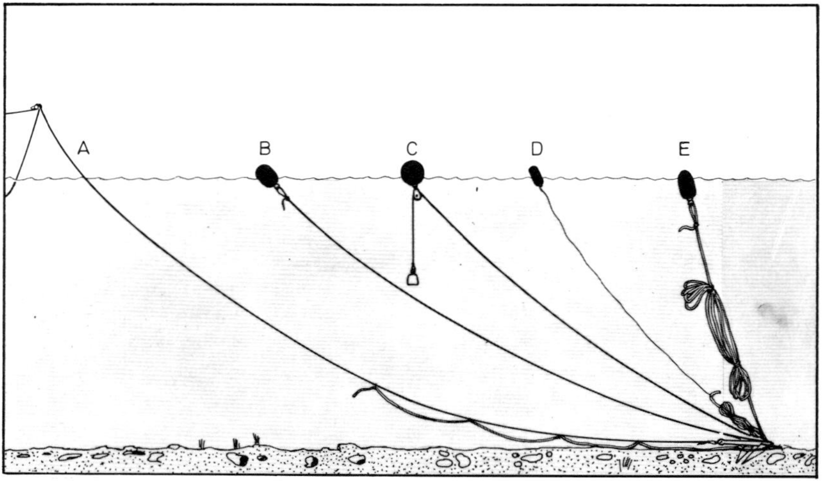

Abb. 163

Abb. 164

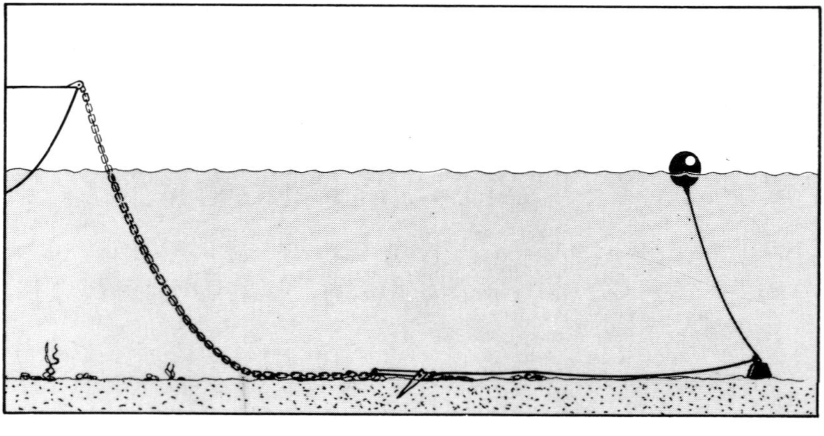

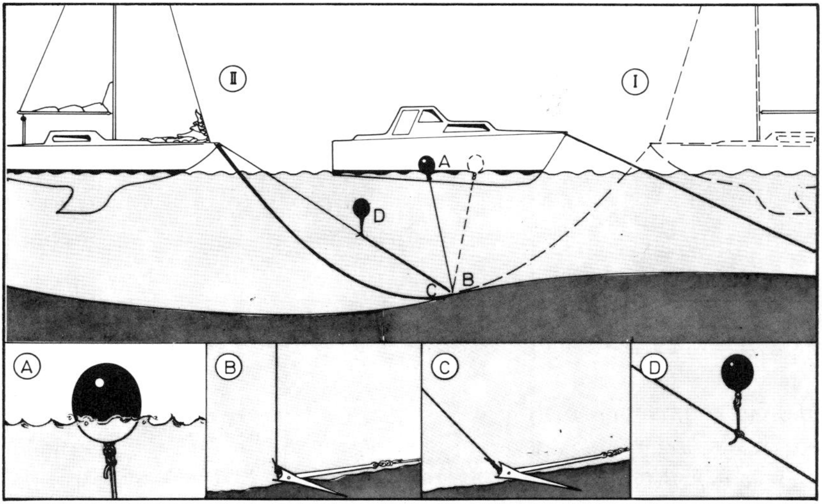

Abb. 165

sie auch durch ein Gleitgewicht scheren (Abb. 164). Sie hält dann immer ausreichenden Abstand vom Anker; denn bevor dieser sich eingräbt, wird er ohnehin noch etwas über und durch den Grund gezogen – vom Gewicht und der Tripleine hinweg.

Abbildung 165 zeigt uns, wie wir mit der Tripleine arbeiten: Beim Ankern in Position I haben wir frei am Ankerplatz gelegen; jetzt ist unser Boot aber (durch Wind und/oder Strom) um 180 Grad geschwojt und liegt zwar in Position II ebenfalls frei – aber ein anderes Boot ist dabei auf seinem Drehkreis genau über unseren Anker geschwojt. Beim Ausbrechen stellen wir fest, daß er sich so tief eingegraben hat, daß wir ihn in Position II nicht ausbrechen können, und kurz Stag können wir ihn durch das andere Boot nicht hieven.

Wir verholen uns vorsichtig an das andere Boot heran, bis wir die Ankerboje (A) ergreifen und an Bord nehmen können. Die Tripleine zeigt jetzt auf und nieder (B). Um den Anker entgegengesetzt zu seiner bis-

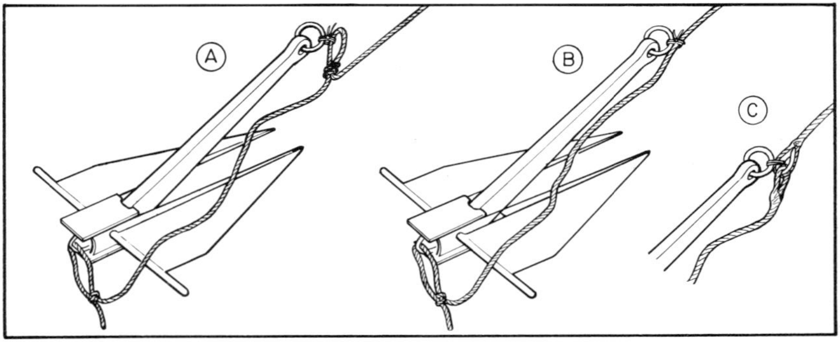

Abb. 166

herigen Zugrichtung ausbrechen zu können (C), muß eine längere Leine an die Tripleine angesteckt werden. Beim Holen kann die Boje selbst (D) kurzzeitig unter Wasser gedrückt werden. So hilft uns die Tripleine, den Anker zu lichten, auch wenn wir selbst nicht über dem Anker schwimmen.

Abb. 167

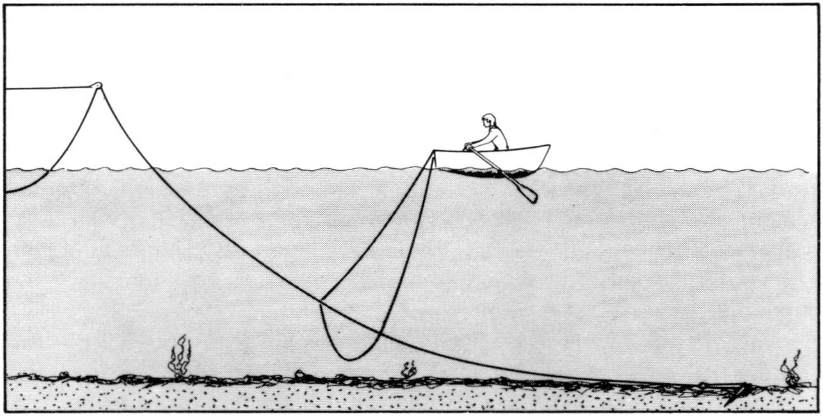

Wer keine Tripleine oder keine Boje für sie an Bord hat (als Boje kann übrigens jeder andere Auftriebskörper von der Schwimmweste bis zu einem leeren Brennstoffkanister dienen), kann auch die Ankerleine selbst an der Krone anschlagen (vgl. Abb. 97) und sie nur mit einem Reißbändsel an Schaft oder Ring zurren (Abb. 166). Dieses ist nicht oder nur wenig belastet, wenn normaler Zug auf der Ankertrasse (in Schaftrichtung) liegt. Hat sich der Anker jedoch verklemmt, dann reißt das Bändsel, wenn die Trosse auf und nieder zeigt, und die Ankerleine wird jetzt selbst zur Tripleine, die ihn zur anderen Seite aus dem Grund bricht. Man muß dazu jedoch ein Auge in die Ankertrosse legen (A), in dem das Reißbändsel beigezeist wird. Vergißt man dieses (B), dann rutscht die (ohnehin glatte) Perlon-Trosse durch das Bändselwerk, strafft die Trosse nur und verhindert, daß das Bändsel brechen kann. Noch sicherer funktioniert diese Reißvorrichtung, wenn sie in einer Kausch (C) befestigt ist, so daß sie nicht nur beidseitig gegen Metall liegt, sondern auch seitlich nicht wegrutschen kann.
Wer nicht mit einer Tripleine ankert, kann den unklar gekommenen Anker nur an seinem Platz lassen, die Kette slippen und das Ende an eine (Behelfs-)Boje hängen, um sie bei anderer Gelegenheit, später oder mit fremder Hilfe aufzunehmen — oder er schert eine doppelte Fangleine (Abb. 167), die mit einem Dingi an der Kette entlang bis zum Anker geholt wird und dann zum Bergen des Ankers in der beschriebenen Weise dient.

Ankerlichten unter allen Bedingungen

Auch beim Ankerlichten müssen wir die Lage des Bootes berücksichtigen, die es durch Wind und Strom eingenommen hat. Das Prinzip ist hierbei sowohl bei Jollen wie Yachten als auch bei Segel- wie Motorbooten gleich; auch wenn man bei einem Seekreuzer mit Motorhilfe den Anker lichtet, muß dieses sinngemäß in den geschilderten seemännischen Schritten erfolgen:

Ankerlichten in leichtem Wetter

Vor dem Beginn des Ankerlichtens wird das Boot segel- und seeklar gemacht. Ist dieses geschehen, holt man die Kette kurz stag (Abb. 168, Pos. 1), d. h. verkürzt sie auf ca. eineinhalbfache Wassertiefe und bringt das Boot so nahe an den Anker heran, daß die Ankertrosse bzw. Ankerkette fast senkrecht hängt (Abb. 168, Pos. 2). Dann setzt man Großsegel und Fock, überholt die Schoten, klariert sie und ist damit klar zum Ankerlichten.
Jetzt muß der Vorschotmann den Anker ausbrechen (Abb. 169, Pos. 1); das ist nicht einfach, wenn man länger geankert hat oder einen kräftigen Sturm am Ankerplatz abwetterte. Gegebenenfalls kann der Rudergänger helfen, durch Dichtholen der Schoten über den Anker zu segeln und ihn dabei auszubrechen suchen. Besser ist, wenn man mit der Winsch arbeitet oder die Ankerkette (am „steilen Zahn“ des Pollers, vgl. Abb. 60) belegt und das ganze Boot als Hebel benutzt, um den Anker aus-

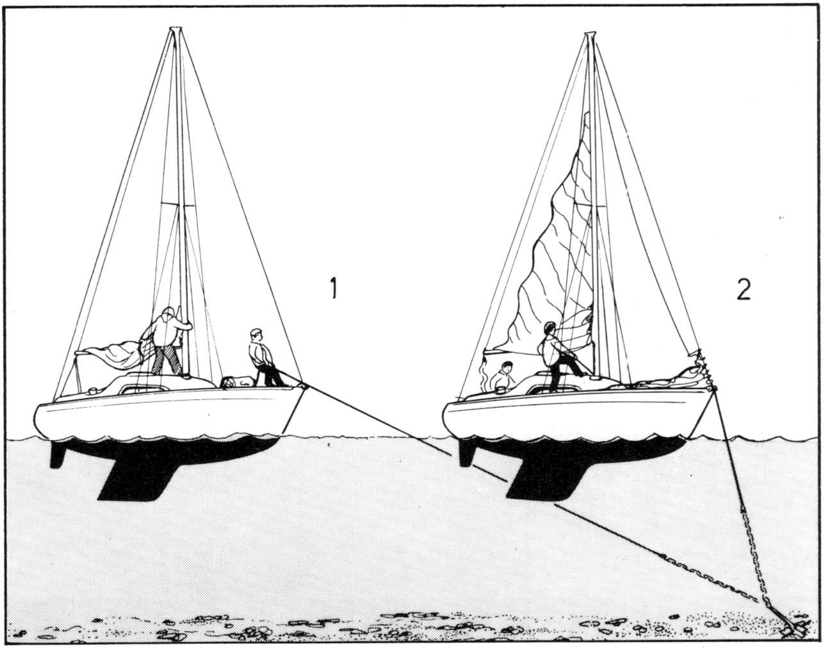

Abb. 168

zubrechen: Die Besatzung geht nach achtern oder läuft längsdeck, damit sich das Vorschiff anhebt. Diese Methode hat jedoch nur dann Erfolg, wenn jede entsprechende Lose anschließend kräftig durchgeholt werden und die Bewegung des Stevens sich direkt auf den Anker auswirken kann.

Der Vordecksmann meldet zuerst: „Kette zeigt auf und nieder!" und, wenn er spürt, daß der Anker frei vom Grund ist: „Anker ist los!" Nach dieser Meldung holt der Rudergänger die Schoten dicht und nimmt Fahrt auf, während der Vorschotmann Anker und Trosse an Deck nimmt (Pos. 2) und hier zuerst den Anker wie das Ankergeschirr verstaut und seefest zurrt, ehe er zurück in die Plicht geht.

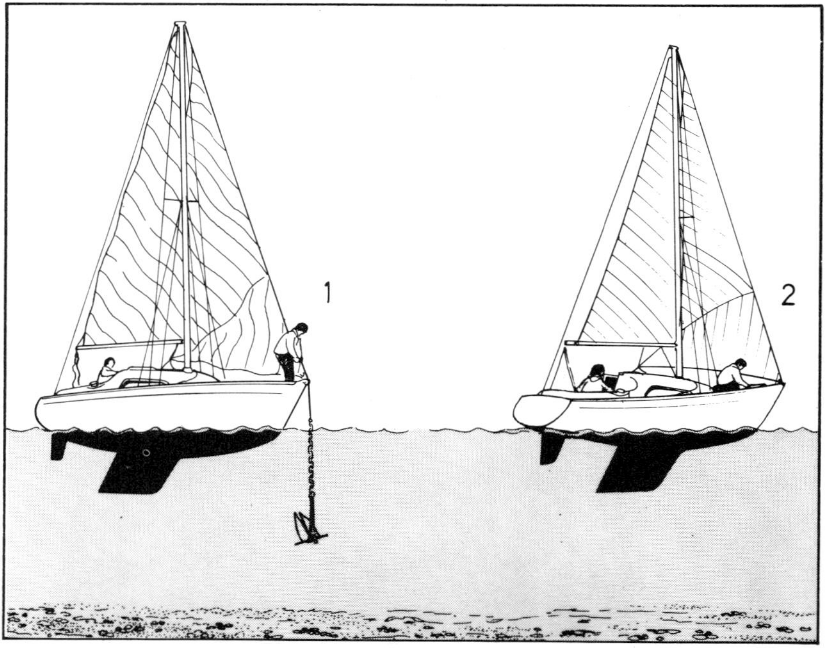

Abb. 169

Ankerlichten in schwerem Wetter

Wenn unser Boot in Strom und Wind geankert hatte, viel Kette eingehievt werden muß und das Boot selbst schwer und groß ist, wird es besonders bei Gegenstrom nicht leicht sein, die Kette einzuhieven und gleichzeitig das Boot an den Anker heranzuholen. Diese Arbeit kann man sich erleichtern, wenn man mit kurzen Schlägen an den Anker herankreuzt und hierbei die Kette schnell Hand über Hand einholt (Abb. 170): Das Kurzstag-Hieven muß hierbei unterbleiben.
Wir setzen in Position 1 Großsegel und Fock und holen deren beide Schoten gleichmäßig dicht, so daß das Vorsegel auf jedem Bug etwas

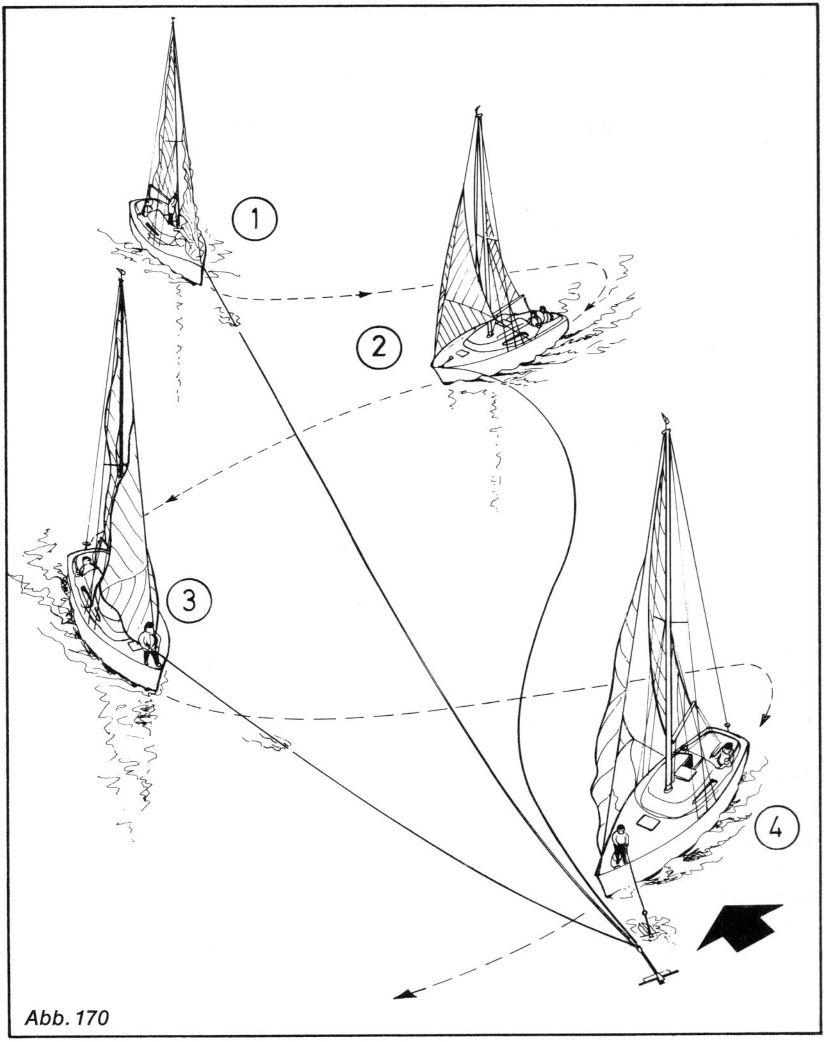

Abb. 170

backstehen kann. Zur Erleichterung des Einholens des Ankers wird die Geschwindigkeit des Bootes dadurch vorteilhaft vermindert. Wir starten in Position 1 und segeln zuerst einen Kreuzschlag über Backbordbug. Bei der Wende in Position 2 laufen wir etwas länger in den Wind hinein, damit der Vorschotmann bei diesem Aufschießer möglichst viel Ankertrosse einholen kann. Er belegt sie wieder am Vordeckspoller, wenn wir auf Steuerbordbug zur anderen Seite der Windachse laufen, und beginnt das schnelle Einholen weiterer Leine oder Kette in Position 3, wenn wir wieder über Stag gehen und der Rudergänger das Boot möglichst lange gegen den Wind auslaufen läßt. Während des Aufkreuzens bleibt die Kette oder Trosse wieder am Poller belegt. Schießt das Boot jedoch am Ende des Kreuzschlages abermals in den Wind, so holt man die Lose durch und belegt die Kette wieder, wenn das Boot auf dem neuen Bug Fahrt aufzunehmen begonnen hat.
Diese Arbeit setzen wir so lange fort, bis nur noch wenig mehr Kettenlänge als Wassertiefe ausgesteckt ist (Pos. 4) und die Yacht sich direkt über dem Anker befindet. Die Fahrt, die wir inzwischen unter Segeln aufgenommen haben, wird genügen, um mit Hilfe der am Poller belegten und jetzt kurz stag gehievten Kette den Anker auszubrechen – jetzt jedoch mit richtig getrimmter Fock und möglichst viel Fahrt sowie größtmöglicher Kraft an unseren Segeln.
Das Klarieren der an Deck geholten Kette und das Verstauen des Ankers erfolgt nach Position 4 (wenn möglich) auf dem gleichen Bug, und der Vorschotmann kehrt erst in die Plicht zurück, wenn das Vorschiff segelklar ist.
Das Ausbrechen des Ankers ist nicht nur eine schwere, sondern auch eine gefährliche körperliche Arbeit – besonders für ältere Bootseigner, die ohnehin nur an Büroarbeit gewöhnt sind. Um Körperschäden an der Wirbelsäule zu vermeiden, wenn man seine ganze Kraft einsetzt, die sich dazu noch in Bruchteilen von Sekunden durch das plötzliche Nachlassen der Last auf einen nur geringen Körpereinsatz reduzieren lassen muß, arbeite man beim Ankerlichten mit den Beinmuskeln (Abb. 171, A) bei geradem Rücken – nicht umgekehrt mit gestreckten Beinen bei gebeugtem Körper (B). Man leistet dann mehr und bleibt gesund.

Abb. 171

Wer harten körperlichen Einsatz vermeiden muß und keine Schot-, Fall- oder Ankerwinden an Bord hat (vgl. Abb. 64–65), um einen zu fest sitzenden oder – einschließlich einer langen Kette – zu schweren Anker einzuholen, kann ihn auch mit Hilfe der Tripleine aufnehmen (Abb. 172): Hierzu ist außerdem nur ein aufklappbarer kräftiger Block am Ende des Bugkorbes (C) notwendig, in den die Tripleine eingelegt werden kann. Wir ankern mit Anker in Position A und Ankerboje in Position A'. Wenn der Anker ausgebrochen ist, hieven wir die Trosse oder Kette nur so lange, bis der Anker frei über dem Grund hängt (B). Jetzt ergreifen wir die Ankerboje, holen sie an Deck (B') und legen die Tripleine in den Block am Bugkorb (C). Beim Hieven bleibt der Anker jetzt klar vom Bootsrumpf; er kann ihn weder beschädigen noch Dreck mit an Deck bringen, wenn er aus dem Wasser kommt. Weil ein Teil der Kette beim Einholen des Ankers vom Poller gehalten wird, muß man bei diesem

Abb. 172

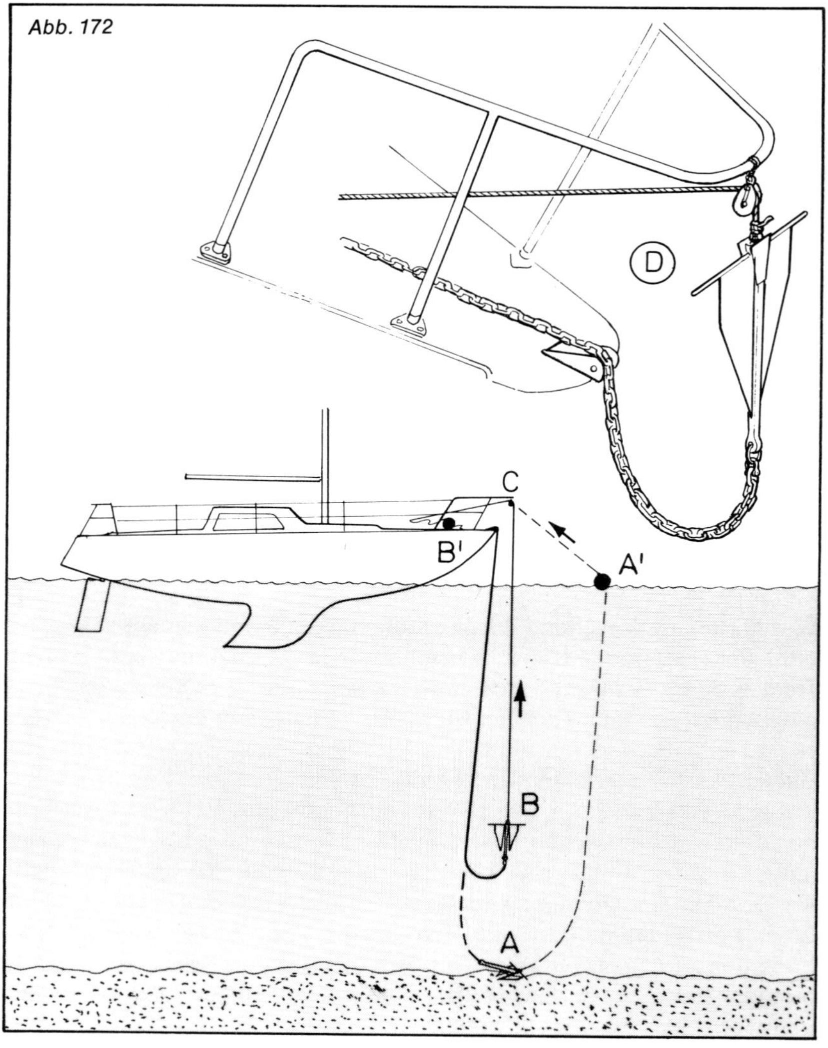

Ankerhieven nur mit einem Teil des — bei langer Kette und tiefem Wasser — beträchtlichem Gesamtgewichtes des Ankergeschirrs fertig werden. Nach dem Ankerlichten hängt der Anker am Bugkorb (D), wo er — mit noch nicht voll gehievter Kette — sicher hängt, auch wenn man noch keine Zeit hatte, die Kette ganz zu holen und das Deck aufzuklaren. Hier kann er auch gezurrt werden und ständig seinen Platz finden, wenn man oft ankert und er bei Segelmanövern oder beim Verlassen des Bootes — Bug zur Pier — nicht stört.

Der Strom kann beim Ankerlichten helfen

Wirken Wind und Strom aus gleicher Richtung, dann unterscheidet sich das Ankermanöver nicht wesentlich von der Beschreibung zu Abbildung 170. Sind die Wind- und Stromkräfte entgegengesetzt gerichtet (Abb. 173), dann setzen wir am Ankerplatz (Pos. A) die Fock und laufen mit Windkraft bei gleichzeitigem Holen der Ankertrosse bis in Position 1, wo die Trosse auf und nieder zeigt. Jetzt ist der Anker praktisch kurz stag gehievt; wir belegen die Ankertrosse und brechen ihn mit Hilfe der Windkraft aus. Mit der Fock allein (Pos. 2) luven wir dann an und bleiben auf diesem Kurs, bis der Anker verstaut ist. Anschließend drehen wir in den Wind (auf Pos. 3), setzen nur noch das Großsegel und nehmen unsere Fahrt auf.

Ankerlichten mit zwei Ankern

Hat das Boot vor zwei Ankern gelegen (Abb. 174, Pos. A), beginnt man mit dem Hieven des kleinen Warpankers oder desjenigen Ankers, der zur Zeit des Ankerlichtens nicht zum Tragen kommt. Wenn wir im Normfall mit dem Hauptanker an Backbord und dem Warpanker an Steuerbord sowie mit annähernd gleicher Trossenlänge geankert hatten, holen wir uns zuerst in die Position 1 an den Warpanker heran und nehmen dann (s. Abb. 168—170) auch den Hauptanker in Position 2 auf.

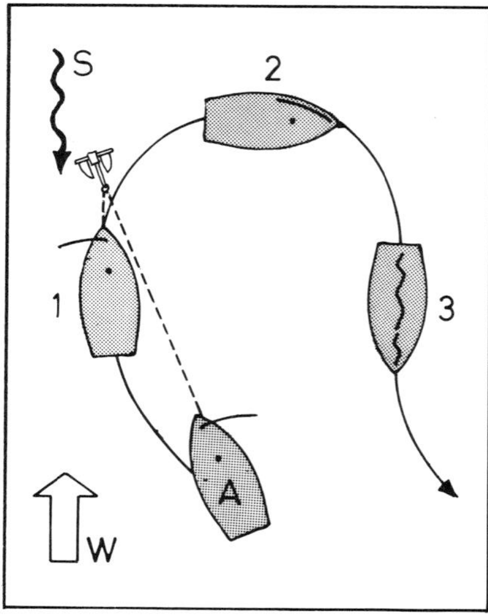

Abb. 173

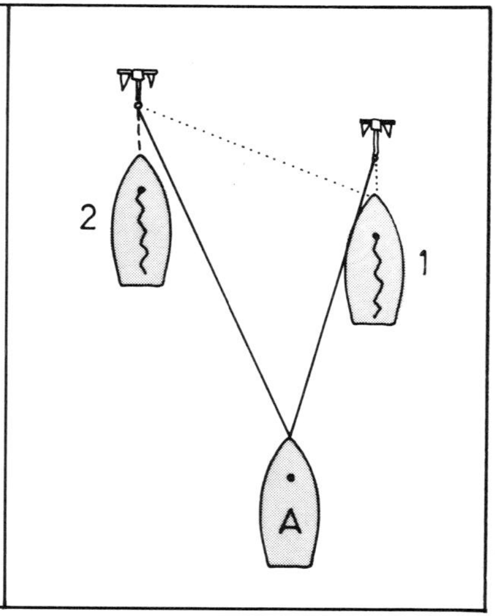

Abb. 174

Für Einhandsegler ist das Ankerlichten schwierig

Nur in sehr hartem Wetter wird es nötig sein, die Ankerleine auf dem Vorschiff kurz stag zu hieven und dann die holende Part wieder über eine Vorschiffslippe und die Fockschotleitöse zu einer Schotwinde in die Plicht zu führen, ehe man die Segel setzt (s. Abb. 176). In leichtem Wetter kann man auf einem kleinen Seekreuzer die Ankertrosse auch gleich innen an den Wanten entlang wieder nach achtern führen, wo sie vor dem Ankermanöver lag (vgl. Abb. 104) und die Segel setzen, ehe man die Ankerleine (Abb. 175, Pos. 1) von Hand oder über die Schotwinde einholt. Die Fangleine ist dabei ganz aufgefiert, so daß die Trosse weitgehend vom Anker über Bug und Lippklampe und dann längsdeck zur Leitöse in einer Geraden verläuft.
Das Ausbrechen des Ankers geschieht dann mit Hilfe der Schotwinde, wenn die Segelkraft beim Überlaufen allein nicht ausreicht, um den

Abb. 175

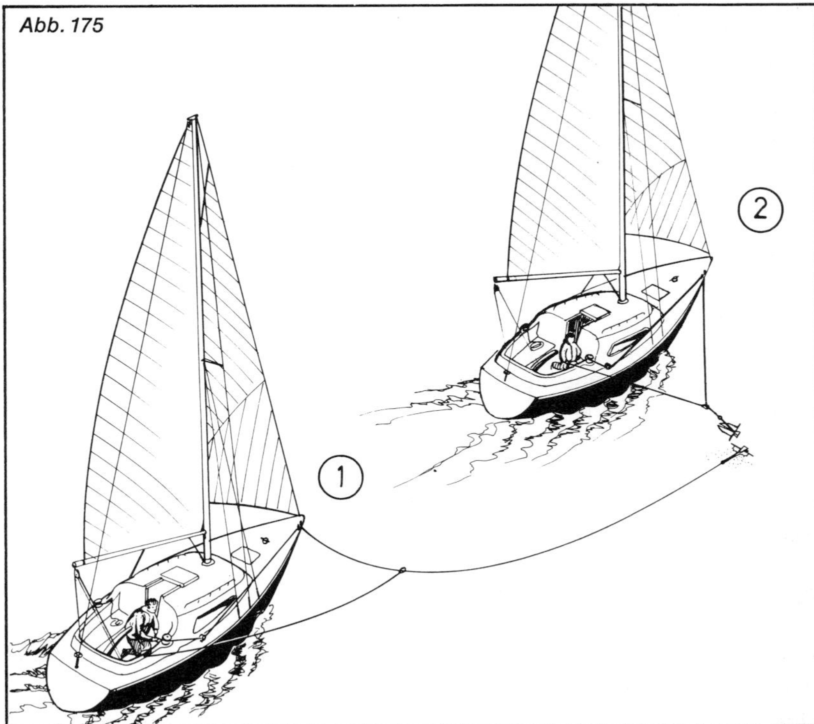

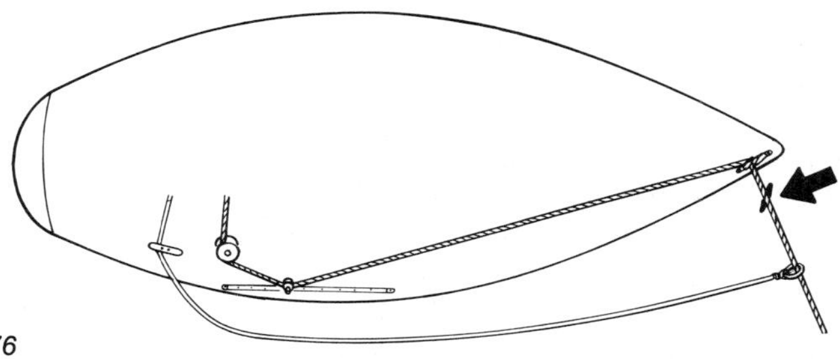

Abb. 176

Anker freizusegeln. Ist er ausgebrochen und hängt frei über dem Grund bzw. ca. eine halbe Bootslänge unter dem Wasserspiegel (Pos. 2), dann belegt man die Ankertrosse an der Schotwinde und holt jetzt mit der Fangleine den Anker an die Bordwand heran und in Höhe des Cockpits an Deck. Hierbei rutscht der Ring der Fangleine bis an den Schaft des Ankers bzw. auch auf diesem entlang bis zu den Flunken, so daß man den Anker mit einer Hand leicht ergreifen kann – die andere führt derweil die Pinne.

Um zu erkennen, wann beim Ankerlichten die Ankertrosse belegt und die Fangleine geholt werden muß, zieht man in einem Abstand von ca. halber Bootslänge hinter dem Ankerschaft ein Bändsel durch die Kardeele der Ankertrosse, damit uns der Anker beim Durchsetzen der Fangleine in die Hand gegeben wird, ohne daß er bei verbleibender, zu großer Lose gegen die Bordwand stoßen und diese beschädigen kann. Abbildung 176 zeigt uns die Lage der beiden Leinen, wenn die Ankertrosse belegt und mit der Fangleine zu holen begonnen wird; der Pfeil gibt uns das Bändsel und seine Position dabei zur Markierung an.

Diese Fangleine um die Ankerkette oder Ankertrosse ist nicht nur wertvoll, um mit dem Bug voraus den Ankerplatz zu verlassen (vgl. Abb. 175). Sie leistet noch wertvollere Dienste, wenn wir die Kette kurz stag gehievt hatten, um einhand zuerst die Segel zu setzen, ehe wir den Anker lichten wollten, und dabei feststellten, daß der Anker zu fest im Grunde sitzt oder das Arbeiten auf dem Vorschiff für uns (als Einhandsegler besonders) zu gefährlich ist (Abb. 177, Pos. 1). Dann kommt es darauf an, das Boot am Ankerplatz zu drehen und den Versuch zu machen, den Anker über das Heck auszubrechen (Abb. 177, Pos. 2).

Das hat viele Vorteile: Der Einhandschipper ist hier an einem tiefer gelegenen und viel geschützteren Arbeitsplatz tätig, wo er erfahrungsgemäß auch seine Körperkräfte besser einsetzen kann; wenn ein Boot keine Ankerwinde besitzt, ist der Weg zu den Schotwinden in der Plicht – den besten Ersatzwinschen für den Anker – viel kürzer; wenn die Kette kurz stag gehievt ist und man die Ankerkette oder Ankertrosse sehr kurz und steif belegt hat, läßt sich ein (großes) Vorsegel oder das

Abb. 177

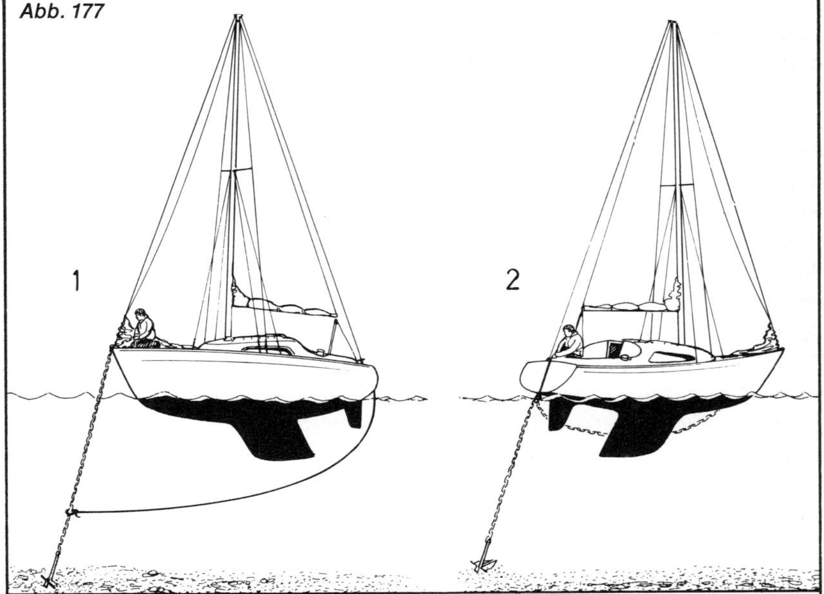

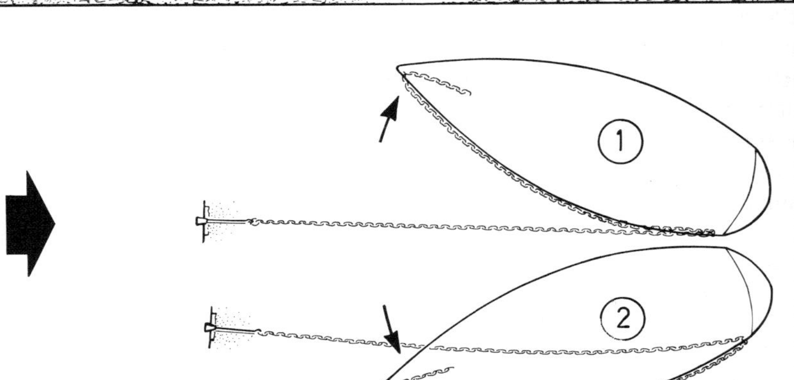

Abb. 178

Großsegel heißen, damit es uns beim Ausbrechen des Ankers hilft – die Segelkraft ist dann in die gleiche Richtung wie unsere (zu geringe) Muskelkraft beim Aufnehmen des Ankers gerichtet.
Zum Drehen des Bootes am Ankerplatz führen wir jetzt unsere Fangleine bis zu einer Lippklampe am Heck (Abb. 178), geben dann der Ankerkette auf dem Vorschiff eine Lose von ca. zwei Bootslängen, belegen sie wieder und kehren in die Plicht zurück. Jetzt holen wir die Fangleine durch, bis der Tampen mit dem Ring uns die Ankerkette am Heck in die Hand gibt, lassen das Vorschiff herumschwojen (Abb. 178, Pos. 1) und belegen die Ankerkette nun an einem sicheren Befestigungspunkt auf dem Achterdeck.
Das Durchholen der Fangleine darf jedoch erst beginnen, wenn das Boot selbst so sicher seitwärts geschwojt ist, daß es diese Drehtendenz vom Anker hinweg auch beim Beginn des Durchholens der Fangleine beibehält. Begannen wir das Hieven z. B. an der Backbordseite, als das Vorschiff selbst zur gleichen Seite abfiel (Abb. 178, Pos. 2), dann holen wir die Ankerkette längsschiffs oder diagonal unter den Bootsboden durch und laufen Gefahr, daß sie sich bei diesem Versuch irgendwo am Unterwasserschiff verklemmen oder vertörnen kann.
Wer einhand Anker lichtet, muß sein Boot gut beherrschen; er muß vor allen Dingen gelernt haben, nur unter der Fock allein zu manövrieren oder mit backgesetzter Fock und dichtgeschotetem Großsegel auch wenig Fahrt zu laufen und zur richtigen Seite mit der geringsten Geschwindigkeit zu treiben – denn selten liegt man allein am Ankerplatz, und nicht immer hat man unbegrenzten Raum nach allen Seiten, um in einem Feld von mehreren Ankerliegern den Anker zu lichten und auf den günstigsten Kurs in das freie Wasser abzulaufen.

Der ständige Ankerplatz an einer Muring

Ständige Liegeplätze sind heute knapp und teuer, und besonders in Tidengewässern scheut man den hohen Aufwand, der notwendig ist, um bei den weichen Schlickgründen für die bei Hoch- und Niedrigwasser gleichermaßen ausreichend weit über dem Wasserspiegel liegende Pier oder Brücke entsprechende Häfen zu bauen. Man begnügt sich mit ständigen Liegeplätzen an Bojen, die billiger und auch nicht weniger sicher sind als ein Bootsstand mit Dalben und Schlengel für eine sichere Befestigung nach vorn und achtern.
Man bezeichnet heute (fälschlicherweise) jeden dieser ständigen Liegeplätze an einer verankerten Boje als „Muring", obwohl man unter dem Vermuren eines Bootes eigentlich nur eine Verankerung in Tidengewässern vor zwei Ankern versteht, von denen bei Flut der eine und bei Ebbe der andere Anker trägt. Die Ketten der beiden, ausreichend weit auseinanderliegenden Anker laufen unter Wasser in einem Muringschäkel zusammen, der mit einem Wirbel versehen ist, um die Törns aus der Kette zu bringen, die beim Schwojen des Bootes bei jeder Kenterung des Stromes entstehen können.
Ein Boot schwojt an einer Muring nicht um einen einzigen Anker, den es mit der über die Flunken schleifenden Kette beim Wechsel seiner Position herausreißen würde, sondern um den Muringschäkel und hat dabei einen sehr kleinen, genau begrenzten Drehkreis, der wenig größer als die Bootslänge plus die Vorleine bis zur Muring-Boje ist. Auf diese Weise läßt sich auf begrenztem Raum (und wo gäbe es ausreichenden Platz für verankerte Boote in der geschützten Nähe eines Hafens!) eine Vielzahl von Booten unterbringen, ohne daß sie sich an diesem ständigen Liegeplatz behindern oder gar beschädigen können. Die Voraussetzung ist nur: Das Bojengeschirr muß so fest sein, daß es *alle*

Belastungen aushalten kann, die es bei Strom, Wind und Seegang auch unter ungünstigsten Bedingungen (also auch im frühen Frühjahr, wenn ein Boot an seine Boje geht, sowie im spätesten Herbst, bis zu dem es vielleicht seinen ständigen Liegeplatz beibehält) auf diesem Revier erwarten kann.

Wir hatten im ersten Kapitel gesehen, welche Belastungen einen kleinen Seekreuzer oder einen Motorkreuzer an seinem Ankerplatz allein durch die Windkraft erwarten; bei Beaufort 10 betrug sie ca. 2840 N für das Segelboot und ca. 1250 N für das Motorboot. Arbeiten wir mit dem Faktor einer doppelten Sicherheit, dann müßten wir unser Bojengeschirr mit 5700 N (bei einem Segelboot) und 2500 N (bei einem Motorboot) allein für die Windkraft auslegen.

Bringen wir noch die mögliche kräftigste Wasserströmung und die ungünstigste Richtung beider Kräfte mit in unsere Kalkulation hinein, dann belastet ein 5-kn-Strom jedes Boot mit weiteren ca. 1650 N (siehe Tabelle 17), und wenn wir auch für diesen Wert eine doppelte Sicherheit haben wollen, ergibt sich ein Bojengeschirr mit einer Haltekraft von insgesamt ca. 9000 N für einen Seekreuzer von ca. 9 m Länge und von ca. 5800 N für einen Motorkreuzer gleicher Größe.

Beide Werte liegen natürlich in unserer Kalkulation einer Prüflast sehr hoch, und es ist letztlich eine Ermessensfrage, ob wir unser Muringgeschirr für einen 30 000-DM-Seekreuzer mit einer Nutzlast und einfacher Sicherheit für ca. 4500 N oder doppelter Sicherheit für 9000 N bzw. unseren nicht weniger teuren Motorkreuzer für 2900 bzw. 5800 N auslegen und dabei vielleicht einen Hundertmarkschein am Muringgeschirr sparen wollen.

Diese mögliche Kraft gilt es also, durch ein entsprechendes (Gegen-) Gewicht aufzufangen, wenn wir nicht mit den üblichen Ankern arbeiten wollen. Das billigste Gewicht liefert uns ein (mit Eisenschrott gefüllter) Betonklotz, der jedoch im Wasser (je nach seinem spezifischen Gewicht und dem Anteil des Eisens in seinem Bauch) einen Teil wieder einbüßt.

Wer an einer einfachen Muring (Abb. 179) dieses (Wasser-)Gewicht von 900 kg verankern will, muß sich schon einen Betonklotz von fast einem

Abb. 179

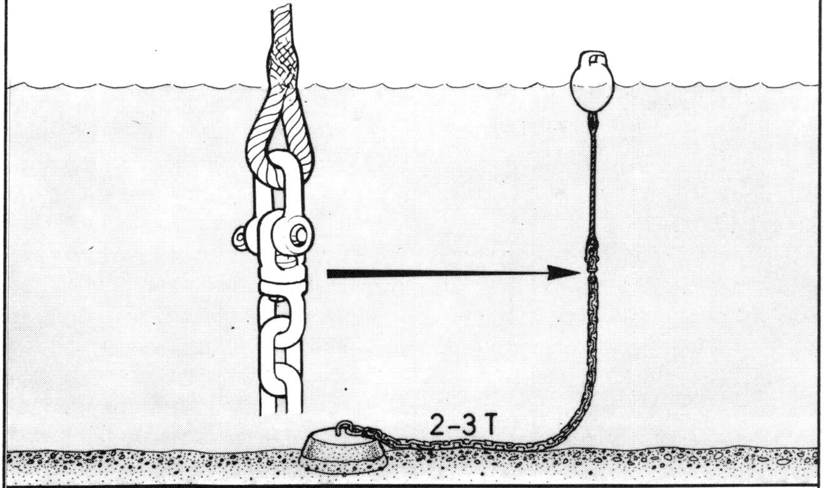

Abb. 181

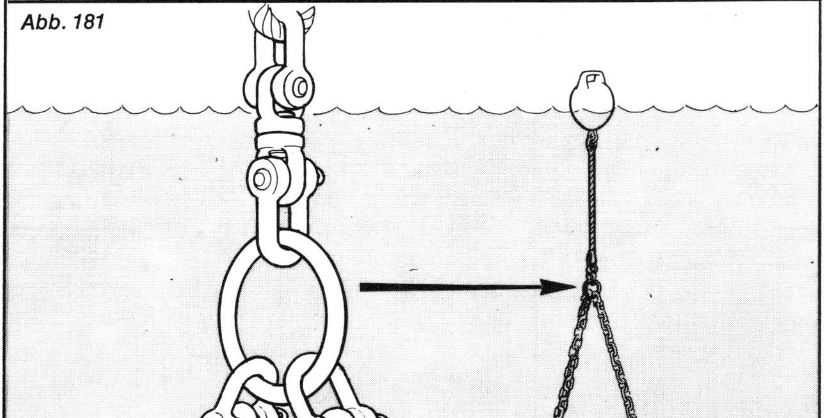

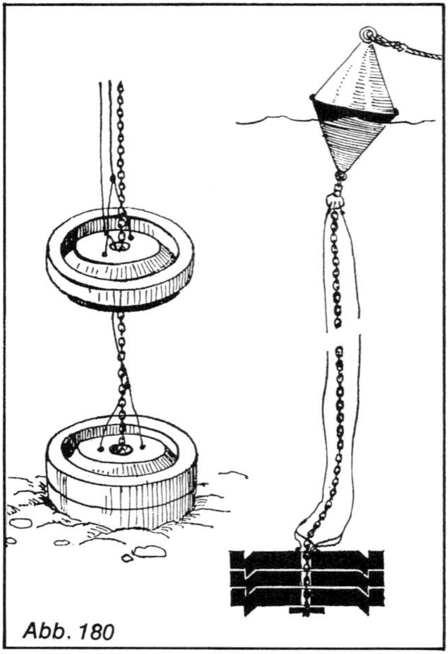

Abb. 180

Kubikmeter Rauminhalt gießen lassen oder sich die entsprechenden Beton-Fertigteile zum Übereinanderpacken besorgen; der Eigner des Motorkreuzers kommt auch mit einem halben Kubikmeter Beton aus. (Wie man das selbst macht, kann ich aus Platzgründen leider nicht beschreiben.) Bei einer richtigen Muring aus zwei getrennten Ankersteinen sind Guß und Transport schon wesentlich einfacher. Wer sich für Beton entscheidet, muß jedoch auch daran denken, daß sein gesamtes Muringgeschirr nach 2–3 Jahren zur Überprüfung aus dem Wasser genommen werden muß.

Bequemer hat man es, wenn man statt dessen Eisen nimmt (Abb. 180), das man in Scheiben übereinander packt und deshalb ebenfalls (beim Auslegen wie Einholen) einfach hantieren und transportieren kann. Noch besser ist es, wenn wir altes Ankergeschirr von Binnenschiffen, Leichtern oder anderen Berufsfahrzeugen erwerben können. – Stock- oder Patentanker mit einem Gewicht zwischen 100 und 200 kg. Wir hatten gesehen (vgl. Abb. 41), daß diese alten Ankertypen eine Haltekraft vom maximal ca. Zehnfachen ihres Gewichtes haben; jeder von ihnen würde also schon die Bedingungen unseres Muringgeschirrs erfüllen, und beide zusammen schenken uns noch einen zusätzlichen, beruhigenden Sicherheitsbonus, wenn wir nicht die Möglichkeit haben, vor dem Herannahen eines Herbststurmes an Bord zu sein oder noch einmal nach dem Rechten zu sehen.

Auch das übrige Ankergeschirr muß jedoch für die gleiche Belastung ausgelegt sein. Tabelle 42 hatte uns gezeigt, daß wir für unseren Seekreuzer eine Rundstahlkette mit einer Gliedstärke von 7—8 mm wählen müssen, um die entsprechende Prüflast zu erhalten; für unser Motorboot tut es auch eine 6-mm-Kette. Aber wir können, wenn wir nicht sparen wollen, beim Seekreuzer auch auf eine Eisenstärke von 10 mm und bei unserem Motorboot auf 8 mm erhöhen, weil diese Ketten bereits für eine Last geprüft sind, die unserer einfachen Sicherheit entspricht und damit immer bedeutend sicherer sind.

Wenn wir anstelle der alten Ankertypen auf neue Anker mit hoher Haltekraft (z. B. Danforth) zurückgreifen, bei denen wir von einer Haltekraft von ca. 30fachem ihres Ankergewichtes ausgehen können, dann leisten z. B. zwei 15-kg-Leichtanker das gleiche wie ein alter, überschwerer Stockanker oder der einen Kubikmeter große Betonklotz — Grund genug, Mühen und Kosten gegeneinander abzuwägen, bevor man mit dem Mischen des Zements beginnt.

Abbildung 179 zeigt einen einfachen Bojenliegplatz, der durch einen Betonklotz (als Alternative zu einem alten Gewichts- oder einem neuen Leichtanker) gesichert ist. Die Ankerkette hat eine Länge von ca. dreifacher Wassertiefe; das ist weniger als bei normaler, kurzzeitiger Verankerung — aber wir arbeiten bei einer Muring ja mit einem doppelt so schweren Ankergeschirr wie bei einer Kurzzeit-Verankerung, und der Anker bzw. der Ankerstein können im Laufe der langen Zeit viel tiefer in den Boden einsinken bzw. werden von einer in ihrer Dicke wachsenden Schlammschicht überdeckt, so daß die Haltekraft noch merklich vergrößert wird. Der Schäkel am Anker und der Wirbelschäkel am anderen Ende, an dem der Stropp zur Ankerboje befestigt ist, muß natürlich die gleiche Tragkraft wie das gesamte Geschirr haben. Dazu kommt dann ja noch die Länge der Verbindung zwischen Bug und Boje, die (wenn man das Trossenverhältnis exakt ermitteln will) wie der Unterwasserstropp zu der Kettenlänge addiert werden muß.

Zu einer richtigen Muring (mit zwei Ankern) gehört neben den beiden Ankern und den beiden Kettenlängen von ca. dreifacher Wassertiefe ein kräftiger Ring (Abb. 181), um jetzt die beiden Kettenenden mit dem

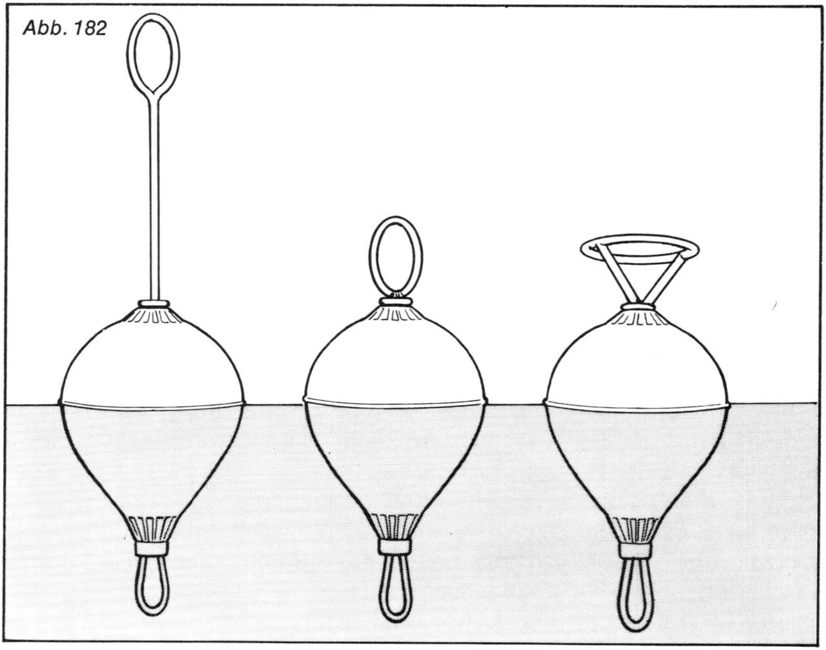

Abb. 182

Wirbelschäkel am Tampen des Bojenstanders zu verbinden. Auch seine Haltekraft muß so groß wie die beider Anker zusammen sein – denn im ungünstigen Falle könnten beide zum Tragen kommen, so daß der Ring die Tragkraft beider Anker besitzen muß.

Die Boje selbst muß mindestens den Auftrieb haben, um das (Wasser-) Gewicht der vom Boden angehobenen und bis zum Bojenstander reichenden Kette zu tragen; man kann es nach dem Metergewicht der Rundstahlketten aus Tabelle 43 schnell berechnen. Im allgemeinen wird man mit der Größe der Boje nicht geizen, wenn sie nicht an Bord genommen wird, die Bojenleine nur zum Aufnehmen an ihr befestigt ist und nach dem Verlassen der Boje auf sie zurückgelegt wird. Abb. 182 zeigt einige der verschiedenen Kopf-Armaturen für eine Boje.

Da dieses Aufnehmen der Leine von hochbordigen Booten oder mit kleinen Leuten auf dem Vorschiff meistens schwierig ist, weil die Arbeit (mit Bootshakenhilfe) in den wenigen kurzen Augenblicken, wenn das Boot beim Aufschießen vor der Muringboje steht oder langsam an ihr vorbeiläuft, sehr schnell von der Hand gehen muß, bevorzugt man eine leichte Handboje mit Auftriebskörpern an der Fangleine (Abb. 183), die man auch über eine größere Distanz mit dem Bootshaken ergreifen kann, um über sie zuerst einmal Verbindung zum Muringgeschirr zu bekommen und die daran angesteckte Festmachetrosse mit ihrer Hilfe anschließend einholen oder aufnehmen zu können.
Bei 5 m Wasser am Liegeplatz und einer 10-mm-Kette benötigt unsere Muringboje ein Auftriebsvolumen von ca. 10 l – das ist eine Boje mit einem Durchmesser von ca. 40" oder 28,5 cm, also ein relativ kleiner Auftriebskörper. Selbst mit einem Auftrieb von 27 l wird sein Durchmesser nur um 10" oder ca. 10 cm größer. Wir können also unser Muringgeschirr von einer recht kleinen und ziemlich unscheinbaren Boje tragen lassen (Abb. 184), die entweder am Liegeplatz im Wasser bleibt oder mit an Bord genommen wird und vor der eine Greifboje liegt, entweder mit Handgriff (A) zum Hineinfassen bzw. zum Auffischen mit

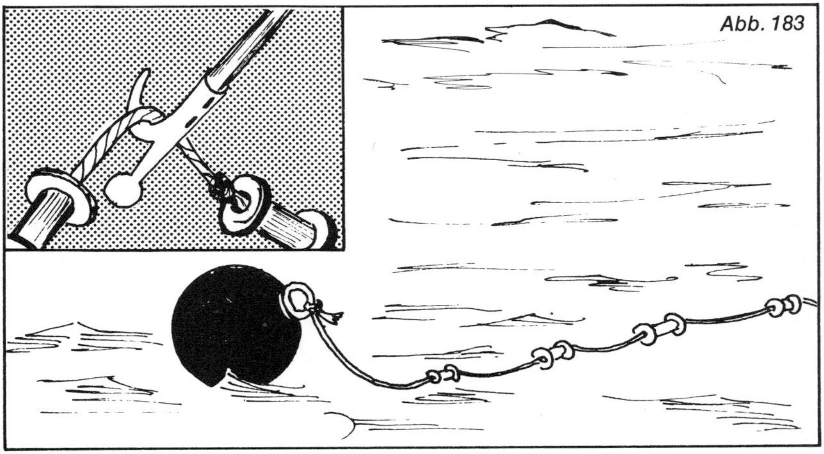

Abb. 183

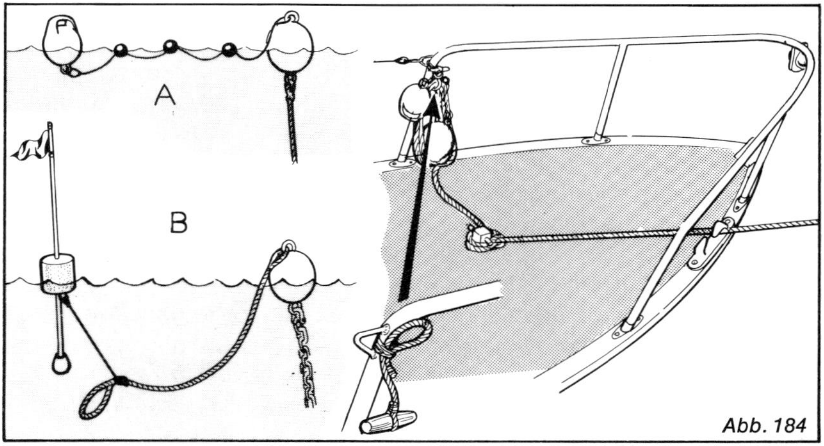

Abb. 184

dem Bootshaken oder mit einem Stehder (B) in der Art alter Fischerzeichen und mit einem Flaggenstock, der länger als unser Freibord hoch ist u. dessen Topp man mit einem Handgriff von Deck aus erfassen kann. Diese Handboje kann entweder an einer einfachen, dünneren Fangleine (A) hängen, so daß man zuerst die zweite Boje an Bord nehmen muß, bevor man den Bojenstander auf dem Vorschiff belegt. Es ist auch praktisch, an der Fangboje die Bojenleine selbst (mit eingespleißtem Auge, B) zu befestigen, so daß die eigentliche Boje, die das Bojengeschirr trägt, immer im Wasser bleibt und nur die Fangboje an Deck gezurrt werden muß, wenn das Auge der Bojenleine um den Poller belegt ist und solange das Boot an seiner Muring liegt.

Bei einem leichten Muringgeschirr kann man die Fangboje auch sparen und die auf die richtige Länge gebrachte Bojenleine mit Auge direkt an den Wirbelschäkel zwischen Bojenstander und Ankerkette stecken (Abb. 185): Dann dient die Boje und der Bojenstander nur dazu, die Kette selbst und die daran befestigte Bojenleine zu erfassen und an Bord über den Poller zu legen; anschließend findet sie ihren Platz in einer Halterung am Bugkorb.

Die Unterwasserteile des Bojengeschirrs einschließlich Bojenstander und Ankerkette sind meistens bewachsen oder verrostet; man nimmt sie daher an einem Bojenliegeplatz nicht gern an Bord und man vermeidet auch, daß sie beim Aufnehmen oder Abgeben die Bordwand berühren, das Deck beschmutzen oder die Farbe abscheuern können. Für die Berührung mit dem Deck wählt man einen Perlonstropp, den man besser sauberhalten und auch von Fall zu Fall erneuern kann, wenn er in dem ständigen Wechsel von Luft und Seewasser, Sonnenschein und Regen Schaden leidet. Im Bereich des Wasserspiegels ist eine verzinkte Kette das beste Verbindungsglied, weil es hier durch die wechselnden Elemente keinen Schaden nehmen kann. Überhaupt sollte man einer verzinkten Kette beim Muringgeschirr den Vorzug geben und keine Metalle unterschiedlicher Wertigkeit verwenden, um nicht durch Elektrolyse und „innere Korrosion" das Ankergeschirr unter Wasser unmerklich zu schwächen. Jede Muring sollte spätestens nach drei Jahren aufgenommen werden, damit man alle Teile genau überprüfen und sie gegebenenfalls ersetzen kann.

Abb. 185

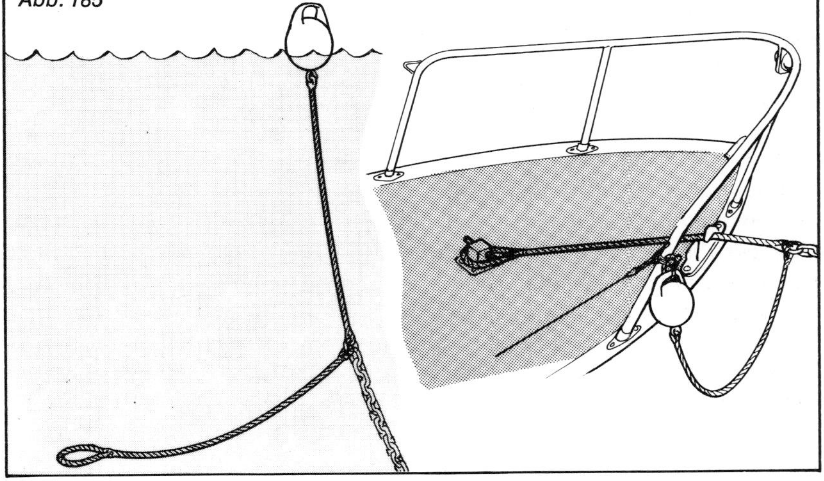

Festmachen mit Bug- oder Heckanker quer zur Pier

Das Festmachen längsseits an der Pier und (bei vielen Booten, die notgedrungen den gleichen Hafen zum Überliegen wählen müssen) noch mit mehreren Yachten nebeneinander im Päckchen ist im internationalen Yachtsport – gottlob! – selten. In den meisten Ländern gibt es daher auch die mit solchen Liegeplätzen verbundenen Probleme nicht, zum Beispiel Begehen fremder Decks mit lauten Sohlen bei nachtschlafener Zeit oder Verweigerung des Festmachens an einer Yacht, die vorher einen Platz an einer Spundwand ergattern konnte.

Man vermeidet solche Probleme ganz einfach, indem man nicht längsseits der Pier, sondern nur mit Bug oder Heck an das Ufer geht und das seewärtige Bootsende mit seinem Anker hält. Diese Art des Festmachens ist überall in der Welt üblich, wo Yachten eine Pier zum Überliegen zur Verfügung steht, und man benutzt sie dementsprechend auch, wenn beispielsweise das Ufer einer menschenleeren Insel nur aus natürlichen Felsen und nicht aus einem von Menschenhand geschaffenen Stein- oder Bollwerk besteht.

Der Liegeplatz mit Bug- oder Heckanker (Abb. 186) hat viele Vorteile: Liegt man mit einem Bootsende an der Pier, fällt nicht nur jeder Blick in das Kajütleben der fremden Crew weg. Jedes Boot hat auch nur Umgang mit eigenen Leinen, ist einzig allein an der Pier und an keinem Nachbarboot festgemacht und kann an- oder ablegen, wann immer es will, ohne die Nachbarboote zu stören. Dieses Liegen vor Bug- und Heckanker an einer Pier ist im Prinzip nichts anderes als das Liegen in der Box am Steg. Nur halten dort die Heckpfähle und nicht der Anker das freie, äußere Bootsende.

Betrachten wir daher die übliche Seemannschaft beim Festmachen mit den Bootsenden, damit vielleicht auch in vielen Ostseehäfen, in denen Päckchen-Probleme aufgetreten sind, künftig mit Bug- oder Heckanker gelegen werden kann. Es muß ja jeweils nur die erste Yacht in einem fremden Hafen den Anfang machen und die zweite folgen – oder der Hafenmeister muß diese Art des Überliegens vor- und auf Schildern an der Pier deutlich anschreiben. Die hier genannten Tips sind gleichzeitig für die vielen Charterbesatzungen nützlich, die in ausländischen Revieren festmachen. Auch hier fällt immer wieder auf, wie unbekannt diee Art des Überliegens für deutsche Segler ist und wie schwer sich manche Besatzungen tun, neben ausländischen Yachten einen solchen Liegeplatz einzunehmen.

Abb. 186

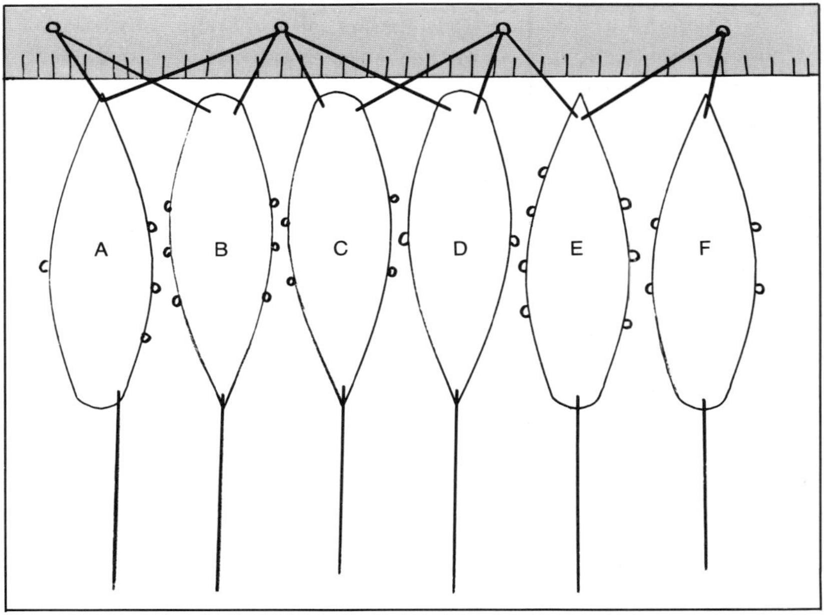

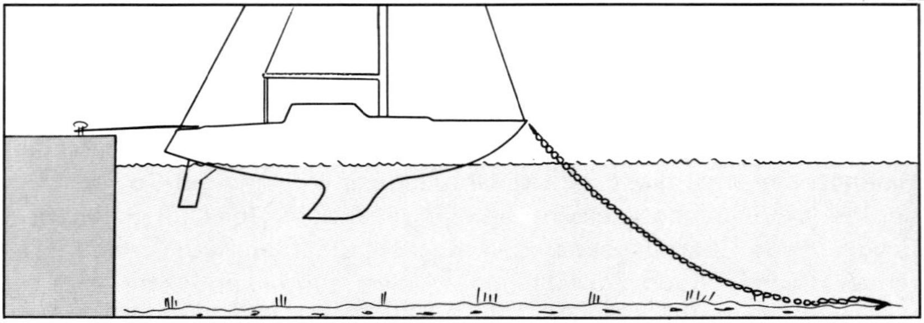

Abb. 187

Vor- und Nachteile bei Buganker-Benutzung

1. Der Anker für ein solches Festmachen ist vorhanden (Abb. 187). Er liegt an seinem Platz für ein übliches Ankermanöver, ist in seiner Halterung schnell einsatzbereit, kann sofort fallen und immer direkt über eine Winsch (wenn vorhanden) bedient werden.
2. Das Manöver des Festmachens mit Buganker ist nicht einfach: Entweder läßt man den Anker beim Stillstand des Bootes zum Anlaufen an die Pier fallen und dreht es dann unter Motor um 90 bis 180°, bis das Heck in Richtung auf die Pier liegt. Oder man dreht das Boot zuerst in diese Richtung und läßt erst dann den Anker fallen. Hier wie dort muß das Boot anschließend durch Rückwärtsarbeiten des Motors 2 bis 3 Bootslängen weit in eine oft schmale Gasse anderer Boote hineingezogen werden, und wenn man den Radeffekt des Propellers nicht beachtet oder ihn wegen der Enge der Gasse auch zwischen den fremden Ankertrossen nicht beachten kann, hat ein solches Achterausgehen seine Tücken.
3. Bei einer Ehepaar-Crew ist meistens die Bordfrau am Bug gebunden, wo sie aber nichts anderes tun als die Kette fieren kann. Der Schipper muß in der Plicht nicht nur mit Rad und Schalthebel manövrieren, er muß auch Leinen auf die Pier geben und gegebenenfalls das Achterschiff absetzen – wobei er meistens überfordert ist. Eine dritte Person an Bord ist nützlich.

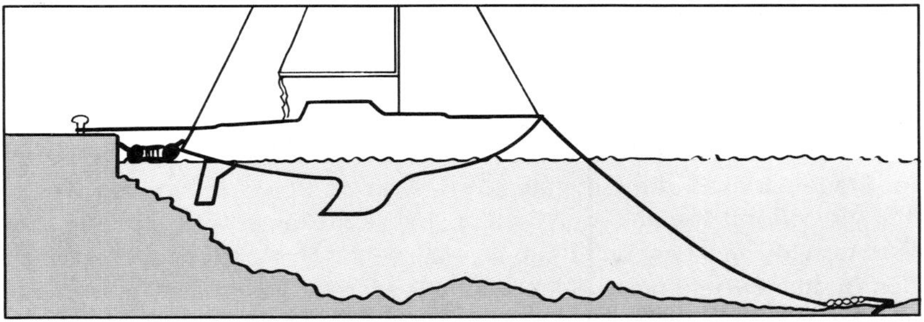

Abb. 188

4. Der Buganker-Liegeplatz hat den Vorteil, daß die Plicht nahe am Steg liegt und der Weg von der Kajüte an Land kurz ist. Nachteilig ist dabei, daß jedermann von der Pier aus in das Bootsleben Einblick nehmen kann.
5. Ein Bugankerplatz kann für Heck- und Steuereinrichtungen riskant und gefährlich sein (Abb. 188). Von weitem sieht man nie, wie es unter Wasser vor einer Pier aussieht, und oft fällt der steinige Grund in weitflächigem Gefälle ab. Dann heißt es: die Ankerkette schnell zu stoppen, einen weiten Abstand von der Pier zu halten und später das Schlauchboot zu Wasser zu bringen, um auf diesem Umwege vom Heck zur Pier und an Land zu kommen. Der aufgeblasene Geselle ist auch ein guter Heckfender, falls die Ankerverbindung (aus vielen möglichen Gründen) nachgeben sollte.
6. Man benötigt eine Stelling, um vom Boot an Land zu kommen, weil sich das Heck erfahrungsgemäß nicht so weit wie der Bug an die Pier holen läßt.
7. Ist eine Windfahnen-Selbststeueranlage am Heck montiert, sollte man nicht mit Buganker liegen, weil die verletzlichen Teile beschädigt werden könnten.
8. Das Liegen mit Buganker empfiehlt sich bei auflandigem Wind: Man hat dann die stärkere Maschinenleistung, um beim Zurücksacken unter Motor und Winddruck gegebenenfalls schnell abbremsen oder andamp-

fen zu können. Man hat das stärkere Geschirr nach Luv, und der Eingang der Kajüte liegt gleichzeitig in Lee.

9. Man kann leichter und direkt auslaufen, weil man sich mit seiner Ankerwinsch an den Anker heran- und aus dem engen Liegeplatz herausholen kann, und man kann mit vorausarbeitender Maschine und optimaler Steuerwirkung den Liegeplatz verlassen.

10. Wer oft mit Buganker an die Pier geht und keine Kette, sondern nur leichtes Geschirr benutzt, stellt sich seine (auf See oder nach Verlassen des Bootes zwischen den Segelwochenenden) abnehmbare Tautrommel auf das Vorschiff (Abb. 189). Die Ankerleine kann dann ungehindert und ohne Bewachung auslaufen, so daß die zweite Hand an Bord (siehe 3) achtern eingesetzt werden kann.

Abb. 189

Abb. 190

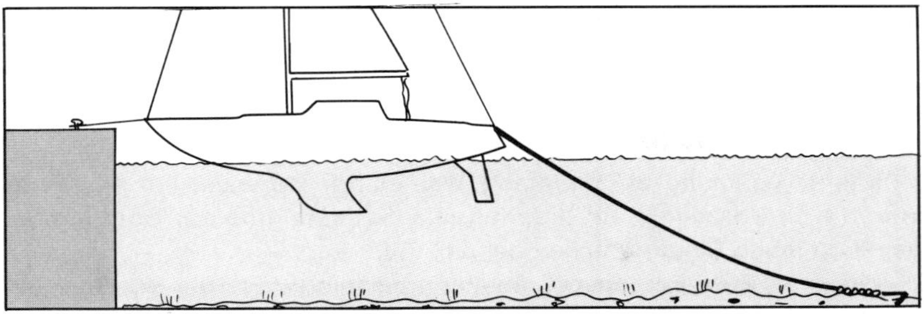

Abb. 191

Bei mir an Bord benutze ich hierzu eine transportable Leinentrommel (Abb. 190) von Speedy-Mat in Übergröße, die wahlweise in Halterungen an Bug- oder Heckkorb eingehängt werden und mehrere Aufgaben erfüllen kann. Unterwegs steht sie im Ankerkasten des Vorschiffs, wo sie von Deck aus jederzeit schnell erreichbar ist. Sie trägt 90 m geflochtenes Polyamid-Tauwerk von FSE von 14 mm Durchmesser und 4000 daN Zuglast. (Siehe auch Abb. 85a und b.)
Das Anliegen mit Buganker bevorzugen daher größere Yachten mit kräftigeren Motoren, die Nachteile des Manövrierens besser ausgleichen können.

Vor- und Nachteile der Heckanker-Benutzung

Das Liegen vor Heckanker an einer Pier unterscheidet sich demgegenüber kaum vom Liegen in einer Box, in die man ebenfalls Bug voran einläuft. Tatsächlich ist es seemännisch sehr viel einfacher, weil im Prinzip nicht zwei Pfähle bedient werden müssen und die Stoppstrecke länger ist. Diese Überlegungen gelten für Liegeplätze an einer Pier mit Heckanker (Abb. 191):

1. Man muß einen zweiten Anker anschaffen oder den Reserveanker am Heck haltern (bzw. in den Backskisten der Plicht verstauen). Dazu muß

man mindestens 30 m Ankertrosse im Heckbereich einsatzbereit halten. Ein spezieller (zusätzlicher) Heckanker muß nur eine Haltekraft von ca. 50% des Haupt- und 70% des Zweitankers haben. Er kann (zum besseren Verstauen, Abb. 192) klappbar sein, aber sollte immer einen etwa 3 m langen, wenn auch leichten Kettenvorlauf haben.

2. Das Anlegemanöver ist einfach, weil man in normaler Fahrtrichtung wie in eine Box direkt auf die Pier zulaufen kann und das Boot hierbei seine optimale Steuerfähigkeit behält.

3. Bei einer Zwei-Personen-Crew kann beispielsweise die Bordfrau am Bug während des Manövers fortlaufend die restliche Distanz zur Pier

Abb. 192

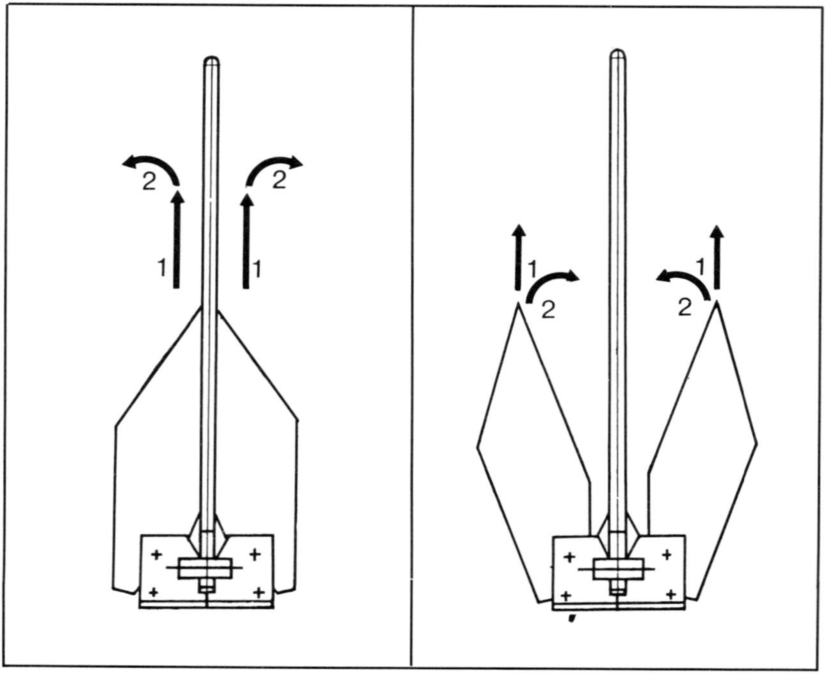

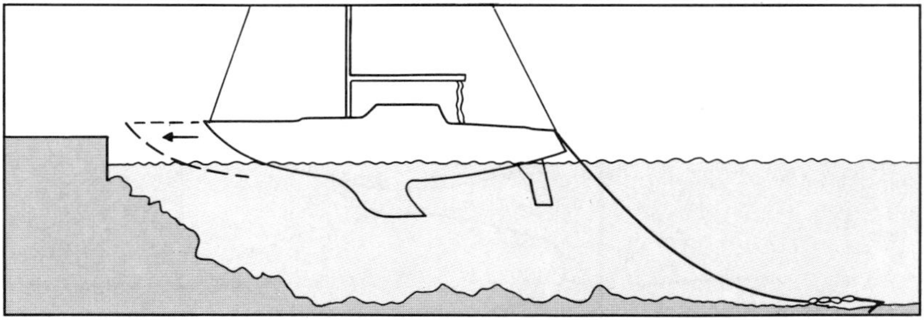

Abb. 193

melden, eine Leine zum richtigen Zeitpunkt an Land geben bzw. selbst auf kürzestem Wege ohne Hast und Gefahr übersteigen. Der Schipper kann am Ruder und am Schalthebel des Motors auch das Ausrauschen der Ankertrosse überwachen und gegebenenfalls die Fahrt von Hand zusätzlich abstoppen.

4. Am Liegeplatz liegt die Plicht fern vom Ufer. Ein ungehinderter Einblick in das Bordleben ist von Land aus nicht möglich. Dafür muß ein längerer Weg über Deck zur Pier in Kauf genommen werden.
5. Ein abschüssiger Unterbau der Pier kann das Boot nicht gefährden weil er immer unter dem weiten Überhang des Vorschiffes liegt (Abb. 193).
6. Auf den meisten Booten ist der Weg über Bugkorb oder Bugspriet ohne Stelling möglich.
7. Ein Anhang am Heck wie Selbststeueranlage o. ä. wird durch die Pier nicht gefährdet, aber die Ankertrosse darf nur zu einer Seite geführt werden. Besonders bei Yachten mit einem breiten Heck empfiehlt sich daher, die Ankerleine von einer bestimmten Länge an doppelpartig zu fahren und je eine Part auf jeder Seite des Hecks zu belegen. Ein solcher Hahnepoot-Charakter hat den Vorteil, bei kräftigem Dwarswind den gewünschten rechten Winkel zwischen Pier und Längsschiffsrichtung besser einstellen zu können (Abb. 194).
8. Da es von Bord aus unmöglich ist, möglichst weit vom Heck entfernt

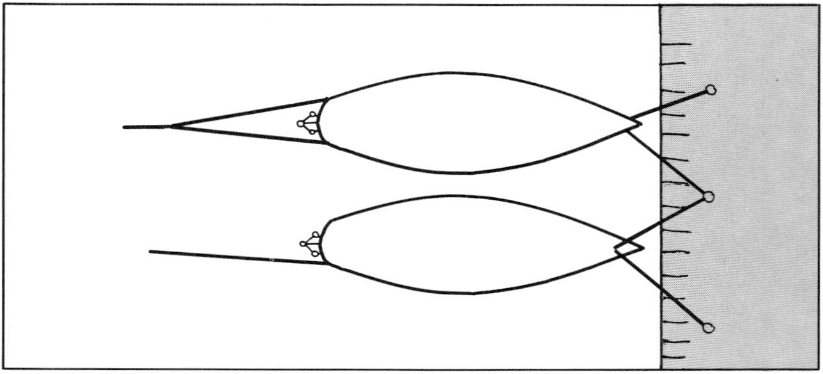
Abb. 194

und dicht über dem Wasser einen Stopperstek noch nachträglich um die Heckankerleine zu legen, mit dem die Hahnepotleine für die andere Seite des Spiegels angeschlagen werden kann, habe ich einen speziellen Beschlag konstruiert, der von der Firma Jachmann-Technik, Vor den Höfen 32, 3167 Burgdorf unter der Typenbezeichnung SAFEGUARD in Edelstahl zum Preise von 98,– DM seriengefertigt wird (Abb. 195 bis 197):

Sowohl geschlagenes als auch geflochtenes Tauwerk von 12–14 mm Durchmesser läßt sich (geöffnet) in den Beschlag einlegen oder (geschlossen) durchstecken. Die Querleine wird am freien Teil des Excenterhebels angeschlagen. Zeigt der Hebel (bei entlasteter Querleine) in Laufrichtung der Ankerleine, dann rutscht der Hahnepotbeschlag beliebig weit (bis ins Wasser). Holt man die Querleine an, wird der Hebel seitwärts gezogen und blockiert. Ein praktischer Leinenstopper, der übrigens bei Einsatz des breiten Exzenterteils im Innenteil (s. Abb. 195) in Laufrichtung blockiert (und mit quergestelltem Exzenter gleitet), so daß er auch als Sicherheitsbeschlag für Decksarbeiten oder bei Arbeiten im Mast, zum Abfangen der Schot bei Überläufern an der Winsch und anderswo eingesetzt werden kann.

9. Ein Heckanker-Liegeplatz ist besser bei ablandigem Wind: Man hat

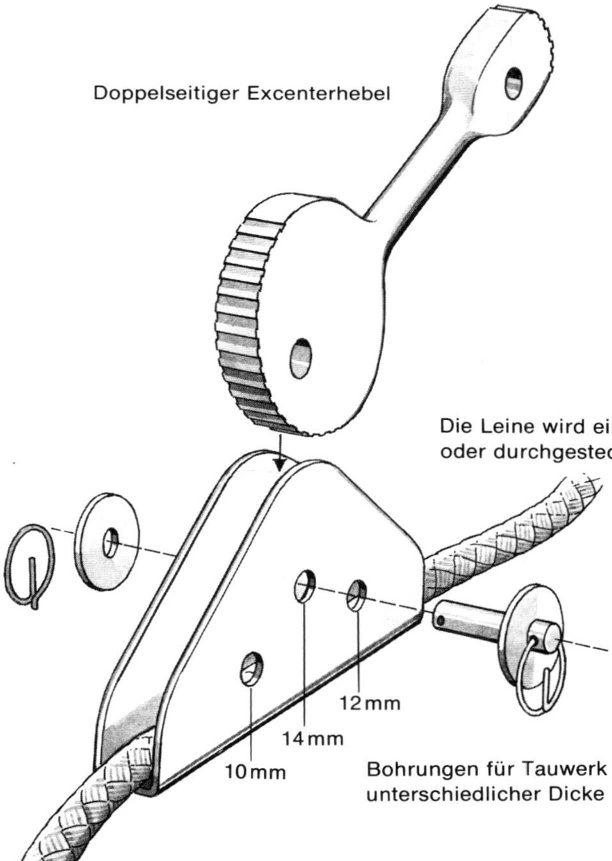
Doppelseitiger Excenterhebel
Die Leine wird eingelegt
oder durchgesteckt
12 mm
14 mm
10 mm
Bohrungen für Tauwerk
unterschiedlicher Dicke

Abb. 195

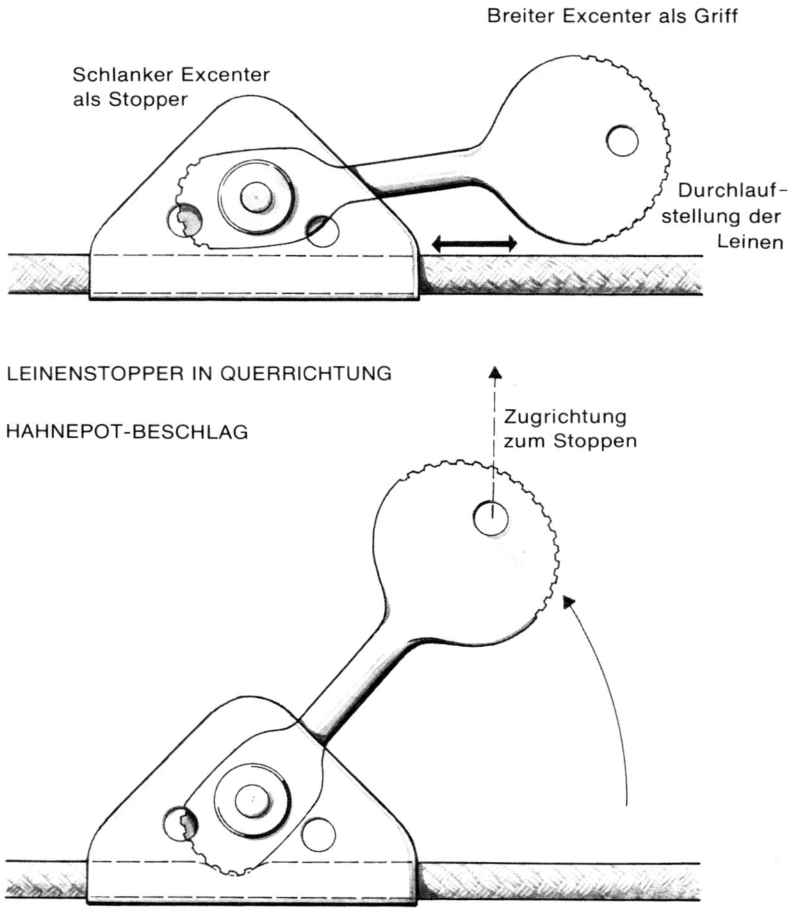
Breiter Excenter als Griff
Schlanker Excenter
als Stopper
Durchlauf-
stellung der
Leinen
LEINENSTOPPER IN QUERRICHTUNG
HAHNEPOT-BESCHLAG
Zugrichtung
zum Stoppen

Abb. 196

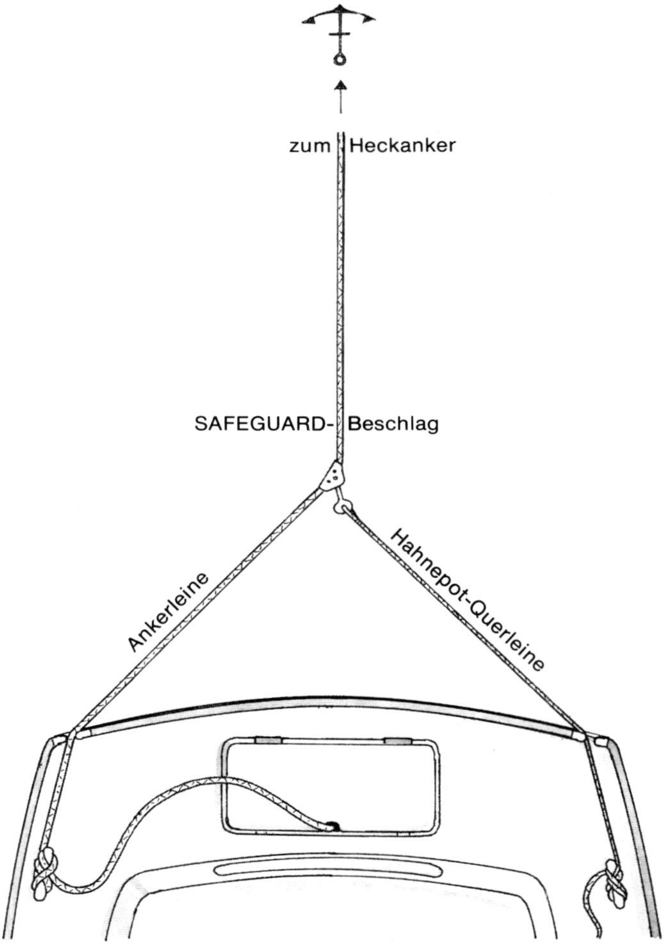
zum Heckanker
SAFEGUARD-Beschlag
Ankerleine
Hahnepot-Querleine

Abb. 197

die stärkere Maschinenkraft beim Anlaufen des Liegeplatzes, und der Kajüteingang liegt vorteilhaft in Lee.

10. Beim Ablegen kann man eine Ankerwinsch leider nicht einsetzen, sondern muß sich Hand über Hand achteraus verholen. Gegebenenfalls kann man hierzu jedoch auch die Schotwinschen einsetzen. Mit der Maschine sollte man so spät wie möglich angehen, weil der Propeller ungünstigenfalls das Heck zu einer anderen Seite dreht, als man es an den Anker heranholen möchte.

11. Das beste Hilfsmittel beim Anlegen mit Heckanker ist eine Tautrommel, auf der die Ankerleine nicht nur jederzeit einsatzklar aufgerollt ist, sondern von der sie auch nach dem Fallen des Ankers ungehindert und unbeaufsichtigt abrollen kann. Abb. 198 zeigt die (abnehmbare) Halterung einer selbstgebauten Tautrommel am Heckkorb. An gleicher Stelle können auch die in den Abb. 85a und 85b beschriebenen Speedymat-Rollen montiert werden.

Zusammenfassend kann man feststellen, daß sich das Liegen mit Heckanker zur Pier hauptsächlich für kleine Boote mit schwachen Motoren empfiehlt, und für große Yachten, die die Vorteile gegenüber einem Buganker in Anspruch nehmen wollen.

Abb. 198

Seemännische Tips zum sicheren Festmachen mit Anker

Benutzt man mit Buganker das schwere Ankergeschirr, reicht eine Kettenlänge, die dem dreifachen der Wassertiefe entspricht, immer aus. Für die Trosse eines Heckankers wird in diesem Falle das Fünffache der Wassertiefe genügen. Dabei muß man jedoch beachten, daß bei der dann gegebenen Distanz zu einer Pier die Wassertiefe oft noch 10 m beträgt, so daß die Mindestlänge der verfügbaren Trosse am Heck schon etwa 50 m betragen muß. Dieser Forderung entsprechen auch die oben genannten „Speedymat"-Ankertaurollen. Beim Zurücksetzen in eine freie, schmale Gasse bereits vor Bug- oder Heckanker liegender Boote muß auch die Drehrichtung des Propellers beachtet werden, wenn man nach dem Fallen des Bugankers seemännisch sicher und ohne Schrammen an der eigenen wie an einer fremden Außenhaut an seinen Liegeplatz gehen will. Bei Booten mit linksgängigen Propellern läuft man in einem notgedrungen großen Backbord-Drehkreis an (Abb. 199) und bringt das Boot bereits zum Stehen, wenn es schräg vor der Gasse liegt. Wird es nach dem Fallen des Ankers mit rückwärts arbeitender Maschine achteraus gezogen, dreht das Heck nach Steuerbord, und das Boot kann mit der Rest-

Abb. 199

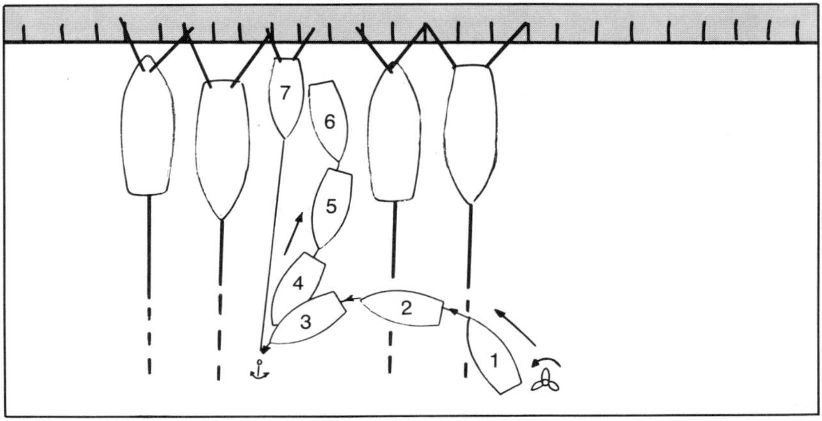

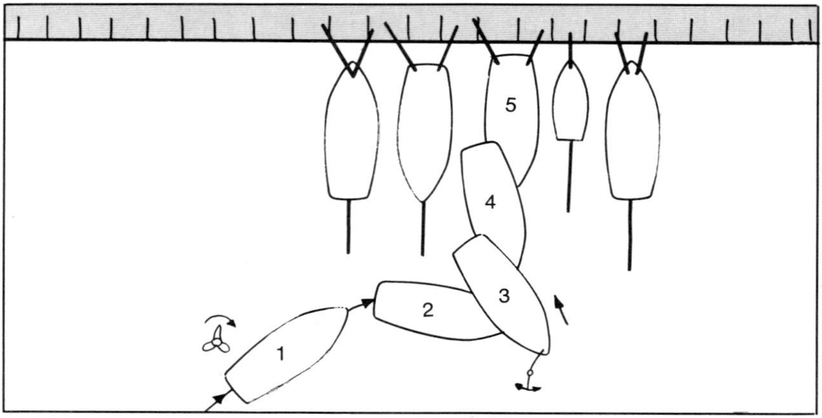

Abb. 200

fahrt senkrecht zur Pier auslaufen. Bevorzugt man vor dem Fallen des Ankers den kleineren Steuerbord-Drehkreis, muß der Einlaufkurs zuerst übersteuert werden, bis man die Position 1 erreicht hat.
Bei einem rechtsgängigen Propeller ist es sinngemäß umgekehrt: Hier läuft man mit einem großen Steuerbord-Drehkreis an (Abb. 200), bringt den Anker in einer 45°-Position zur Pier aus und stellt dadurch den Radeffekt in Rechnung, durch den das Boot beim Zurückarbeiten mit der Maschine mit dem Achterschiff nach Backbord gezogen wird. Der kleinere Anlauf-Drehkreis wird dann mit Backbordruder eingeleitet.
Bei einem konstanten Seitenwind, wie er in der westlichen Ostsee durch vorherrschende Westwinde und im Mittelmeer beispielsweise durch Mistral oder Meltemi gegeben ist, läßt man den Anker besser etwas luvwärts der eigentlichen Liegeplatzgasse fallen (Abb. 201). Da die bereits auf diese Art festgemachten Boote meistens das gleiche getan haben, muß man meistens einen schrägen Anlaufkurs zur Pier fahren, der sich in Vorausrichtung besser steuern läßt, so daß die Heckankerlage einfacher einzunehmen ist. Auf diese Weise läßt sich möglicher Ankersalat auch besser vermeiden, und es müssen nicht in enger Nachbarschaft der vom

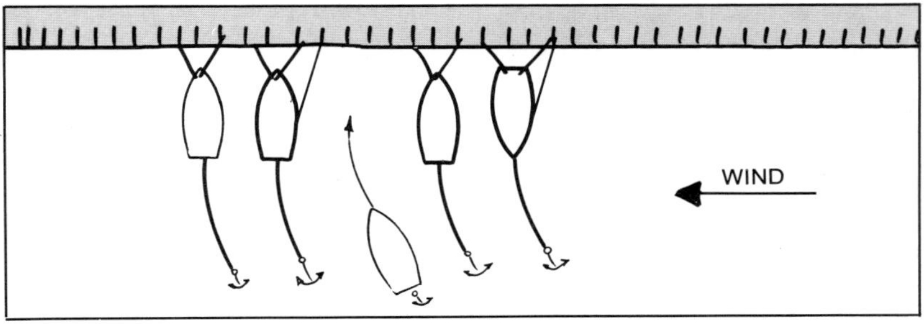

Abb. 201

Grund zu den Vorschiffen aufsteigenden Ankertrossen schwierige Manöver mit engen Drehkreisen gefahren werden.
Die Winschenvorteile beim Einsatz eines Ankers, die durch die vorn installierte Ankerwinsch gegeben sind, lassen sich bei einer Heckankertrosse durch die Schotwinschen in der Plicht ausgleichen, die in der Nähe der achteren Poller oder Klampen jederzeit einsatzklar stehen.

Wie man den Buganker als Heckanker einsetzen kann

Wenn man den Buganker fallen läßt, um mit dem Heck an die Pier zu gehen, hat man immer Schwierigkeiten, eine Fahrtenyacht zuerst mit gefesseltem Bug um mindestens 100° im Kreise zu drehen und anschließend unter Motor geradewegs mit dem Heck voran in eine schmale Gasse in Richtung auf die Pier zu manövrieren. Der Vorteil dieser Prozedur zeigt sich erst mein Auslaufen: Man kann mit Fahrt voraus den Liegeplatz ganz einfach verlassen und den Buganker über die Ankerwinsch bequem einholen.
Nutzt man hingegen die Vorteile des Heckankers beim direkten Ansteuern eines Liegeplatzes aus, kann man das Boot beim Auslaufen zwar ebenfalls von Hand oder mit Motorunterstützung problemlos an den Heckanker heranholen. Das Ausbrechen des Ankers, das Einholen der Ankerleine über eine Schotwinsch und insbesondere das freihändige

Hieven des vom Grunde befreiten Ankers mit einem meterlangen Kettenvorlauf ist jedoch um so schwieriger, je schwerer das Ankergeschirr selbst und je verletzlicher die Außenhaut (z B. bei einem Stahlboot) ist. Wer sich bei der Vorbereitung zum Anlaufen der Pier und zum Aufklaren des Decks nach dem Ankerlichten nur wenig mehr Mühe machen will, kann auch den Buganker als Heckanker benutzen und beide oben genannten Vorteile (ohne Nachteile!) in Anspruch nehmen. Wenn ich mit meiner Frau allein unseren 12-Meter-Seekreuzer mit dem Bug voran an die Pier bringen und gleichzeitig den Buganker als Heckanker benutzen will, arbeiten wir wie folgt:

Etwa eine halbe Meile vor dem Hafen rolle ich von der Heckankerleine, die achtern auf einer Trommel hängt, eine Bootslänge ab und führe den Tampen außen herum an Wanten, Stagen und Seereling vorbei bis zur Halterung beider Buganker. Hier stecke ich den Tanpen ebenfalls von außen am Ankerschaft des Zweitankers vorbei über dessen Rollen zum Vorschiff und verbinde das Ende des Kettenvorlaufs, der ständig an dem zweiten Anker angeschäkelt ist, mit Stopperstek oder Pahlstek. (Wir fahren den schweren Hauptanker mit voller Ankerkette, den leichteren

Abb. 202

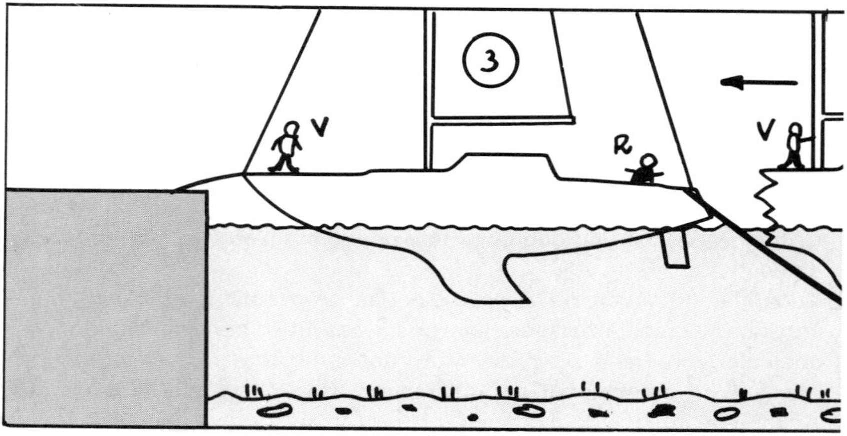

Zweitanker mit Kettenvorlauf und Ankertrosse. Diese wird jedoch erst bei Bedarf angesteckt, weil sie auch als Schleppleine Verwendung finden kann.) Anschließend löse ich die Befestigung des Ankers, fiere ihn, bis er dicht über dem Wasserspiegel hängt, zurre ihn hier mit einem leicht zu öffnenden Slipstek zum vorderen Backbord-Poller und lege Kettenvorlauf und Heckleinentampen klar zum Laufen. Dann gehe ich an den Platz des Rudergängers (R) zurück (Abb. 202, Pos. 1).

Dicht vor dem Hafen geht der Vorschotmann (V) nach vorn, und auf Anweisung des Rudergängers (R) slipt dieser den mit der Heckleine verbundenen Buganker etwa 2–3 Bootslängen vor der Pier (je nach Wassertiefe und in üblichem Abstand). Der Buganker fällt, wird vom Boot überlaufen, auch die Ankerleine geht zu Wasser, und gleichzeitig wird die Ankerverbindung zum Heck ohne weiteres Zutun hergestellt (Pos. 2). Der Vorschotmann kann jetzt die Vorleinen in die Hand nehmen, um sie an Land zu geben oder mit ihnen zur Pier überzusteigen, und er gibt gleichzeitig durch die Finger einer Hand bekannt, wieviel Meter Abstand der Bug noch von dem festen Ufer hat. Der Rudergänger hat den Motor inzwischen gestoppt und die Heckleine um eine achtere Klampe oder

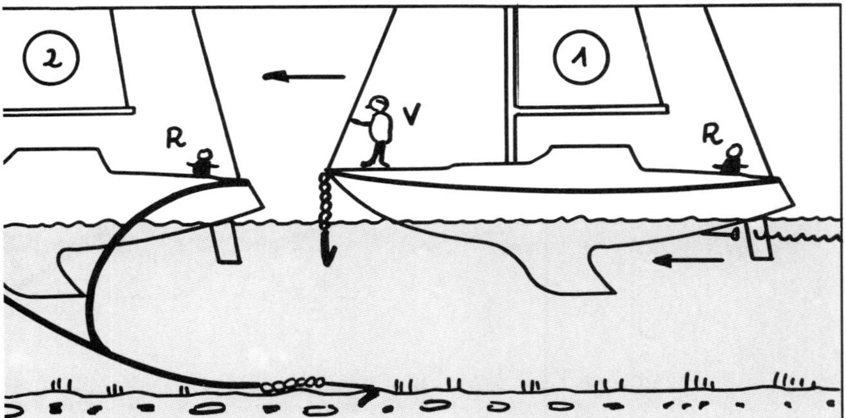

gleich um eine Schotwinsch gelegt, wo er sie langsam abzustoppen beginnt. In Pos. 3 hat das Boot seinen Liegeplatz im gewünschten Abstand zur Pier bei gleichzeitig steifgeholter Heckleine erreicht. Im Grund hinter dem Heck liegt jedoch der (erfahrungsgemäß schwerere) Buganker.

Zum Auslaufen (Abb. 203) wirft man die Vorleine los, und während der Rudergänger (R) durch Rückwärtsarbeiten des Motors die Yacht aus der Gasse nach achtern zieht, holt der Vorschotmann (V) die Lose der Ankerleine durch und bringt die holende, unbelastete Part gleichzeitig auf dem Deck entlang nach vorn (Pos. 2). Die entlastete Leine läßt sich ohne Schwierigkeiten wieder von vorn und außen in den Ankerbeschlag einziehen und zu gegebener Zeit auch auf die Winsch legen (Pos. 3). Jetzt ist der Propeller frei zum Manövrieren, und das Hieven des Ankers mit Kettenvorlauf und Trosse erfolgt in üblicher Weise über die Winsch auf dem Vorschiff, wie man den Anker auch an einem freien Ankerplatz einholt.

Diese Art empfiehlt sich besonders bei größeren Yachten, die einen ausreichend gewichtigen Heckanker nicht mehr nur von Hand und in

Abb. 203

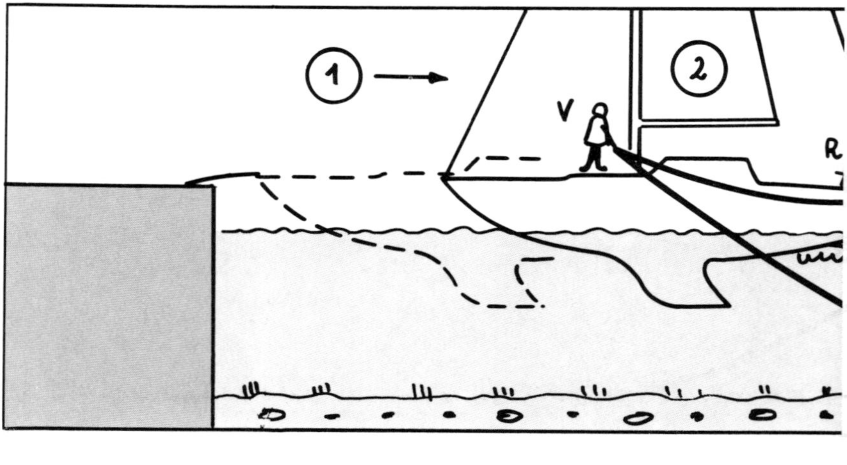

ausreichendem Abstand an der Bordwand entlang aus dem Wasser an Deck holen können.
Allerdings hat die dänische Firma Hansen und Moos, Blomstergade 32–38, DK 6400 Sonderburg für diesen Zweck einen nützlichen Beschlag gefertigt:
Er spreizt eine Rolle etwa 30 cm weit vom Bug- oder Heckkorb ab und hält sie hier durch 3 solide Stahlbügel, die mit der Reling verbunden werden. Anker und Kettenvorlauf können somit z. B. in ausreichendem Abstand von einem verletzlichen Stahlrumpf aufgeholt und am Endpunkt durch Hebelwirkung einfach waagerecht übergelegt werden, so daß man vor dem Verstauen Muskelarbeit mit Bauch und Armen spart. Der preiswerte Beschlag kostet in Edelstahl 123,– DM (Abb. 204).

Wenn es eng wird an der Pier

In vielbesuchten Häfen kommt es vor, daß sich am Abend immer mehr Boote zwischen die bereits vor Bug- und Heckanker liegenden Yachten

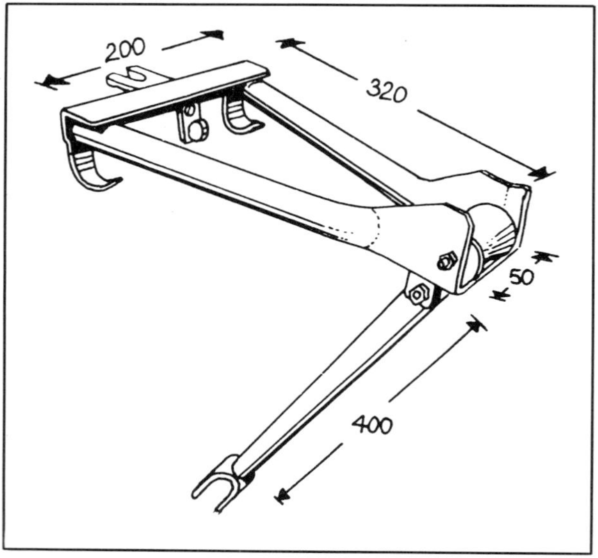

Abb. 204

drängen, um noch einen Platz an der Pier zu ergattern. Insbesondere große Boote drücken dabei mit ihrer Masse und ihrer Motorkraft in viel zu schmale Gassen hinein und pressen nicht nur kleine Yachten zwischen ihren größeren Nachbarn fest, sondern machen auch deren Auslaufen unmöglich.
Entsteht eine solche Situation (Abb. 205), dann sollte die kleine Yacht A beizeiten ihren Vorleinen Lose geben (Pos. 1) und sich durch Anholen der Heckankerleine in Pos. 2 verholen, bis die eigene größte Breite gleichauf mit derjenigen ihrer Nachbarn ist, selbst wenn dann der Weg zur Pier nur über das Deck eines der beiden Nachbard D und E führen kann. Die sich hineindrängelnde Yacht B muß sich dann eine andere, breitere Gasse zum Festmachen aussuchen, oder sie muß mit der Enge dieser Situation fertig werden, ohne entfernte kleinere Boote zu behelligen.

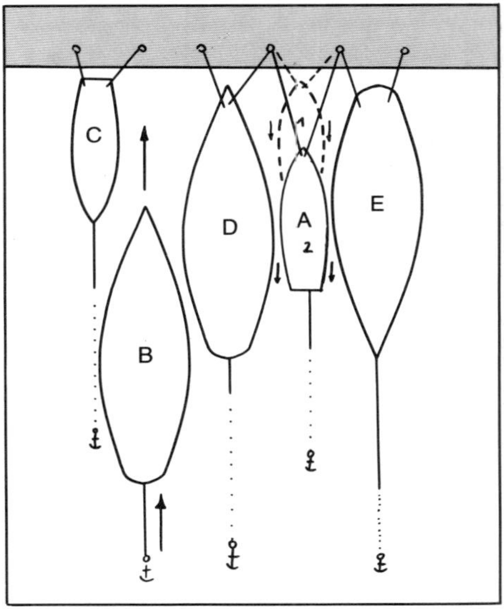

Abb. 205

Wenn kein Platz an der Pier mehr frei ist

Natürlich kommt es in vielbesuchten Häfen auch vor, daß alle Plätze an der Pier belegt sind, wenn Yachten dort vor Bug- oder Heckanker liegen. In diesem Falle wird einfach eine zweite Reihe gebildet (Abb. 206). Man bechte dabei jedoch:

- Das Einnehmen eines Platzes in der zweiten Reihe muß immer mit Heckanker erfolgen, weil es nahezu unmöglich ist, nach Werfen des Bugankers das Boot achteraus zwischen die ausgebrachten Ankerleinen anderer Boote hineinzuziehen. Die Gefahr ist zu groß, daß sich der Propeller hierbei in deren Ankerleinen vertörnen kann. Außerdem läßt sich das spitz zulaufende Vorschiff besser zwischen die Bootsenden der ersten Reihe einfahren und hier festmachen als das erfahrungsgemäß breite Heck.

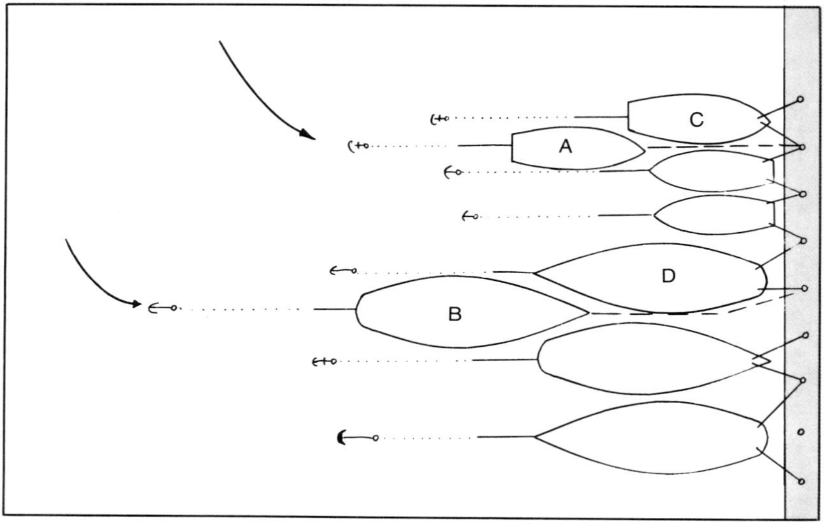

Abb. 206

- Selbstverständlich können kleine Yachten auch in der zweiten Reihe vor größeren Yachten liegen, aber größere Yachten sollten niemals ihren Platz hinter kleinen Yachten wählen. Bei wechselnden und besonders bei seitlichen oder auflandigen Winden werden hierbei die Ankerleinen der Boote aus der ersten Reihe zu sehr mitbelastet. Hier hat das kleine Boot A einen sicheren Platz auch in der zweiten Reihe hinter anderen kleinen Yachten gefunden, und das größere Boot B liegt sicher hinter ähnlich großen Nachbarn.
- Im Gegensatz zum Liegen im Päckchen wird beim Landgang der Bootsbesatzungen aus der zweiten Reihe jeweils nur ein Boot in der ersten Reihe behelligt, beispielsweise Boot C durch die Crew von A und Boot D durch die Crew von B. Ist die zweite Reihe vollgefüllt, hat also jeweils nur ein Boot den Unbill des Überweges zu tragen. Demgegenüber muß bei einem Päckchen von 6 Booten das Innenboot als Überweg für die Besatzung von 5 Booten dienen.

- Auch das Auslaufen aus der Innenseite an der zweiten Reihe vorbei bzw. durch diese hindurch ist viel problemloser, als wenn ein Innenboot eines Päckchens ablegen will. Die Gasse, die beispielsweise Yacht D zum Ablegen benötigt, läßt sich bei gleichzeitigem Anholen der Ankerleine fast ohne Behelligung der Nachbarn schaffen, und das Boot B aus der zweiten Reihe kann mit geringem seemännischen Aufwand an den freigewordenen Platz rücken.

Ich kenne mehrere Häfen, in denen man nicht nur mit zwei Reihen, sondern sogar mit drei Reihen an der Pier liegt. Diese Pier hat oft nicht nur eine Länge von einem Dutzend Metern, sondern von mehreren Hundert Metern. Der Hafen von Rhodos ist ein Musterbeispiel, wieviele Boote sich vor Heckanker oder Buganker hineinpacken lassen und in großer Zahl täglich ein- und auslaufen. Sorgfältig gezählt habe ich im Sommer 84 an der Innenseite der Windmühlenmole 217 Yachten festgestellt – in drei langen Reihen.

Das Boot läßt sich auch am Anker-Liegeplatz umdrehen

Im Mittelmeer erlebe ich fast täglich das eine oder andere Charterboot, dessen Anlegemanöver mit Buganker mißglückt, weil die Bestzung mit den Rückwärts-Fahreigenschaften ihrer Yacht noch nicht vertraut ist. Beim Flottillensegeln gibt man daher auch dem Festmachen mit Heckanker den Vorzug, weil sich das Boot in üblicher Fahrtrichtung voraus viel besser manövrieren läßt als über den Achtersteven. Man kann es auch bei Seitenwind genauer und sicherer steuern, weil das Ruderblatt bei Fahrt voraus direkt angeströmt wird. Außerdem läßt sich das Boot nicht nur durch Rückwärtsarbeiten mit der Maschine mit üblicher Zuverlässigkeit aufstoppen. Der Rudergänger kann auch durch immer langsameres Fieren der Heckankerleine über der Klampe und schließlich beim endgültigen Belegen die Restfahrt noch auf andere Art aus dem Boot nehmen.

Sollte bei auffrischendem, auflandigem Wind vor Heckanker an der Pier eine Gefahrensituation eintreten, kann man das Boot beizeiten umdrehen, indem man einen langen Festmacher an Land belegt, das Boot

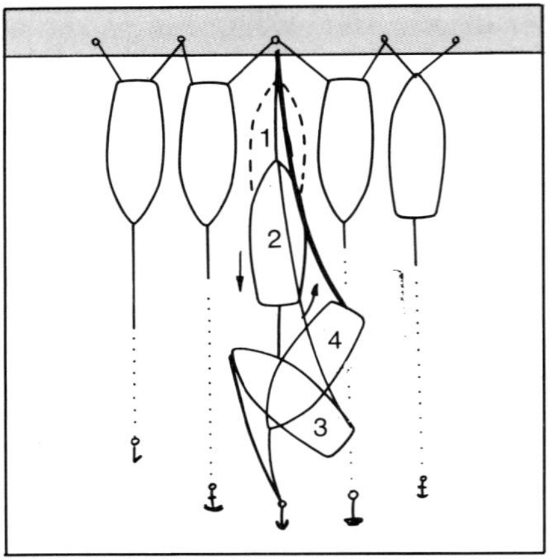

Abb. 207

näher an den Anker heranholt und hier so dreht (Abb. 207), daß die Ankerleine jetzt zum Bug und der Festmacher zum Heck führt. Die Abbildung zeigt die einzelnen Phasen 1 bis 4.
Jetzt kann man gegebenenfalls auch zu jedem beliebigen Zeitpunkt mit der Maschine angehen und den Anker entlasten, wenn die Situation für alle Boote durch Wind und Seegang kritisch wird, oder man kann jederzeit geradewegs auslaufen und sich an einen geschützteren Platz frei vor Anker legen.

Abb. 208

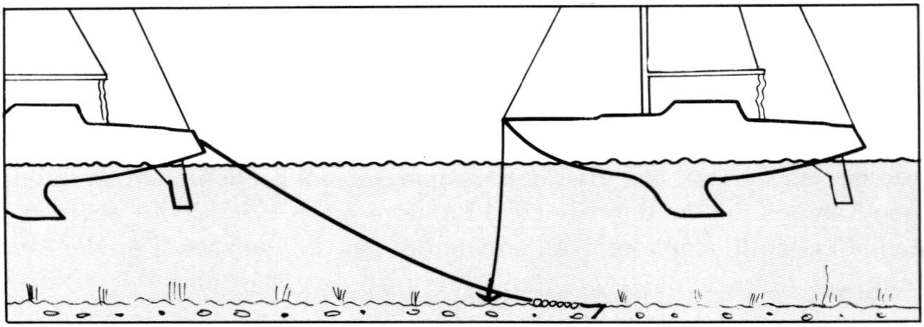

Wenn der Anker mit fremdem Ankergeschirr unklar kommt

Ankersalat ist ein gefährliches Risiko bei solcher Art des Festmachens, und die Gefahr ist erfahrungsgemäß mehr gegeben, wenn man einen Buganker ins Wasser bringt. Denn hierbei läßt sich die schmale Schneise der Yachten und ihrer ausgebrachten Anker erfahrungsgemäß nicht so genau treffen, als wenn man beim wesentlich genaueren Ansteuern der Lücke zwischen zwei Booten den Heckanker im Kielwasser fallen läßt.
Die Schwierigkeit beim Ankerlichten ist: Man merkt erst sehr spät nach dem Verlassen der Pier, daß der eigene Anker entweder an einem Hindernis hängt, das man nicht holen kann, oder selbst ein sperriges Teil mitheben will. Da ist das beste Ablegemanöver schnell zum Teufel und guter Rat oft teuer, wenn frischer oder gar auflandiger Wind weht (Abb. 208).
Klarieren kann man einen festgekommenen Anker nur mit Hilfe des entsprechenden Bootes, und es empfiehlt sich immer, die Besatzungen der Nachbarboote vorher zu wahrschauen, wenn man befürchten muß, daß ihre (vielleicht später geworfenen Anker) das eigene Manöver behindern. Ein Mann dieser Besatzungen sollte dann auf Zuruf seiner Ankertrosse oder Ankerkette so weit Leine geben (Abb. 209), daß der eigene, festgekommene Anker nicht nur beim Ankerlichten daran entlanggleiten, sondern die fremde Ankerverbindung auch bis über die Wasseroberfläche hinaus anheben kann. Je nach Wassertiefe ist dazu schon eine Lose von

Abb. 209

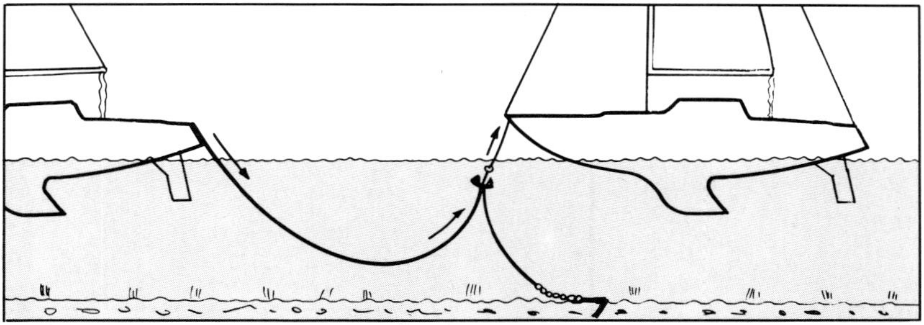

5 bis 10 m erforderlich. Je mehr Lose das andere, noch festgemachte Boot gibt, desto mehr sichert es dabei auch seine eigene Grundverbindung des Ankers. Denn sonst besteht – bei einem größeren Boot, das ankerauf geht und das eine Winsch zum Ankerlichten benutzt – die Gefahr, daß der eigene, sicher eingegrabene Anker ausgebrochen und nach dem Klarieren in viel zu kurzer Entfernung vom Ufer wieder ins Wasser gegeben wird, wo er dem Heck keine ausreichende Festigkeit mehr gibt.
Ist beim Ankerlichten mit einem verhakten Fremdanker der eigene Anker mit der fremden Kette bis zum Bug geholt, muß man schnell arbeiten: Entweder die fremde Kette mit zwei Bootshaken halten oder sie mit zwei Enden unterfangen und in diesen wenigen Sekunden die eigene Kette mit Anker fieren, freiholen und wieder anheißen.

Neue Tips und Erfahrungen

Auch der Umgang mit Anker und Ankergeschirr ist eine seemännische Arbeit, die durch den Einsatz neuer Geräte, die Anwendung verbesserter Techniken und die Benutzung moderner Werkstoffe ständig erleichtert wird. Mag das „letzte Kapitel" bei jeder neuen Auflage künftig dazu dienen, die aktuellsten Ergebnisse zusammenzufassen, Fehler beim Ankern zu berichtigen und neue Einsatzmöglichkeiten von Anker und Ankergeschirr darzustellen.

Ankern auf Charteryachten: Wie man Fehler vermeidet

Viele deutsche Yachteigner, die in der Ostsee segeln, und ihre Besatzungen kennen wenig vom Ankern. Zahlreiche Seekreuzer haben weder Ankerhalterungen noch überhaupt Anker an Bord. Sie segeln oder motoren von einer Marina zur anderen und von einem Pfahl zur nächsten Pier, ohne ein Ankermanöver (selbst in einem Notfall!) in Erwägung zu ziehen. Erschreckende Beobachtungen fürwahr!

Natürlich verfügen diese Segler auch über keine Erfahrungen beim Ankern, wenn sie im Süden oder Westen Europas, in der Karibik und anderswo einen Seekreuzer chartern. Dort jedoch gehört das Ankern zum täglichen Brot. In einem zweiwöchigen Chartertrip wird mindestens ein dutzendmal in landschaftlich schönen Buchten geankert, und ein Liegeplatz an einer Pier kann ebenfalls nur mit Bug- oder Heckanker eingenommen werden.

Deutsche Chartersegler können daher oft zum Schrecken von anderen Yachten werden, die am gleichen Ankerplatz liegen, deren Besatzungen die Ankermanöver der Neuankömmlinge beobachten und ertragen oder sogar in einer langen Nacht darunter leiden müssen.

Berichtigen wir, was deutsche Chartersegler oft falsch machen:

- Man laufe eine dicht belegte Yachtreede nicht unter Segeln, sondern nur unter Motor an. Seine seglerischen Fertigkeiten kann man anderswo besser beweisen. Man muß mit seinem Boot jederzeit voll manövrierfähig sein und sollte die Reede nach Möglichkeit zuerst voll abfahren, um mehr als einen Ankerplatz in die engere Wahl zu ziehen.
- Man denke bei dieser Auswahl auch daran, daß das Boot nicht dort seinen Platz einnehmen wird, wo der Anker fällt, sondern in einer Position (je nach Wassertiefe) von 3 bis 5 Bootslängen leewärts davon. Weiter bedenke man, daß der Wind seine Richtung ändern kann und wird, so daß man in alle Richtungen einen ungehinderten Schwojekreis hat. Man schätze an seinem beabsichtigten Ankerplatz auch den Schwojekreis der Nachbarboote ein und wähle dementsprechend die Ketten- oder Trossenlänge, die man selbst ausgibt, nicht zu groß.
- Zum sicheren Ankern gehört der Faktor „Drift", den manche Besatzungen fälschlicherweise durch den Faktor „Fahrt" ersetzen: Normalerweise fällt der Anker, wenn das Boot ohne Fahrt im Wind steht und langsam achteraus zu treiben beginnt – mit einem Knoten, max 2 kn Drift. Die Kette kann dabei keinen Berg über dem Anker bilden, sondern langgestreckt leewärts auf den Grund fallen. Hat man die knapp dreifache Wassertiefe an Kette bzw. die vierfache Wassertiefe an Trosse mit Kettenvorlauf gesteckt, stoppt man ab bzw. belegt. Die Kette strafft sich dann, der Anker gräbt sich ein und der Bug dreht sich in Richtung auf den Wind bzw. Strom, das heißt zu jenen Kräften, die am Ankerplatz wirken.
- Fehlen Kräfte von Wind und Strom, die das Achteraustreiben beim Fallen des Ankers bewirken, läßt man den Motor etwa 3 bis 5 Sekunden lang langsam rückwärts arbeiten, um für die notwendige Bewegung über den Achtersteven von ebenfalls etwa 1–2 kn zu sorgen. Diese Zeit bitte sorgfältig auszählen!
- Hat sich der Bug nach dem Abstoppen der Kette in den Wind gedreht, dann „hat der Anker gefaßt", und man steckt eine weitere Wassertiefe an Kette oder Trosse, so daß jetzt „der Anker trägt". Bestehen Zweifel, ob sich die Flunken tatsächlich eingegraben haben, kann man die

Haltekraft noch einmal überprüfen, indem man wiederum etwa 3 bis 5 Sekunden lang mit langsamer Fahrt rückwärts arbeitet.

- Viele Segler machen den Fehler, nach dem Fallen des Ankers zu lange und mit zu viel Kraft die Maschine rückwärts arbeiten zu lassen. Sie sind sich nicht bewußt, daß hierbei z. B. 10 Pferde an einem 5-Tonnen-Boot zerren und deren Zugkraft sehr viel größer ist, als sie selbst starker Wind dicht über dem Wasser an Rumpf und Takelage ausüben kann. Viele Charterboote bringen daher ihren Anker selbst in mehreren Anläufen nicht an einem gewünschten Platz in den Grund, sondern ziehen ihn mit Fahrt achteraus lange Strecken über den Boden, und sie gefährden in immer neuen Anläufen und der Unruhe, die ihre hektischen Manöver verbreiten, nicht nur andere Yachten, sondern auch die Harmonie der Menschen am Ankerplatz.
- Hat sich der Anker nach dem ersten Abstoppen nicht eingegraben, weil das Boot zu schnell oder zu langsam driftete, der Ankergrund nicht in Ordnung ist oder ein unterseeischer Strom setzt, merkt man dies sofort, wenn die Ankerkette vibriert oder rüttelt, kurzzeitig steif kommt, aber wieder Lose erhält und das Boot selbst nicht an Ort und Stelle bleibt. Dann stecke man nicht mehr Kette, sondern hole den Anker auf und wiederhole das Manöver am gleichen oder einem anderen Platz.
- Läßt man den Anker fallen, wenn das Boot noch nicht zum Stillstand gekommen ist und noch Fahrt voraus macht, kann die Kette beim Zurücksacken des Bootes mit dem Anker unklar kommen und ihn daran hindern, sich einzugraben oder die gewünschte Zugrichtung einzunehmen.
- Natürlich kann der Anker auch bei Fahrt voraus fallen. Das Boot muß dann jedoch seine Fahrtrichtung beibehalten, bis etwa dreifache Wassertiefe an Kette ausgesteckt ist und sich die Kette straffen kann. Nachteile: die auslaufende Kette kann Scheuerstellen am Vorschiff verursachen, und der Anker gräbt sich in der falschen Richtung ein, oft um bis zu 180 Grad entgegengesetzt zu der späteren ständigen Lage.
- Muß man (aus welchen Gründen auch immer) den Anker bei einer

Abb. 210: Eine Flottille mit Heckanker an der Pier.

geringen Fahrt voraus von max. 2 kn fallen lassen, lege man beim Abstoppen der Kette das Ruder zur gleichen Seite, an der die Kette hängt, damit das Boot schnell von der Kette weg in die Richtung von Wind oder Strom drehen kann. Der restliche Teil der Kette wird erst ausgegeben, wenn das Boot sicher mit dem Bug zum Wind am Ankerplatz liegt.

Für das Ankern wie für andere seemännische Fertigkeiten gilt gleichermaßen: „Im Leben ist alles einfach – nur das einfache ist schwierig."

Überliegen in engen Buchten mit Buganker und langer Landleine

In engen Buchten reicht der Ankerplatz oft nur für eine einzige Yacht aus, wenn diese ihren Anker in der Mitte der Bucht fallen lassen und diese Stelle so wählen würde, daß sie bei Änderungen der Windrichtung einen

Schwojekreis erhält, auf dem sie mit ihrem Heck allseitig und ausreichend weit von einem steil abfallenden Felsufer oder einem flach ansteigenden Stein- oder Sandstrand freibleibt.
Solche Ankerbuchten gibt es beispielsweise an vielen Stellen der jugoslawischen, griechischen und türkischen Inselküste oder in der karibischen See von den Bahamas bis nach Trinidad, um nur einige zu nennen, und sie werden natürlich nicht nur von einer einzigen, sondern von zahlreichen Yachten als Ankerplätze beansprucht. Da die meisten von ihnen erst am Abend dieses Ziel erreichen, muß jede vorher einlaufende Yacht einen möglichst kleinen Liegeraum einzunehmen versuchen, indem sie zusätzlich eine Heckleine oder sogenannte „Landfeste" zum Ufer ausbringt.
Wer zuerst kommt, wähle diese Position auch nach den Gesichtspunkten ungehinderten Auslaufens bei dichtgepackter Ankerbucht, guter Festmachmöglichkeiten an Bäumen, Büschen oder Steinen sowie natürlich den wechselnden Bedingungen von Land- und Seewind aus.
Abb. 211 zeigt, wie 6 Yachten in einer solchen Ankerbucht Platz finden, wenn sie sich vor Buganker und Heckleine legen. Die Benutzung des Bugankers (im Gegensatz zum Heckanker) ist unabdingbar, damit man direkt und ohne Komplikationen wieder auslaufen kann. Die Landleinen werden mit dem Beiboot ausgefahren (wenn man sie in subtropischen Revieren nicht ausschwimmen will), aber Schwimmer wie Beiboot-Crew sollten bei dieser Arbeit Bootsschuhe tragen, weil sie sich sonst auf dem steinigen Strand die Füße verletzen könnten.
Auch für solche Manöver mit kleiner Besatzung bewährt sich eine Leinentrommel am Heck, von der nicht nur die Leine beim Ausbringen ganz von allein ablaufen kann. Sie läßt sich auch beim Einholen bequemer aufrollen und somit zu neuem Gebrauch schnell einsatzbereit verstauen. Die Leinen müssen oft beträchtliche Längen haben, wenn das Heck von Hand oder nur mit Winschenhilfe einen weiten Weg nach Luv herangeholt werden muß (Abb. 212). Natürlich kann man das Heck auch mit Motorhilfe um den Anker herum nach Luv bringen – aber erfahrungsgemäß sollte man mit diesem Manöver erst beginnen, wenn eine Leine an Land belegt ist und gleichzeitig an Bord geholt werden kann.

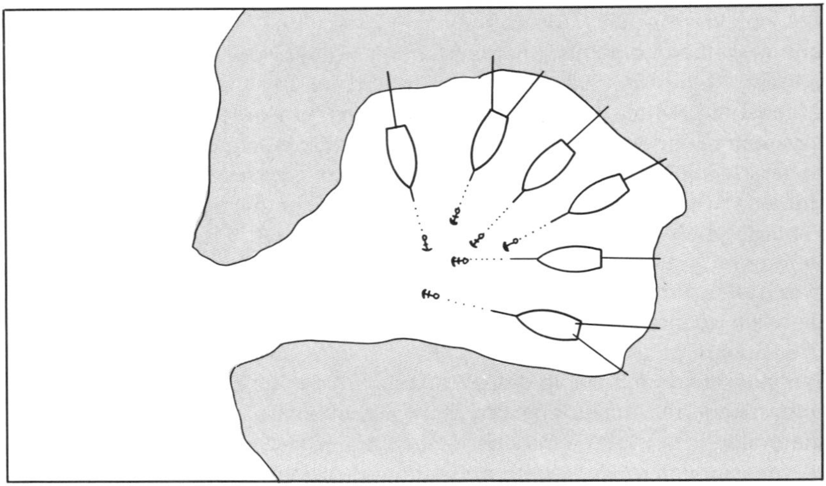

Abb. 211

Abb. 212

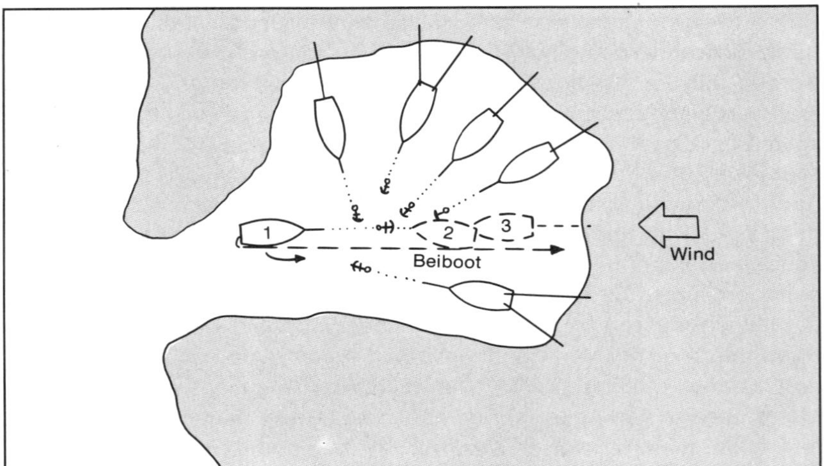

Die eigentliche Schleppleine oder eine Verbindung mehrerer Festmacher zu einer solchen langen Landfeste eignet sich nur bedingt zu diesem Zweck: Polyamid-Tauwerk sinkt durch sein großes spezifisches Gewicht schnell auf den Grund. Das Ausfahren der Leine erfordert dadurch nicht nur sehr viel mehr Kraft, die Länge der durchhängenden Leine nimmt ebenfalls zu. Oft ist man dann mit einer noch so langen Trosse schon auf halbem Weg am Ende und muß zusätzliche Leinen nachstecken, ehe das Beiboot tatsächlich das Ufer erreicht hat.

Auf meinem Boot fahre ich zusätzlich zu der etwa 90 m langen Heckankerleine, einer doppelt geflochtenen Polyamid-Leine von FSE mit 14 mm Durchmesser und einer Zugfestigkeit von 4000 daN, noch eine genauso lange Schwimmleine an einer entsprechend kleineren Tautrommel am Heckkorb (Abb. 213). Auf See dient sie als Mann-über-Bord-Fangleine (in Verbindung mit einem Rettungskörper). Als Landfeste ist sie ideal, weil sie (mit einem spezifischen Gewicht von 0,91) an der Wasseroberfläche schwimmt und fast kein Wasser aufnimmt. Ich verwende hierzu eine

Abb. 213

achtfach geflochtene FSE-Universalleine von 10 mm Durchmesser, die eine Zugkraft von 1200 daN hat und sogar in der Lage ist, das Heck meines immerhin etwa 20 Tonnen schweren Schiffes von Lee nach Luv rund um den Anker zu drehen, wenn ich hierzu eine Schotwinsch benutze.
Hat mein „Cormoran" die gewünschte Position mit einer Landfeste eingenommen, bringen wir auf dem nunmehr kürzesten Weg die Heckleine aus. Sie berührt dabei nur selten das Wasser und kann nicht untergehen. Gegebenenfalls tauschen wir anschließend die Schwimmleine gegen eine andere, kräftigere Landleine aus.
Das Ankern in dieser beschriebenen Art in kleinen Buchten gehört zum seemännischen Alltag insbesondere auf Charteryachten, und die Segler der deutschen Ostsee- und Nordsee-Küste, die es noch nicht kennen, sollten diese Art des Ankerliegens einmal geübt haben, ehe sie es unter den kritischen Augen englischer, italienischer oder französischer Segler mit eigenen oder Charteryachten im Ausland praktizieren. Für eine zahlenmäßig kleine Crew und in stark besetzten Kleinbuchten ist es nämlich nicht einfach, seine Yacht ohne Gefährdung der bereits festliegenden Yachten in eine kleine Lücke zu bugsieren.

Ankern über das Heck?

In YACHT 18/84, Seite 35 propagiert Harald Schwarzlose das Ankern über das Heck (nicht nur) für Einhandsegler (Abb. 214) und schreibt dazu: „Es ist zwar ungewöhnlich, bringt aber für den Einhandsegler etliche Vorteile: das Ankern über das Heck. Besonders bei der Verwendung einer Rollfock läßt sich die Ankerposition nur unter Vorsegel mit achterlichem Wind bequem erreichen. Der Anker kann leicht aus seiner Halterung am Heckkorb geslippt werden, wobei der Steuermann sicher steht. Die Position des Windangriffs-Schwerpunktes befindet sich so achterlich vom Lateralschwerpunkt, daß die Yacht ruhiger liegt und kaum schwojt. Zum Ankeraufgehen kann man eine der Schotwinschen einsetzen."
Nach meinen praktischen Erfahrungen gibt es folgende Bedenken gegen diese, wohl doch nicht so vorteilhafte Art des Ankerns:

Abb. 214

- Unter Vorsegel und mit achterlichem Wind läßt sich nur eine Ankerposition erreichen, die auf Legerwall oder parallel zur Küste liegt, aber kein üblicher, sicherer Ankerplatz, bei dem sich die schützende Küste in Luv befindet. Sie wird immer, ob auf einem Am-Wind-Kurs unter Segeln oder mit Motor, mit dem Bug voran erreicht. In der luvwärtigen Position fällt daher auch der Buganker.

- Der Steuermann steht nicht nur sicher, wenn der Anker aus seiner Halterung am Heckkorb zum Heckankerliegen geslippt wird. Ich habe auf den Seiten 129–132 erläutert, wie ein Einhandsegler auch seinen Buganker aus der sicheren Plicht fallen lassen und auch beim Ankerlichten den Buganker wieder in die Plicht einholen kann, ohne daß sein Boot dabei vor Heckanker liegen muß.
- Eine Yacht schwojt immer; denn der Anker liegt im Mittelpunkt des Schwojekreises und die ganze Yacht ist der schwimmende Anhang, der den Windangriffsschwerpunkt in der Windrichtung darstellt. Ändert der Wind seine Richtung schnell und fortwährend, genügen schon etwa 2 m^2 Segeltuch am Achterstag über der Plicht, um bei schräger Windanströmung den „Windangriffsschwerpunkt" mehr nach achtern zu bringen, doch bietet der Rumpf selbst mit Deckshaus, Spritzkappe, Relingskleidern und anderen Aufbauten, bei Zweimastern auch der doppelt gerefft gesetzte Besan die erforderliche Windangriffsfläche achterlich vom Lateralschwerpunkt.
- Der verbreitetste Fehler beim Ankern ist eine noch zu große Fahrt des Bootes zum Zeitpunkt, wenn der Anker fällt. Dann muß er notgedrungen über den Grund torkeln oder rutschen, und er kann sich nicht oder erst sehr viel später an einem gar nicht beabsichtigten (ungünstigen) Platz eingraben. Auch in der hier gezeigten Pos. 1 mit etwa 30% Allrounderfläche läuft die Yacht noch mindestens 3 Knoten Fahrt. Sie ist für ein Ankermanöver viel zu schnell.
- Der Einhandsegler ist auch überfordert, wenn er – parallel zum Ausgeben der hier etwa 30 Meter langen Ankertrosse – zum Einrollen der Doppelgenua noch Reffleine und Schoten bedienen muß, und eine unmittelbare Fahrtverminderung tritt dabei nicht ein.
- Eine Yacht liegt mit ihrem breiten Heck zum Wind, selbst wenn die Ankerleine genau mittschiffs geführt werden kann, niemals so stabil wie mit dem Bug. Die verletzlichsten Teile von Ruder und Propeller sind direkt dem Seegang (und auch Treibgut!) ausgesetzt. Im Gegensatz zum Bug, der anlaufende Seen zerteilt, planscht das breite Heck im Wellengang und verursacht störende Bootsbewegungen. Frischer Wind steht direkt in die Kajütöffnung hinein. Muß die Ankerleine gar

an einer Seite des Hecks belegt werden, z. B. bei einer Windfahnenselbststeueranlage oder einem außen angehängten Ruder, werden die unkontrollierten Bootsbewegungen für die Haltekraft des Ankers wie für die Kondition der Crew sogar gefährlich.

- Zum Anker-Aufgehen kann man auch eine Schotwinsch einsetzen, wenn man den Buganker einholen muß. Das Heck läßt sich mit Muskelkraft allein beträchtlich schwerer nach Luv und an den Anker heranholen. Unter Motor besteht die Gefahr, daß hierbei die Ankerleine in den Propeller geraten kann.

Kurz und gut: es hat schon seine Gründe, wenn wir vor der Küste oder in einer geschützten Bucht nur vor Buganker liegen. Manöver mit Heckanker sind nur vertretbar, wenn man mit dem Bug an eine Pier gehen will. Wer – wie ich – ein solches Manöver oft fährt, kennt auch die Problematik, die es (selbst in einem engen Hafengebiet) gelegentlich haben kann.

Kettenvorlauf nicht zu lang wählen

In den Empfehlungen des Germanischen Lloyd (GL) für die Ausrüstung von seefähigen Yachten (siehe Seite 57), die auch in die Sicherheitsrichtlinien der Kreuzer-Abteilung des DSV übernommen wurden, heißt es unter anderem: „Die Länge des Kettenvorlaufes soll *mindestens gleich der Wasserlinienlänge* der Yacht sein.“

Dementsprechend enthalten die Kataloge der Yachtausrüster genaue Abmessungen der Kettenvorläufe, beispielsweise diese:

Bootslänge in Metern	Verdrängung in Tonnen	Kettenvorlauf in Metern	Kettenstärke in Millimetern
bis 7 m	1,5 t	5 m	8 mm
bis 9 m	3 t	10 m	8 mm
10,50 m	6 t	10 m	10 mm
12,50 m	10 t	30 m	10 mm

Dieses sind nach meinen Erfahrungen unsinnige und zu lange Abmessungen. Ein Kettenvorlauf kann nicht die Aufgabe einer Ankerkette erfüllen. Er hat nur die Aufgabe, den Zug einer Ankertrosse bei deren Steifkommen nicht direkt auf den Ankerschaft zu übertragen, sondern diesen immer waagerecht auf dem Grund zu halten, und man benutzt ihn außerdem, um das Schamfielen der Trosse zu verhindern, wenn sie unmittelbar hinter dem Ankerschaft auf steinigem Grund liegt bzw. beim Schwojen auf ihm hin- und hergezogen wird.
Würde man beispielsweise auf 5 Meter Wassertiefe mit einem 9-Meter-Boot ankern, dann bestünde die Ankerverbindung nach den o. g. Empfehlungen aus 10 Metern Kettenvorlauf und 15 Metern Trossenlänge. In Wind und Seegang würde die Trosse immer nur einen (zu) kurzen Weg steifkommen, nämlich bis zum Beginn der Ankerkette, und die Bewegungen der Yacht vor Anker erfolgen dann nahezu ruckartig, wie bei einem störrischen Pferd. Andererseits bliebe die Ankerkette in voller 10-Meter-Länge, durch ihr Gewicht bedingt, ständig auf dem Grunde liegen und würde beim Schwojen nur geringfügig seitlich bewegt.
Wählt man stattdessen einen Kettenvorlauf von nur etwa 2 bis 3 Metern, erhöht man die Pufferwirkung der dann etwa 25 m langen Ankertrosse beträchtlich, ohne die oben genannte sowohl niederhaltende als auch schützende Wirkung des Kettenvorlaufs herabzusetzen.
Bei geringeren Wassertiefen am Ankerplatz werden die Nachteile zu langer Kettenvorläufe noch augenscheinlicher. Da eine Yacht von weniger als 2 Meter Tiefgang immer so dicht unter die Küste laufen kann, bis sie die 5-Meter-Linie erreicht, sollte sie niemals Vorlauflängen über 2 bis 3 Meter hinaus (je nach Bootslänge) benutzen, jedoch diese kurzen Kettenenden 2 mm dicker wählen, als die Durchmesser der vollen Ankerketten in den Ausrüstungsempfehlungen angegeben sind.
Geringfügige Längen- und Stärkenunterschiede können sich auch zwischen dem Danforth-Anker und anderen nachgeahmten Plattenankern ergeben, bei denen der Schaft etwas angehoben werden kann, ohne daß der Anker ausbricht, und dem Pflugschar-Anker, dessen Schaft nur seitlich schwenkbar ist und der beim Anheben leichter ausbrechen könnte. Für den Bruce-Anker ist ein etwas längerer Kettenvorlauf notwendig, weil

seine in Form einer Schaufel geformten Flunken starr mit dem Ankerschaft verbunden sind und dieser sich weder anheben noch seitlich schwenken kann. Bei Yachten ab ca. 9 m Länge wird der Hauptanker ohnehin mit voller Kettenlänge gefahren und eine Ankerleine mit Kettenvorlauf nur für den Zweitanker (am Bug) und einen (noch leichteren) Heckanker benutzt.

Die folgenden Tabellen (Abb. 215–217) geben zuverlässige Erfahrungswerte nicht nur für Länge und Durchmesser des Kettenvorlaufs, sondern auch Länge und Durchmesser der daran angesteckten Ankertrosse aus Polyamid (Perlon, Nylon u. a):

Danforth-Anker, Baas-Anker und andere Plattenanker

Bootslänge m	Kettendurchmesser mm	Länge des Kettenvorlaufs m	Trossendurchmesser mm	Länge der Ankertrosse m
bis 9	6	2,00	10	45
9–11	8	2,50	12	50
11–13	10	3,00	14	55
13–15	12	3,50	16	60

Abb. 215

Pflugschar-Anker

Bootslänge m	Ketten-Durchmesser mm	Länge des Kettenvorlaufs m	Trossendurchmesser mm	Länge der Ankertrosse m
bis 7,50A	6	2,00	10	40
6–8	8	2,50	12	45
8–11	10	3,00	14	50
11–15	12	3,50	16	55

Abb. 216

Bruce-Anker				
Bootslänge m	Kettendurchmesser mm	Länge des Kettenvorlaufs m	Trossendurchmesser mm	Länge der Ankerkette m
bis 7	6	2,50	10	40
7–9	8	3,00	12	45
9–11	8	3,50	14	50
11–13	10	4,00	16	55
13–15	12	4,00	18	60

Abb. 217

Wenn der Ankerkasten von unten volläuft

Die meisten Ankerkästen, die am Bug bis zur Wasserlinie reichen, werden durch ein etwa fingerdickes Loch entwässert, das vorn durch den Steven oder seitlich durch die Außenhaut führt. So gut diese Öffnung zum Abfluß von Spritz- oder Regenwasser und anderer Feuchtigkeit ist, die an Deck

Abb. 218

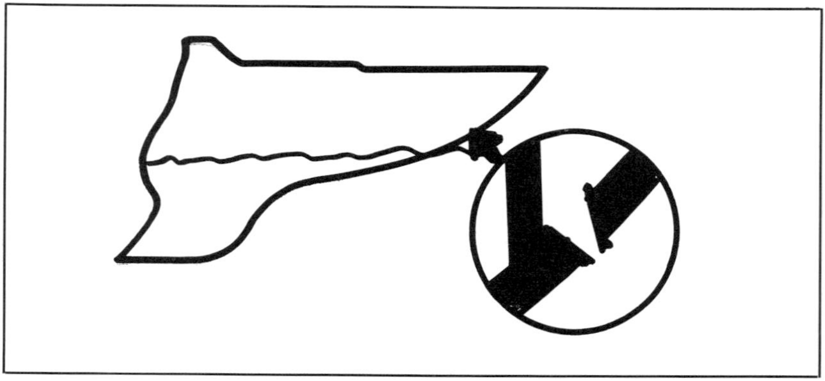

durch die Kettenöffnung oder eine schlecht schließende Klappe eingedrungen ist, so ungünstig wirkt sie sich in Fahrt oder im Seegang aus: Durch die Bugwelle läuft der Ankerkasten von unten ständig voll, und der Innenraum mit seinen Leinen wird stets von neuem naß.
Als Abhilfe empfehle ich: Man setzt ein Ventil aus Edelstahl oder Kunststoff in die Durchführung (Abb. 218), das außen schmaler als innen ist und wie eine Düse wirkt, beispielsweise mit 10 mm Außen- und 20 mm Innendurchmesser sowie etwa 40–60 mm Länge. Dann kann sich der Ankerkasten nicht mehr füllen bzw. nur dann etwas Wasser nehmen, wenn der Bug sehr tief in die See eintaucht.

Sicherung der Ankerkette auf felsigem Grund

In den skandinavischen Schären, an den Felsenküsten des Mittelmeeres, nahe der Riffe in der Karibik und in den Atollen der Südsee trifft man auch dicht unter Land oft Wassertiefen von mehr als 10 Metern und Grundformationen aus Steinen, Korallen und Felsformationen an. Man muß dann erfahrungsgemäß etwa 40 Meter Kette stecken, damit das Boot sicher vor Anker liegt. Ein Teil der Kette wird dabei auf dem harten Grund

Abb. 219

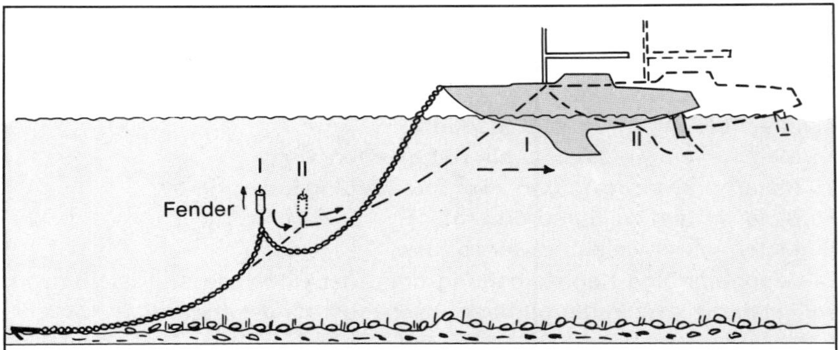

liegen und beim Schwojen ständig seitwärts geschleppt werden. Bei diesen Bewegungen wird sie immer wieder an scharfen Unterwasserhindernissen hängenbleiben. Bei längerer Liegezeit muß man einen Bruch der Ankerkette befürchten.
Um dieser Gefahr vorzubeugen, hängt man auf etwa halber Kettenlänge einen Fender ein (Abb. 219), der bereits beim Fallenlassen des Ankers sorgfältig angesteckt wird. Jetzt wird der größte Teil der Kette nicht nur in ausreichender Höhe über den Steinen oder Korallen gehalten, in stärkerem Wind oder bei Fallböen wird auch starkes Einrucken verhindert.
Streckt das Boot die Kette, wenn es aus der Pos. 1 in Pos. II zurücksackt, dann wird der Auftriebskörper seitlich nach unten gezogen, und es ist eine zusätzliche Bremskraft zu überwinden, ehe der volle Zug das letzte Kettenende am Ankerschaft erreicht. Beim Nachlassen des Winddruckes hebt der getauchte Fender den Mittelbereich der Kette an, ohne daß die ankernde Kette dabei mehr als vorher Kontakt zum Boden erhält.

Markieren der Ankerkette

Es empfiehlt sich, sowohl die Ankerkette als auch die Ankertrosse zu markieren, damit man immer weiß, wieviel Meter man tatsächlich gesteckt hat. Am besten ist es, die Markierung alle 5 Meter vorzunehmen. Erfahrungsgemäß muß man farbige Markierungen in jedem Jahr neu malen, wenn man oft geankert und die Kette viel bewegt hat.
Ich habe (mit den Resten der Zweikomponentenfarben des Überwasserschiffes) die Kette wie folgt markiert:
5 Meter = ein weißes und ein rotes Kettenglied;
10 Meter = zwei weiße und zwei rote Kettenglieder;
15 Meter = drei weiß und drei rot;
20 Meter = vier weiß und vier rot usw.
Die doppelfarbige Kennzeichnung dient der Kontrolle und ist sinnvoll, weil sich die eine Farbe oft eher abscheuert als die andere.
Selbstverständlich kann man auch mit unterschiedlichen Farben markieren (Abb. 220), und dann beispielsweise mehrere Kettenglieder anmalen,

Abb. 220

beispielsweise: 5 m = 5 weiß gestrichene Kettenglieder; 10 m = 5 rote Kettenglieder; 15 m = 5 gelbe Kettenglieder usw.
Zum Markieren der Ankertrosse verwendet man am besten farbiges Garn, mit dem breite, aufgenähte Takelings gefertigt werden. Durch die Kardeele geschlagenen Tauwerks lassen sich auch breite Farbbänder ziehen, wobei man die Markierung ruhig erst ab 10 Meter oder gar 15 Meter mit *einem* Band beginnen kann und dann erst für 20 oder 25 Meter ausgesteckter Trosse mit 2 bzw. 3 Bändern folgt.

Eine Ankergurt-Spule als Mehrzweckgerät

Sie sieht aus wie die Spule für einen Feuerlöschschlauch, die ANKAROLINA, und in der Tat fühlt sich auch der Gurt, der auf ihr aufgerollt ist, ähnlich und gar nicht wie eine Leine an, an deren runde Form sich unsere Hände gewöhnt haben. Tatsächlich läßt sich 56 Meter Gurtlänge von 26 mm Breite und einer Zugfestigkeit von 2500 daN auf wirklich engstem Raum unterbringen. Die Spule hat einen Durchmesser von 430 mm und Außenrandbreite von 41 mm. Material Macrolon, der Gurt aus Poyester. Komplettes Gewicht 3,8 kg.

Die Spule läßt sich somit am Heckkorb (Abb. 221) wie am Deckel eines Ankerkastens oder einer Backskiste (Abb. 222) befestigen, so daß der Gurt mit angestecktem Anker ungehindert abrollen kann. Ist die volle Länge ausgelaufen, läßt sich der Gurt von der Spule abnehmen und gegebenenfalls der Tampen an den Gurt einer zweiten Spule oder an normales Fasertauwerk anstecken.

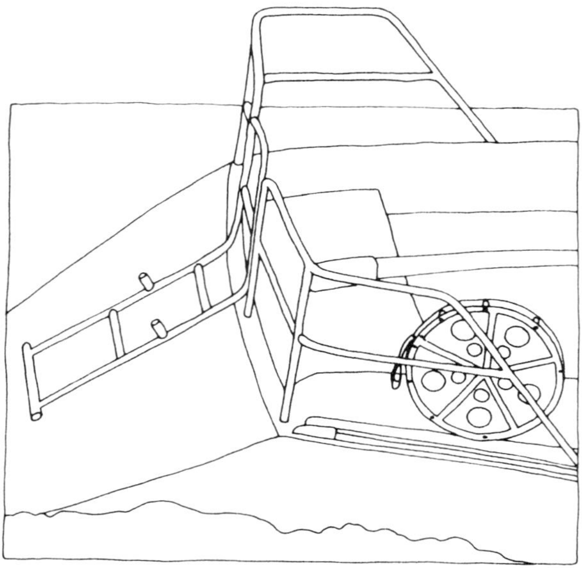

Abb. 221

Zum Einholen des Ankergurtes steckt man die Kurbel einer Schotwinsch in die Mittelöffnung, so daß man die Spule drehen und den Gurt bequem aufrollen kann. Lüftungslöcher in der Seitenverkleidung sorgen dafür, daß der aufgespulte Gurt trocknen kann. An einfachen Markierungen an den Außenspeichen kann man die ausgelaufene Gurtlänge ablesen. Verkauf in Deutschland durch NOR-AGENT BORLAUG GmbH, Bargteheider Straße 80, 2000 Hamburg 73.
ANKAROLINA ist keine Ankerwinde und darf daher beim Einholen des Gurtes nicht überlastet werden. Der Gurt kann über eine Winde nur mit Schwierigkeiten gespannt werden.

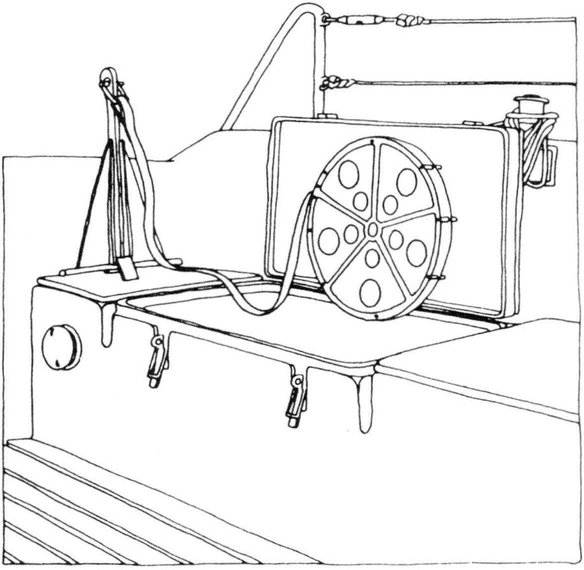

Abb. 222

Die **KLEINE YACHT-BÜCHEREI** ist die preiswerte Bibliothek für eingehendes Fachwissen auf vielerlei Spezialgebieten. Diese Bände sind lieferbar:

1 **Das kleine Sternenbuch** von W. Stein
4 **Navigation leicht gemacht** von W. Stein
8 **Wetterkunde** von W. Stein
9 **Knoten, Spleißen, Takeln** von E. Sondheim
10 **Funknavigation auf kleinen Schiffen** von A. Stahnke
13 **8 x Wassersport** (Wörterbuch) von B. Webb
21 **Astronomische Navigation** von W. Stein
25 **Beaufort 10 – was tun?** von F. Robb
27 **Medizin an Bord** von Dr. K. Bandtlow
28 **Kleines Signalbuch** von E. O. Braasch
29 **Allgemeines Sprechfunkzeugnis für den Seefunkdienst** von Overschmidt/Johann
32 **Bootspflege selbst gemacht** von J. Schult
33 **Bootsreparaturen selbst gemacht** von J. Schult
34 **Praktisches Navigieren nach Gestirnen** von M. Blewitt
40 **Segeltechnik leicht gemacht** von J. Schult
41 **Richtig ankern** von J. Schult
42 **Segeln mit dem 7. Sinn I** von J. Schult
47 **Außenborder** von H. Donat
49 **Die neue Seestraßenordnung für den Sportschiffer** von A. Bark
50 **Spinnakersegeln** von B. Aarre
52 **Kleine Boote selbst gebaut** von H. Donat
54 **Die Wettsegelbestimmungen 1985–1988** von E. Twiname
55 **Bootsmotoren – Diesel u. Benzin** von H. Donat
57 **Die neue Seeschiffahrtsstraßen-Ordnung für den Sportschiffer** von A. Bark
59 **Segler-Lexikon** (Doppelband) von J. Schult
60 **Hafenmanöver** von B. Schenk
63 **Bordinstrumente auf Motoryachten** von J. F. Muhs
66 **UKW-Sprechfunkzeugnis** von G. Hommer
67 **Kompaß-ABC** von A. Heine
68 **Wie baue ich meine Yacht?** von K. Reinke
70 **Chartern ohne Risiko** von Herrmann/Hintzenstern
71 **Richtig versichert?** von A. Pods
72 **Notfälle an Bord – was tun?** von J. Schult (Doppelband)
73 **Mehr Meilen mit weniger Sprit** von H. Donat
74 **Psychologie an Bord** von M. Stadler
75 **Nachtfahrt** von J. Schult
76 **Segler-Quiz** von J. Schult
77 **Windselbststeueranlagen** von M. Naujok
78 **Motorsegler** von H. Donat
79 **Yachtelektronik** von J. Muhs
80 **Bootsanhänger** von H. Donat
81 **Schiffe aus zweiter Hand** von H. Donat

Die Bibliothek wird laufend erweitert. Fragen Sie bitte Ihren Buchhändler und beachten Sie unsere Ankündigungen.

Delius Klasing Verlag